青少年生命教育
国际比较研究

汪基德　王定功　郝兆杰　等◎著

International Comparative
Study on Life Education for Adolescents

科学出版社

北　京

内 容 简 介

自 20 世纪以来，生命教育逐渐成为各国教育界普遍关注的焦点。本书研究了英、美、法、德、日、韩、新等国家及我国实施生命教育的思想渊源与社会背景、生命教育目标的厘定和内容的设计、生命教育的路径选择和制度安排，并审慎提出一些启示和对策。本书既立足相关国家和地区生命教育体现出的民族性、阶段性、全面性、独特性，又注重对相关国家和地区生命教育的反思与批评，更紧密结合我国国情、教情特点，理论与实践并重，借鉴与批判同行，力图在新的时代节点上，绘制生命教育的国际"画像"。

本书可供生命教育理论研究与实践工作者及中小学教师参阅，对高等教育领域的生命教育实践亦有一定的参考价值。

图书在版编目（CIP）数据

青少年生命教育国际比较研究 / 汪基德等著. —北京：科学出版社，2023.9
ISBN 978-7-03-076324-2

Ⅰ.①青… Ⅱ.①汪… Ⅲ.①生命哲学–青少年教育–对比研究–世界
Ⅳ.①B083

中国国家版本馆 CIP 数据核字（2023）第 169623 号

责任编辑：卢　森 / 责任校对：张小霞
责任印制：徐晓晨 / 封面设计：有道文化

科学出版社 出版
北京东黄城根北街 16 号
邮政编码：100717
http://www.sciencep.com
北京建宏印刷有限公司 印刷
科学出版社发行　各地新华书店经销
*
2023 年 9 月第 一 版　开本：720×1000　1/16
2023 年 9 月第一次印刷　印张：14 3/4
字数：280 000

定价：99.00 元
（如有印装质量问题，我社负责调换）

前言：攻玉须用他山石

　　先从"统摄"说起吧，雅斯贝尔斯的一系列论证正是基于这一思想。如爬山，这几乎是每一个人都有的经历。登高望远，我们欣赏到了平日看不到的远方；再登高一些，更远处的景物进入了视线；接着再登高一些，我们看到了地平线以及地平线围绕的壮丽山川。随着高度的增加，这个地平线在向远处推移，更多的事物进入我们的视线。感知所及，即为"统摄"。"窥一斑而知全豹"是容易失误的，我们的视野越开阔——如雅氏所言，即进入"统摄"的事物越多，我们越逼近事物的本质。河南大学近年来积极开展生命教育国际比较研究，其原因正在于此——它扩展了我们对生命教育的感知"统摄"，使我们明了域外先行者其然，以及其所以然。

　　一般认为，中国传统文化的内核是性命之学，但究其实，真正现代意义上的生命教育反倒是"舶来品"。二战后，西方国家在医治战争创伤、恢复经济和发展科技方面成就斐然。然而，与此相伴而生的却是整个社会道德滑坡，青少年伦理观念、生活方式、人格健康和生命价值观受到严重挑战与威胁。针对于此，西方国家明确提出"生命教育"，从理论到实践，均走在了我们的前面。日本、韩国以及我国的港台地区也已着先鞭。他们在生命教育的理论和实践方面均已做出十分有价值的探索，筚路蓝缕前进，成败利钝交织，展开了一幅千姿百态的教育画卷。徜徉在这画卷之中，或"跳出庐山"景外观景，我们就容易对世界范围内生命教育的来龙去脉多些了解、多些感悟。

本书研究了英、美、法、德、日、韩、新等国家及我国实施生命教育的背景、内容和经验，尤其是考察了相关各国和地区生命教育体现出的民族性、阶段性、全面性、独特性，并突出了对各国生命教育的反思和批判。不同国家的文化传统是其生命教育的思想基础，譬如美国，奉行以民主、自由、平等、法制、人权等为核心的道德价值观体系，而日本，其文化传统对家庭观念、团体意识、民族心理等集体潜意识的强化根深蒂固。如此，生命教育表现出对文化传统的反动与顺延、突破与继承的"扭力"和"张力"。事实上，各国开展生命教育的现实背景、文化渊源、思想基础各不相同，在生命教育的影响因素中，历史变迁、政治背景、社会结构、制度和政策环境分别起着不同程度的作用。于是，各国生命教育的目标和内容体系、教材编排和设计、实施路径、评价机制、教育培训和社会参与机制自然也各不相同，甚至生命教育本身的称谓也有死亡教育、道德教育、公民教育、生存教育等不同的名称。之所以认为我国实施生命教育具有后发优势，就在于可以借鉴先期实行生命教育的国家和地区的成功时期的经验和挫折时期的经验，在优秀传统文化与人类优秀文明成果的双重滋养下生根发芽、开花结果。

随曲而歌，应节而舞。本书的出发点和落脚点，正在于为国内即将全面展开的生命教育提供助力。国内生命教育正如雨后春笋，虽"摸着石头过河"，却以一种沉着坚定的力量悄然而深刻地渗入校园，并具席卷天下之势，较当年"素质教育"有过之而无不及，"理论跟进""理论补课"，即对其进行反思和指导迫在眉睫。生命教育"应然"如何？值得每一名教育者沉思，学界更不应回避。其实，理论永远是灰色的，而实践之树常青，也许老老实实地做些实地调查，老老实实地做些文献梳理，扎扎实实下些功夫，对先期开展生命教育国家和地区的相关做法和正反经验进行一些挖掘和反思，虽不惊世骇俗，但"他山之石，可以攻玉"，倒也不失为一个切入生命教育科研之途径。

现在，政府、学校、校长、教师、研究者都在思考：生命教育该如何开展？为什么其有效性屡为人诟病？如何整合教育学、心理学、社会学、哲学及其他相关学科对生命教育的研究而付诸实践？要不要像语数外那样开设一门课程？或者怎样渗透到现有课程而不破坏其固有逻辑而变成"四不像"？或许，读者可以从本书中得到一些启发。

自 20 世纪末开始，河南大学开始组织重点科研力量对生命教育进行系统研究，并在多个方面取得突破。尤其是在生命教育学理研究、生命教育教学研究、教师生命教育研究、幼儿生命教育研究、生命教育比较与政策研究、青少年韧性发展与极端行为干预研究等方面创下了一系列重要成果。本书就是生命教育比较与政策研究的一个成果。

本书共八章，主要由河南大学教育学部的青年学者执笔撰写，同时为保证研究的科学性与严谨性，个别章节亦邀请了其他单位的学者共同完成。其中，第一章由郝兆杰撰写；第二章由袁媛撰写；第三章由黄思记、王寅撰写；第四章及第八章第三节由崔淑慧撰写；第五章、第六章由李博撰写；第七章及第八章第一节由王定功、王慧琳撰写；第八章第二节由冯永华撰写。全书由汪基德拟定提纲、体例并统稿。以上几位作者是河南大学生命教育的重要研究者，大多数曾在河南大学求学或任教，又大多曾赴相关国家和地区进行高级访学，他们均按照分工保质保量地完成了撰稿工作。现在，黄思记赴安阳师范学院教育学院任教，崔淑慧赴商丘师范学院教师教育学院任教，袁媛赴河南财经政法大学任教，王定功、郝兆杰、冯永华在河南大学教育学部任教，李博、王慧琳在河南大学教育学部攻读博士学位，王寅在英国南安普顿大学教育学院攻读博士学位。他们视我为师，我则把他们当作自己的同侪和知音。

因果轮转，变迁不居，生命教育不是挂在墙上的画，而是流在河里的水。本书考察了部分国家和地区生命教育的思想渊源与社会背景、生命教育目标的厘定和内容的设计、生命教育的路径选择和制度安排，最后对照我国当下国情、教情审慎提出一些启示和对策。本书言说姿态是平视的，不是俯瞰的；是对话的，不是规训的；是微笑着的，不是声色俱厉的。

静静地"聆听"和"叙事"，波澜不惊地展现部分国家和地区生命教育的样貌。让我们共享观察的视角，共享理性的欢愉，最关键的还是执手同行，一起直面教育现实，勇敢并智慧地共同行动。

汪基德

河南大学教育学部教授、博士生导师，教育学博士

目　　录

第一章

英国青少年生命教育

英国是世界上较早在中小学开展生命教育的国家之一。其生命教育理念主要体现在"公民教育""个人、社会与健康教育"之中，强调促进学生的全面发展，尤其重视学生个人、社会、心理的发展，注重学生人文素养、珍爱生命和尊重他人等品质的培养。对英国青少年生命教育的探讨和研究，可为我国蓬勃开展的生命教育提供一定的借鉴和启示。

第一节 英国青少年生命教育的背景

一、英国文化传统中的生命思想

英国生命教育植根于其肥沃的文化土壤，英国文化中的人文主义传统为生命教育提供了丰富的思想基础和坚实的理论支撑。

早在 15 世纪，英国人文主义著作中就出现了生命教育的理念。托马斯·莫尔（T. More）在其名著《乌托邦》中提倡一种"普及教育"的观点，主张通过普及教育来改善劳动人民贫困的生活状况，提高其生命质量。[①]16世纪末 17 世纪初，科学技术对英国资本主义经济发展的推动作用日益强大，弗兰西斯·培根（F. Bacon）提出了科学教育的思想，在其思想体系中不仅有"知识就是力量"的重要论断，更包括"知识是形成完善人格的重要工具"的观点，体现了对"完整人格"的追求。

到了 17 世纪中期，新兴资产阶级的教育家开始在教育目的、教育内容和教学方法等方面提出一系列新的观点，体现了对人之生命发展的关切和尊重。洛克（J. Locke）在《教育片论》（亦有学者译作《教育漫话》）中专门探讨了绅士教育问题，并体现了尊重生命、关爱生命的生命教育理念。他认为，教育的目的应是为国家培养通达人情世故、善于处理公私生活、懂得生活艺术的绅士，绅士们不仅心智健全，而且体质健壮。[②]

19 世纪，英国空想社会主义教育家主张，要真正促进人生命的全面发展，就应该将教育与生产劳动相结合。19 世纪末 20 世纪初，英国的"新教育"改革者也明确提出，"新教育"应以"培养能够意识到经济和社会迅速变化的重要性以及意识到表现人格之新机会的人"为目的。[③]

19 世纪，英国功利主义教育者将幸福作为教育应该达到的目标，追求明确的人生目标，以个体的幸福体验作为教育持久的内在动力，这是对教育

---

① 博伊德，金. 西方教育史[M]. 任宝祥，吴元训，主译. 北京：人民教育出版社，1985：235.
② 洛克. 教育片论[M]. 熊春文，译. 上海：上海人民出版社，2005：192-226.
③ 单中惠. 西方教育思想史[M]. 太原：山西人民出版社，2000：490.

价值的一种重要思考。①例如，斯宾塞（Spencer）认为，"为我们的完满生活作准备是教育应尽的职责，而评判一门教学科目的唯一合理办法就是看它对这个职责尽到什么程度"②。换句话说，教育应该始终围绕人的幸福展开，而且首先应该学习最有助于个人幸福的学科知识。为实现"最大多数人的最大量幸福"的目标，功利主义教育者提出所有人都应该享有接受教育的权利，故社会应该给所有人提供受教育的机会。③功利主义注重个人的发展，密尔（Mill）曾直言："任何人的行为，只有涉及他人的那部分，才须对社会负责。在仅只涉及本人的那部分，他的独立性在权利上则是绝对的。对于本人自己，对于他自己的身和心，个人乃是最高主权者。"④功利主义注重德育，主张采用"自然教育法"实施德育，反对惩罚、反对粗暴。虽说功利主义容易引起利己化、个人主义、自私主义，但其作为一种伦理学说在英国思想界具有重要影响力，它对个体生命的尊重与关照，还是有非常值得肯定的地方。

20世纪以来，英国的教育思想界基本上是自由教育思想占据支配地位，英国的教育实践也主要受自由教育思想的影响。20世纪的欧美思想激荡，在美国和欧洲大陆各国出现了多种多样的教育思潮，如进步主义、改造主义、要素主义、存在主义等。但在英国教育理论界，却是自由教育思想一统天下。自由教育思想家认为，教育的最终目的是促使人的智慧得以发展。如赫斯特（P.H.Hirst）说："只有具有智慧的人，才可以说是真正受过教育的人。"⑤彼得斯（R.S.Peters）说："教育就是鼓励并促进一个人通过最大限度地使用理性，成为一个充分发展的人。"⑥自由教育强调个人在各个方面的自由，特别是心灵发展的自由。自由教育认为心灵是人所特有的，心灵的自由发展是人的首要的本质要求。⑦彼得斯认为，"教育使人的心灵得到自由发展，它不应该使心灵仅仅限制在一个学科中或一种理解形式中"⑧。

---

① 吴海燕. 19世纪英国功利主义教育思想研究[D]. 福州：福建师范大学，2006：41.

② 赫·宾塞. 斯宾塞教育论著选[M]. 胡毅，王承绪，译. 北京：人民教育出版社，1997：58.

③ 吴海燕. 19世纪英国功利主义教育思想研究[D]. 福州：福建师范大学，2006：40.

④ 约翰·密尔. 论自由[M]. 许宝骙，译. 北京：商务印书馆，1959：4.

⑤ 转引自拉普钦斯卡娅. 现代英国普通中学[M]. 朱立人，段为，译. 北京：人民教育出版社，1980：157.

⑥ Peters R S. Education and the Education of Teachers[M]. London：Routledge & Kegan Paul，1977：49.

⑦ 李玢. 论当代英国的自由教育思想[J]. 西欧研究，1992，10（4）.

⑧ Peters R S. Education and the Education of Teachers[M]. London：Routledge & Kegan Paul，1977：48.

纵观英国思想史可以发现，尊重个体生命的主体性，培养身心健康发展的生命，注重个人参与国家、社会政治生活的理念，以及为国家、社会培养全面发展的良好公民，是英国教育一以贯之的精神宗旨。这也是英国生命教育的思想土壤。

二、英国生命教育的现实背景

二战后，英国在医治战争创伤的同时，还面临着严重的社会问题——社会伦理观念淡漠、学生价值观的缺失、吸毒、药物滥用、酗酒、凶杀等，各种漠视生命的事件在学校层出不穷，青少年的人格健康发展、生命价值观的树立受到了严重的挑战与威胁。

20 世纪 70 年代以后，英国青少年的吸毒问题日益严峻。英国内政部数据显示，1975—1990 年，苏格兰报告的有毒瘾者从 58 人增至 1184 人。因涉毒受到警告和定罪的人数也从 1975 年的 500 人增加到 1998 年的 2626 人。[①]据一项 1979—1980 年的抽样调查（调查对象为苏格兰洛锡安地区的 1000 名 15—16 岁的青少年）证实，大约 10%的人有吸毒经历，毒品主要为大麻、吸毒胶和各种溶剂。1991 年在一份苏格兰青少年进行的问卷调查中发现，约 23%的被调查对象曾吸过毒。英国政府于 1995 年发布的《吸毒的共同应对》白皮书中登载了英国全国毒品滥用的统计数据。这份文件指出每年大约有 300 万英国人（占总人口的 6%）吸毒。14—15 岁的青少年中有 14%的人曾吸毒，而在中心城区居住的 16—19 岁的青少年中 42%有过吸毒经历，在 20—24 岁的青年中这一比例为 44%。年龄在 16—29 岁的青少年中有 24%的人长期吸食大麻。[②]不同来源的数据虽然不尽一致，但其所反映出的事实是确凿的，即 20 世纪 70 年代以来，英国青少年的吸毒现象非常普遍。吸毒引发了英国青少年健康不良、性泛滥、伦理丧失等一系列不容忽视的危害生命的问题。但此种现象从 20 世纪末开始略有好转。根据英国犯罪研究中心的调查表明，在 16—24 岁的青少年中使用苯异丙胺（一种兴奋剂）的比例已经从 1996 年的 12%下降到 2004 年的 4%，其他各种兴奋剂也越来越不受欢迎。[③]

进入 21 世纪，酗酒成为英国青少年的另一主要问题。一份调查显示，

---

① 约翰比·戴维斯，赵文. 英国青少年与毒品（上）[J]. 上海青年管理干部学院学报，2004，（2）.
② 约翰比·戴维斯，赵文. 英国青少年与毒品（上）[J]. 上海青年管理干部学院学报，2004，（2）.
③ 朱建荣. 喝酒和吸毒——英国青少年的爱好[J]. 社会观察，2005，（11）.

在 680 万 16—24 岁的英国青少年中，有 190 万青少年酗酒。①不难看出，饮酒已成为英国青少年常态化的一种行为。戈达德（Goddard）发现，11—15 岁的英国青少年一周饮酒的平均消费量显著上升②。英国《每日邮报》于 2009 年 3 月 15 日援引一家权威机构的统计数字：2004 年，88% 的 16—17 岁青少年在过去 12 个月内曾喝过酒；59% 的人曾在过去 12 个月内尝试过在酒吧或商店买酒，并至少成功过一次。③有调查显示，2004 年每个英国人平均喝下 9.4 升酒精。④2005 年，41% 的 14—15 岁青少年在过去一周曾饮用一个单位⑤以上的酒精。2007—2008 年大约有 3727 名青少年接受戒酒治疗，远高于 2006—2007 年的 2961 人，而 2005—2006 年这一数字仅为 1902 人。接受戒酒治疗的青少年中，有 7 人年仅 9 岁。⑥令人欣喜的是，根据英国国家统计署（Office for National Statistics）的数据显示，16—24 岁这一青年群体中，饮酒量整体呈下降的趋势，在"前一周单日最大饮酒量占比"中发现，"男生饮酒超过 4 单元、女生饮酒超过 3 单元"的比例由 2005 年的 73% 下降为 2017 年的 63%，"男生饮酒超过 8 单元、女生饮酒超过 6 单元"的比例由 2005 年的 49% 下降到 2017 年的 43%，"男生饮酒超过 12 单元、女生饮酒超过 9 单元"的比例由 2005 年的 33% 下降到 2017 年的 30%。⑦另外，根据英国啤酒与酒馆协会发布的报告显示，随着越来越多的年轻人偏爱无酒精饮品，英国啤酒销量从 2007 年的 32.39 亿升，下降到 2019 年的 20.46 亿升；与之形成对比的是，无酒精或酒精度低于啤酒的饮品销量自 2016 年起逐年增加，增幅达 30%⑧。

青少年饮酒过度、酗酒成性不仅会引发酒精中毒，而且易患上多种疾病。酗酒首先会对青少年的健康造成极大危害。研究发现，虽然只有一部分 21 岁以下的青少年被医院诊断为"酒精依赖症"或发展为肝硬化，但大量研究证实，青少年嗜酒如命确实会对身心产生不利影响。如感觉头晕、头痛、摔倒、暂时性失忆、反胃呕吐、无法上学及上班等。酒精会抑制中枢神

---

① 石碾. 英国青少年烟酒问题严重[J]. 教育，2006，（21）.
② 转引自黄厚鹏. 英国青少年的酗酒问题[J]. 上海青年管理干部学院学报，2010，（3）.
③ 转引自黄厚鹏. 英国青少年的酗酒问题[J]. 上海青年管理干部学院学报，2010，（3）.
④ 朱建荣. 喝酒和吸毒——英国青少年的爱好[J]. 社会观察，2005，（11）.
⑤ 在英国，一个酒精单位被定义为 10ml（或 8 克）纯酒精.
⑥ 黄厚鹏. 英国青少年的酗酒问题[J]. 上海青年管理干部学院学报，2010，（3）.
⑦ 英国国家统计署调查报告[DB/OL]. https://www.ons.gov.uk/peoplepopulationandcommunity/
healthandsocialcare/drugusealcoholandsmoking/datasets/adultdrinkinghabits，[2023-03-31].
⑧ 英国青年更爱无酒精饮品[J]. 世界知识，2019，（14）.

经系统的功能，损害大脑功能，造成反应迟钝。此外，酗酒和毒品一样，容易成瘾，很难戒掉。大多数研究证实了酗酒严重的青少年要比轻度饮酒的同龄人更易于涉及不安全性行为和吸毒等违法行为。米勒（Miller）研究发现，英国青少年因酗酒而引发的若干不良行为，如表1-1所示。①

表1-1　英国青少年因酗酒而引发的若干不良行为　　　　（单位：%）

类型	男孩	女孩
（a）个人因素		
学业不佳	10.1	11.2
物品损坏	33.1	32.8
丢失钱物	23	25.4
意外事故	17.1	16.2
（b）人际关系		
争论、争吵	35.5	43.1
与朋友关系不和谐	18.2	23.3
与父母关系不和睦	17.7	22
与老师关系不融洽	3.9	3.2
（c）犯罪		
打架斗殴	28.2	16.3
抢劫偷盗	4.7	1.4
醉酒驾车	7.6	1.9
其他违法行为	21.2	12.2

英国青少年的自杀问题也比较突出。有研究称20世纪70年代以来，15—19岁青少年的自杀率呈显著的上升趋势。自杀已成为导致15—24岁青年死亡的第二大原因。②据《中国妇女报》2004年8月7日报道，英国媒体披露的一组数字令人担忧——青春期男生的自杀率从20世纪70年代到90年代上升了2.5倍。③2007年1月起，一年内英国威尔士南部小镇布里真德

① 转引自黄厚鹏. 英国青少年的酗酒问题[J]. 上海青年管理干部学院学报，2010，（3）.
② 米歇尔·科尔福特，赵文，李玉英. 英国青少年自杀与故意自伤[J]. 上海青年管理干部学院学报，2003，（1）.
③ 晨芳. 英国：青春期少年自杀、犯罪为何愈演愈烈[N]. 中国妇女报，2004.08.07.

相继发生了 7 起青少年自杀案，年龄最大者 27 岁、最小者仅 17 岁；专门教唆、诱导青少年自杀的"自杀网站"的出现，令自杀"成为一种愚蠢的时尚，他们似乎在相互模仿"①。一项致力于防止年轻人自杀的慈善组织的最新调查发现，越来越多的年轻人在网上阅读了关于自杀的信息或是进入相关的聊天室后会倾向于自杀。该慈善组织认为，2001—2007 年内至少有 27 起年轻人自杀事件与互联网有关，最年轻的自杀者只有 13 岁。②英国慈善组织"儿童热线"（Childline）在 2013—2014 年共收到 3.4 万个 19 岁以下青少年拨打的热线，称他们有自杀的想法。与 2011—2012 年相比，这个数字增加了 116%。英国全国防止虐待儿童协会经营这项"儿童热线"咨询服务。据该协会统计，打电话讨论自杀念头的青少年年龄段在 12—15 岁。英国国家统计局的数据显示，2000—2012 年，15—19 岁的青少年自杀率所占比例最高。2012 年，英国共有 125 名年龄在 15—19 岁的青少年自杀。③

有学者从文化的视角分析英国青少年吸毒、酗酒等犯罪问题，指出，"青少年文化中的享乐主义倾向，是对学校生活乏味的一种反叛。将青少年约会、时髦和吸烟归之于非规范的学校文化"④。造成青少年自杀的原因有多种，而学校教育中缺乏对学生进行适当的疏导、关照却是不争的事实。

面对社会伦理观念淡漠、学生价值观的缺失、吸毒、药物滥用、酗酒、凶杀等严重社会问题，人们对青少年的生命教育问题从来没有感到如此忧虑，旧的教育制度的弊端也逐渐显露，教育体制亟须重大变革。为此，英国政府及教育行政部门采取多种措施，积极应对这一社会问题。1988 年，英国政府出台了《教育改革法》（Education Reform Act），规定要为学生提供广博、均衡的课程，以达成实现促进学生灵性、道德、社会及文化发展的教育目标，并为学生进入未来成人生活做好经验、责任和机会准备。1990 年，英国政府又把对经济和工业的认识、健康教育、公民教育、环境教育、生涯教育等学科规定为跨领域国家课程。课程是教育教学活动的基本依据，是学校一切教学活动的中介，是实现学校教育目标的基本保证。这些课程的开设意味着包括生命健康教育、生存环境教育等内容的生命教育开始受到英国政

---

① 英"夺命网站"内幕：恶魔"挖坑"怂恿青少年自杀[DB/OL]. https://news.sina.com.cn/o/2008-02-25/151213471947s.shtml，[2008-02-25].

② 英国：多名少年相继自杀，警方调查社交网站[DB/OL]. https://www.chinanews.com/it/hlwxw/news/2008/01-28/1147589.shtml，[2008-01-28].

③ 英媒：越来越多英国青少年"有自杀念头"[DB/OL]. https://www.chinanews.com/gj/2014/11-02/6742814.shtml，[2014-11-02].

④ 张乔."多彩"的忧虑：英国的青少年犯罪与亚文化研究[J]. 社会，1992，12（3）.

府的重视。1997 年，资格与课程局（Qualifications and Curriculum Authority，QCA）将公民教育与"个人、社会与健康教育"列为新课程。教育与技能部（Department for Education and Skills，DES）从 2002 年 8 月开始将公民教育作为中等学校（7—11 年级）的正式课程、必修课程。这标志着生命教育被正式纳入国家和学校的正规教育课程。在 2000 年、2008 年、2014 年的英国国家课程中，公民教育均位列其中，旨在让青少年成为有责任心的公民，过上"安全、健康、充实"的生活。需要指出的是，从 2008 年开始，性与关系教育、毒品教育逐步以主题课程的方式开始设置。在 2014 年的课程体系中，性与关系教育属于"国家课程中的其他科目"[①]。

第二节　英国青少年生命教育的目标与内容

一、英国青少年生命教育形式

英国学校教育中没有专门冠以"生命教育"名称的课程，其生命教育更多地依赖"公民教育"课程和"个人、社会与健康教育"课程。"公民教育"和"个人、社会与健康教育"是英国生命教育的两种主要形式。这两种课程相辅相成，共同担负起英国生命教育的职责。现有的英国基础教育学制包括四个阶段，5—7 岁为第一阶段，7—11 岁为第二阶段，11—14 岁为第三阶段，14—16 岁为第四阶段，这四个阶段属于强制教育。16 岁时参加中学会考（General Certificate of Secondary Education，GCSE）。中学会考结束后，一部分学生离开学校，准备就业，成为"劳动者"，另一部分学生则进入第六级学院（Sixth Form College），继续深造 2 年，其间会有两次考试，考试成绩是大学录取新生的重要依据。第六级学院是为了满足精英教育、升学教育需要开设的，属于大学预科性质，所学课程比其他年级难得多[②]。本章重点关注前四个关键阶段。英国课程结构体系包括国家课程和学校课程，国家课程里面又包括核心课程、基础课程、跨学科主题课程或其他课程，核心课程包括英语、数学、科学三个科目。核心课程贯穿学生整个基础教育阶

---

① 李祝杏. 21 世纪英国基础教育课程改革研究[D]. 桂林：广西师范大学，2022：26-33.
② 肖佩娟. 英国基础教育学制改革趋向探究[J]. 黑河学刊，2013，（6）.

段。基础课程根据学生的年龄特征在不同阶段开设不同科目①。在英国多届国家课程体系中，公民教育多为基础课程，个人、社会与健康教育多在跨学科主题课程中。

（一）公民教育

公民是指具有或取得某国国籍，并根据该国宪法和法律规定享有权利和承担相应义务的人。②"公民"是一个法律概念。公民教育有广义和狭义之分。广义的公民教育是指在现代社会里，培育人们有效地参与国家和社会公共生活、培养明达公民的各种教育手段的综合体；狭义的公民教育是指在养成参与国家或社会公共生活一分子必要知识的公民学科。本节从课程的角度谈论公民教育，主要是采用其狭义的定义。

根据公民教育所涉及的深度和广度，国际上对公民教育的理解大体可分为三个方面：①有关公民的教育。此类公民教育侧重向学生传授历史和政治方面的知识，强调对国家历史、政体结构和政治生活过程的理解。②通过公民的教育。此类公民教育使学生通过积极参与学校和社区的活动来学习公民知识，这种学习能增强对公民知识的理解。③为了公民的教育。此类公民教育更加侧重使学生能够掌握将来履行公民权利和义务的内容，如知识、态度、技能、价值观等，这种教育是与学生的整个教育经历相联系的，使学生在未来的成人生活中能够真正行使公民的职责。③

英国的公民教育起源于20世纪80年代末期。1988年，英国《教育改革法》规定了实施全国统一课程，规定了"数学、英语、科学"3门核心科目和"历史、地理、工业、音乐、艺术、体育和一门现代外语"7门基础科目，体现了对课程宽广和平衡的要求，它为以后公民教育的发展奠定了基础。之后，国家课程委员会开始拟定一系列的课程指南来补充和完善国家课程，以实现"整体课程"的目的。1990年，英国课程指南中明确指出国家课程应该围绕五个主题进行，即理解经济与工业、职业教育与指导、健康教育、公民教育、环境教育。由于公民教育并不是必修科目，学校的课程已经排得很满，再加上国家统一考试等的压力，许多学校不重视公民教育。同

---

① 王宇. 英国2014年基础教育课程改革述评及启示——基于课程结构视角[J]. 开封文化艺术职业学院学报，2022，42（5）.

② 中国社会科学院语言研究所词典编辑室. 现代汉语词典（第7版）[M]. 北京：商务印书馆，2018：452.

③ 李庶泉. 公民教育的国际比较[J]. 济南大学学报（社会科学版），2005，15（2）.

年，国会发布了题为《鼓励公民教育》（Encouraging Citizenship）的报告，强调公民教育的重要性，公民教育终于通过官方文件规定，在英国学校教育中确立了法定的地位。1997 年，新工党政府在其首份教育白皮书《追求更优质的学校》（Excellence in School）中做出加强学校中的公民教育和政治教育的决定。同年 11 月，国家教育与就业部长戴维·布鲁克特（David Blunkett）宣布成立以伯纳德·科瑞克（Bernard Crick）为首的公民教育与学校民主教育顾问团，目的是为学校中的公民教育提供有效的建议。1998 年，该顾问团发表了关于公民教育的《科瑞克报告》（Crick Report），就公民教育的必要性、目的、内容、方法、重点等做了阐述。2000 年，英国政府将专门的公民教育作为国家课程正式引入中小学，公民教育成为国家课程体系中的一门基础学科。同年，英国国家课程包含英语、数学、科学 3 门核心课程，设计与技术、信息和交流技术、地理、历史、艺术与设计、现代外语、音乐、体育、公民教育 9 门基础课程。[①]自 2002 年 8 月起，公民教育正式成为英国中学阶段的法定必修课程。在 2008 年、2014 年国家课程体系中，公民教育均为基础课程之一。

英国的公民教育，注重培养学生的社会意识和公民意识，培养学生的责任心和担当能力，为成为合格的世界公民做准备；关注学生自尊和情感的健康发展，培养学生正确处理个人与他人、与家庭、与学校、与工作等关系的能力；注重本国和各国历史的学习，让学生理解和尊重文化和信仰的差异，并从个人、地区、国家和全球的层面为可持续发展作出贡献。不难看出，公民教育是英国生命教育的主要组成部分。

（二）个人、社会与健康教育

除公民教育外，"个人、社会与健康教育"（Personal，Social and Health Education，PSHE）是英国生命教育的另一种形式。英国中小学设有 PSHE 课程。该课程以个人、社会与健康为核心，从学生当前的生存现状及社会中存在的问题入手，在注重培养学生知识、态度、技能全面发展的同时，致力于使学生成为成功的学习者、自信的个人以及有责任感的公民。[②]

英国的"个人、社会与健康教育"可追溯至 20 世纪初。早在 1907 年，英国学校就已经开设了以生理卫生为主要内容的学校健康教育课程，由于当时医学发展的局限及人们观念的落后，课程内容非常简单，对公众的健康状

---

① 李祝杏.21 世纪英国基础教育课程改革研究[D]. 桂林：广西师范大学，2022：27.
② 原芳. 英国 PSHE 课程探析[D]. 长春：东北师范大学，2010：1.

况也没有显著的影响和提高。1989 年，英国所有公立小学开始实行统一的国家课程，这次改革要求课程需实现促进学生道德、社会及文化发展的全人目标，但是学校的 PSHE 课程并没有受到足够的重视，被划分到学校法定课程之外，成为学校的跨学科课程。直到 1999 年，英国考虑到社会、文化和青少年健康标准等多方面因素，才开始将 PSHE 课程正式规定为国家的基础课程。2000 年以来，PSHE 课程以各种形式成为英国学校国家课程的一部分，其中有些内容还是必修课程。2008 年 9 月，经对中学课程广泛审查后，英国教育行政部门着手对课程进行了优化调整，其中，小学阶段的课程依然是之前的"个人、社会与健康教育"（关键阶段 1、关键阶段 2），而中学关键阶段 3 和关键阶段 4 的"个人、社会与健康教育"则更名为"个人、社会、健康和经济教育"（Personal，Social，Health and Economic Education，PSHE Education），①在关键阶段 3 和关键阶段 4 中增加"经济福祉和财政能力"方面的内容，提高中学生的理财能力②。在 2010 年英国大选之后，此前确认 PSHE 成为国家必修课程的法令被撤销。之后，PSHE 课程长期处于非法定基础课程的地位，在一定程度上影响了其课程实施质量和专业化发展。③英国教育标准局（Office for Standards in Education，Children's Services and Skills，Ofsted）于 2013 年发布的调查报告《还不够好：中小学的 PSHE 教育》（Not Yet Good Enough：Personal，Social，Health and Economic Education in Schools）认为，60% 的学校 PSHE 实施良好或更好，40% 的学校需要改善 PSHE 的实施状况④，但鉴于已有的良好实践，所有学校都应该提供 PSHE 课程。在 2013 年英国颁布的新国家课程框架文件（The National Curriculum in England：Framework Document）中，仍保留了其非法定（non-statutory）课程的地位。其间，国家课程受到质疑，社会舆论不断发酵，不断呼吁将 PSHE 列为法定课程。2017 年 12 月，英国教育部首次针对关系与性教育、PSHE 课程地位而征集意见，要求政府各界参与到意见反馈中来。2018 年 7 月，教育部宣布了将对 PSHE 教育的健康教育方面给予重视，会将其考虑列

---

① 本章将其统称为个人、社会与健康教育，简称 PSHE，但在论述相应阶段时，会按照该阶段相应内容进行介绍。

② 陈琼. 英国中学 PSHE 教育的课程标准和教材研究[D]. 上海：华东师范大学，2014：17-19.

③ 吴佳妮，张文丽. 如何与青少年谈论新冠肺炎疫情——英国 PSHE 课程及其应对疫情方案探析[J]. 比较教育研究，2020，42（8）.

④ 转引自黄孔雀，许л. 英国新一轮中小学 PSHE 课程改革：背景、举措与特征[J]. 内蒙古师范大学学报（教育科学版），2022，35（2）.

为法定课程。①2019 年 6 月，英国教育部出台新的官方指南——《人际关系教育、人际关系与性教育以及健康教育》（Relationships Education，Relationships and Sex Education and Health Eduction）（简称《新指南》），其中规定自 2020 年 9 月起，"人际关系教育"成为所有小学的法定必修课程，人际关系与性教育（Relationships and Sex Education，RSE）成为所有中学的法定必修课程，健康教育成为所有公立中小学的法定必修课程。②撤销法定课程十年后，PSHE 课程重新恢复法定必修资格，其中"关系教育"与"健康问题"部分再度被列为英国所有中小学强制性实施课程内容，新一轮 PSHE 课程改革启动。

根据英国国家课程的规定，学生的成长应包括正确使用物质财富、性教育、家庭生活教育、安全、锻炼身体、食物和营养、个人卫生、有益于健康的环境和自然因素等，而这些都是 PSHE 课程所包含的内容。这门课程几乎涉及学生成长过程中面临的所有问题，而且教育内容贴近实际生活，讲究实用性。PSHE 课程作为国家基础课程在英国实行 20 多年来，形成了一套较为完整的课程体系，其不仅在公立学校推行，许多私立学校也将其作为学校的必修课，可以说，PSHE 课程在英国健康教育中起到了非常重要的作用，逐步推动着英国健康教育事业的发展。

另外，2020 年疫情暴发以来，PSHE 学科协会迅速响应，在官方网页开辟专栏，发布了一系列围绕疫情主题的课程资源，如《与青少年谈论新冠肺炎疫情》指导手册、《PSHE 在家上学指导手册》等，在内容设置、教学设计、课程评价、家校合作等方面出台了指导细则，其为全球教育体系如何应对疫情提供了成功案例。

二、英国中小学生命教育的目标

英国中小学生命教育的目标是致力于将学生培养成幸福公民的全人教育。具体来讲，是指在保护学生自然生命健康的同时，致力于学生灵性、道德、社会及文化的全面发展。这一目标可以分为个人的社会化与个人的健康幸福两个维度：①个人的社会化目标。通过多方面的学习，不仅使学生能够在社会中适应良好，且能扮演民主社会中主动积极的角色，具有服务他人、

---

① 刘凌龙. 英格兰小学 PSHE 课程研究[D]. 漳州：闽南师范大学，2022：18-20.
② 黄孔雀，许明. 英国新一轮中小学 PSHE 课程改革：背景、举措与特征[J]. 内蒙古师范大学学报（教育科学版），2022，35（2）.

奉献社会的精神，并能探讨国际事务与全球议题。②个人的健康幸福目标。强调学生需要了解自我，以积极的精神状态去尽可能地保持身心健康，具有独立精神和责任感，将自己的潜能最大程度地发挥出来。①英国中小学生命教育包括"公民教育"和"个人、社会与健康教育"两种教育形态，因此，剖析英国生命教育的目标，需从"公民教育的目标"和"个人、社会与健康教育的目标"说起。

（一）公民教育的目标

英国的公民教育主要是围绕"公民意识、公民责任、社会担当"，"人与人、人与社会及人与所生存的环境的关系"等进行。作为一个发展中的事物，在不同的发展时期，公民教育的目标亦有所不同。

1998 年的《科瑞克报告》指出，英国公民教育的目标是确保并增进学生有关参与型民主的性质和实践的知识、技能以及价值观，提高成为积极公民所需的权责意识和责任感；借此确立参与本地或更广泛社区活动对个人、学校和社会的价值。必须让学生理解地方和国家民主的机构、实践和目的，包括议会、审议会、政党、压力群体和志愿者团体的工作；让学生知道英国和欧洲正式的政治活动与公民社会是如何联系的，并培养他们对世界事务和全球议题的意识和关注。必须让学生对包括税收与公共支出如何平衡在内的经济生活有一定理解。②

2000 年 9 月，英国确立了新的中小学国家课程，公民科作为基础学科之一被正式纳入国家课程体系之中，自 2002 年 8 月起在中小学正式实施。新国家课程规定，公民教育的教学目标是教给学生成为合格社会成员所需的知识、技能、理解，让他们在社会上——本地、本国、国际担当起有效的角色；帮助其成为清楚自己的权利和义务的有知识、有思想、有责任的公民；促进其精神、道德、社会和文化的发展，使之无论在校内还是校外都更加自信和富有责任感；激励其在学校、邻里、社区和更广泛的世界起有益的作用；了解经济和民主体制及价值，尊重不同的民族、宗教，培养思考问题和参与讨论问题的能力。

公民教育课程的设立，使公民教育的推行有了有效载体。公民科的实施包含四个阶段，根据公民科课程标准的规定，各个阶段的公民教育有着不同

---

① 韩晓赟，于铭汇. 英国生命教育研究[J]. 淮北职业技术学院学报，2012，11（1）.

② Advisory Group on Citizenship. Education for Citizenship and the Teaching of Democracy in Schools（the Crick Report）[R]. London：Qualification and Curriculum Authority，1998：40.

的目标要求。

第一关键阶段：学生将学习关于自身和社区成员的有关知识，积累他们在个人、社会和情感方面的经历；另外学生应该学会保持自己身体健康和安全的基本技能和技巧，有机会证实自己在个人事务和公共事务中承担责任的能力；他们开始懂得自己和他人的情感，并且意识到其他儿童和成人的观点、需要和权利的存在；作为班级和学校集体的一员，他们还应该学会社交技能，如合作、排队、游戏、帮助别人、解决简单争端和反抗恃强凌弱现象的能力；他们应该学会在学校生活和家庭社区事务中扮演独立的角色。①

第二关键阶段：学生应该根据个人经验和思想意识到自己作为成长和发展中的个体，是社区中的一员；他们应该变得更加成熟、独立和自信；他们将学习关于这个世界和世界中相互依赖的社会知识；发展自己的社会公平意识、道德责任感，并开始理解自己的选择和行为可能会对社会、国家和全世界事务、政治和社会机构所带来的影响；他们应该学会如何做才能更充分地参与到学校和社区公众事务中来；当他们逐渐长大，他们要面对青春期的变化，要成为一名中学生，他们应该学会怎样做出对于个人健康和周边环境更有利的自信而明智的选择；学会承担更多的责任，拥有抵制恃强凌弱现象的勇气。②

第三关键阶段：培养学生对民主、政府以及公民的权利与义务的理解。学生应当使用和运用他们的知识和理解，同时发展调查和问询证据，辩论和评价观点，提出理性的论据，采取明智的行动的技能。③授课内容包括：①英国民主政治制度的发展历程，包括公民、议会和君主的职责、作用；②议会的运作模式，包括投票、选举和政治党派的作用、英国公民所享有的自由权利；③法律、法规和司法体制的本质，包括警察的作用、法院及法庭的运作方式；④社会中公共机构和志愿组织的作用、公民共同努力改善其所在社区的途径；⑤金钱的功能及合理使用、财政预算的重要性、风险管理等。④

第四关键阶段：在第三关键阶段的基础之上，进一步加深学生对民主、政府和公民的权利与义务的理解，使学生拥有使用研究策略来权衡证据，提出有力论据，证实结论的能力。学生应该积极参加公民活动，意识到公民共

---

① 吴利运. 英国公民教育的实践研究[D]. 长春：东北师范大学，2009：12-13.
② 吴利运. 英国公民教育的实践研究[D]. 长春：东北师范大学，2009：12-13.
③ 刘源. 中英"新"课程标准中公民教育比较[J]. 教育评论，2015，（7）.
④ 曹月明. 英国国家公民教育课程标准改革及启示[J]. 教学研究，2015，38（4）.

同努力解决问题、为社会做贡献的多种形式。教学内容包括：议会民主制和英国宪法的重要构成，英国及其他国家的选举制度，英国及其他国家的民主制度与非民主制度，英国的法律体系，不同地区、宗教和种族的人之间的尊重和理解，公民参与社区活动，公民理财等。①

（二）个人、社会与健康教育的目标

随着 2019 年英国教育部《新指南》的出台，自 2020 年 9 月起，"人际关系教育"成为英国所有小学的法定必修课程，"人际关系与性教育"成为所有中学的法定必修课程。PSHE 课程按照学段开展，不同学段有不同的要求，但又相互衔接。关键阶段 1—4 的培养目标如下②：

1. 关键阶段 1（5—7 岁）：了解基本的情感、能做简单的是非判断，对世界有简单认识

学生能够识别和说出一些感受（如通过解读别人的面部表情），并能够表达他们一些积极的品质。他们能以适当的、有效方式来控制自己的某些感受；开始分享一些自己的见解与观点（如关于"公平"）；能为自己建立简单的目标（如与他人共享玩具）。

学生能在与健康和幸福相关的方面做简单选择（如在不同的食物和不同的体育活动之间做出选择，知道户外活动需要做一些防晒措施）；知道通过什么方式才能保持健康（如运动和休息）；能够说明保持清洁的方法（如洗手和保持头发整洁）；能够说出身体的主要部位的名称；能够谈论一些家庭用品和药品的副作用，知道怎样在熟悉的环境中保持安全（如了解怎样过马路是安全的）；能够解释人从年轻到衰老的过程。

学生知晓恃强凌弱是错误的，并能想出一些方法来处理；能够认识到他们的行为对他人产生的影响，并能与他人合作（如与朋友或同学一起玩耍或工作）；能够辨识并尊重人与人之间的异同，知道人与人之间应当相互关心（如表达出对朋友的喜爱和对生病的家庭成员的关心）。

2. 关键阶段 2（7—11 岁）：达到简单自我认知，能够进行交流和选择，浅层次探究世界

学生能表现出他们认识到了自身及他人的价值（如给予自己和同学正确评价）；能够自信地表达自己的观点并能倾听和尊重他人的观点；面对新挑

---

① 曹月明. 英国国家公民教育课程标准改革及启示[J]. 教学研究，2015，38（4）.
② 原芳. 英国 PSHE 课程探析[D]. 长春：东北师范大学，2010：22-23.

战时能够采取积极的处理方式（如怎样向中学过渡）；能够讨论一些青春期身体和情感的变化并且能以正确的方法来处理这些变化；能够谈论与工作相关的问题，并且知道他们在今后将如何改善工作技能；能够了解如何使用和储备资金。

学生能就如何健康地生活做出选择（如了解健康饮食和定期锻炼的重要性）；能够识别一些影响心理健康和幸福的因素；能够判断并列举出一些抵制同伴对他们的健康和幸福产生负面影响的方法；能够列出合法与非法的常用物品与药物，并能描述出其影响和危害；能够识别和解释如何在熟悉程度不同的情境下处理危险状况（如讨论与个人安全相关的问题）。

学生能够解释他们的行为对自身和他人造成的影响；能够说明欺凌的性质和结果并能说出自己应对欺凌的方法；能够识别人与人之间各种类型的关系（如婚姻关系、朋友关系），并能够知晓如何保持良好的关系（如通过倾听、支持和关怀）；可以应对和挑战消极的态度与行为；可以描述出社会中不同的信仰和价值观，并能显示出对与自己存在差异的人的尊重和包容。

3. 关键阶段 3（11—14 岁）：能够承认并尊重差异，可以与群体开始较深层次交流，初步具有应对逆境和挑战的能力，能不断深化对社会和世界的认知

学生能够思考和评判他们在每个生活领域中的成绩和优势，并能认识到自身价值，尊重个体差异；能够理解一些强烈的情感并能正确处理这些情感（如与老师或朋友讨论恋爱或失恋的感受）；可以为关键阶段 4 的学习制定切合实际的目标，并能够将课程选择与职业规划和职业所需的资格和技能联系起来；通过执行学校制定的储蓄计划等展示出个人理财能力。

学生能够说明如何保持身体和心理健康；能够就如何保持健康和幸福的生活做出明智的选择，并能说明做这些选择的原因；能够在个人生活方式、旅行、安全和个人财务方面做出选择，并评判这些选择的风险成分；能够表述关于烟、酒、合法与非法药物的基本法律法规，选择有效方式来抵制消极的压力（如知道从哪里得到帮助，了解应对消极压力的方法）。

学生能够承认文化、生活方式和性别等方面的差异和多样性，并能对差异表现出理解和同理心；可以坚定地挑战歧视和偏见行为（如有关性别、种族和残疾等方面）；承认和讨论性交往（如人类繁殖、避孕方法，以及包括艾滋病在内的性传播疾病等）关系中的重要事宜，以及婚姻关系、父母关系和家庭生活关系；能够讨论伴随时间改变而改变的人际关系，并懂得怎样协调这些关系（如遵守父母或监护人的规定）。

4. 关键阶段 4（14—16 岁）：对是非善恶的判断逐渐成熟，自我调节和发展意识增强，个人成长与社会生活紧密相关

学生能够评价其个人素质、技能和已取得的成绩并能根据这些来设定其未来目标，提升其在公共场合的表现，进行富有挑战性的身体活动等。他们能够自信地表现自己，同时有效地运用表扬和批评；能够识别 16 岁之后可供他们选择的职业和社会活动范围，并能为如何达成其职业规划设置切实可行的目标；能够利用不同类型的银行和储蓄账户来管理个人财务。

学生可以描述与个人健康相关的选择所产生的短期和长期结果，能够评价影响健康的生活方式，并根据自身实际状况做出选择。他们可以找出精神和情绪健康失调的原因、症状和相应的治疗措施，以及它们与饮食失调的关系，同时找出预防和解决问题的策略。能够评价个人生活方式的利弊，如酗酒、吸食烟草和毒品，并能在此评价基础上做出更健康的选择。他们能够找到专业的健康建议，并能坦然地寻求这些帮助（如从他们的家庭医生或其他人员得到支援服务）。

学生可以尊重不同种族和文化群体的多样性；能够在攻击性行为面前采取积极措施并给予他人帮助（如从相关部门寻求帮助）；能够与众多成年人建立适当的关系（如在工作中建立合作关系）。

学生能够讨论人际关系、感受和情感等事情，分析随着家庭事件（如婴儿的降生或父母离异）的发生将如何对待这些事情。同时能够认知不同的社会关系及其相应的责任，如夫妻关系、父母关系和家庭生活关系。

对于 16—18 岁的学生，许多学生开始申请大学或找工作，可能离开家庭独立生活。在这样一个重要的转折点，他们既要解决当前现实生活中所面临的问题，也要为迎接未来的挑战打下基础。面对此阶段的学生，PSHE课程会重新审视和加强之前的学习，除了生活上的各种知识外，还贴心地提供学术上的帮助，并更侧重于就业能力、生涯规划，确保学生拥有独立生活的知识技能，能够成功升学或就业。如在"工作与事业"中，提出三条学习内容：在申请和面试岗位时，如何识别和证明自己的优势和能力；如何写一份简明扼要、引人注目的简历；如何在全球经济中认识该职业发展的可能性。[1]

---

[1] 刘丹，杨思帆. 帮助孩子成长为完整的人：英国 PSHE 课程纲要新探索[J]. 今日教育，2022，（1）.

三、英国青少年生命教育的内容

（一）公民教育的内容

1. 公民权责教育

20 世纪初，人们普遍认为公民意识通过日常的学校活动就能获得，在课程中处理政治问题可能会产生偏见。加上英国政治文化中仅包含最模糊的立宪概念，权利意识淡薄，因而英国在提供一种作为国家政策的系统性公民权责教育方面比较落后。过去的公民权责教育是通过分散的方式来实施的，即分散到课程结构、教育策略、学校组织中去。随着经济和社会变革的加剧，英国人对政治的理解水平和参与程度在下降，这些原因使得由政府出面干预、实行强制性国家公民权责教育变得非常必要且重要。

在《科瑞克报告》中关于公民权责教育的内容和实施的建议，它对后来把公民权责教育作为国家政策被引入到学校中来起了非常重要的作用。这些建议可分为八个方面。①由于关于公民权责和民主的教学对于学校和社会整体非常重要，因而对在校儿童和青少年进行这方面教育的规定应当写入法律。然而公民权责教育的教学时间还不到整个中小学教学时间的 5%，因此学校就应作出更多的努力去完成公民权责教育。②进行公民权责教育的人应当被告知公民权责教育的内容以及他们在其中所起的作用。③公民权责教育包括三个部分：社会和道德责任、参与共同体活动以及政治判断力。这三部分既相互联系又相互独立，构成了"积极的公民"。④公民权责教育包括知识的传授，技能、价值、态度、性情和理解的发展。⑤公民权责教育可以通过其他的学科来进行，如个人、社会与健康教育，整个学校对于精神、道德、社会和文化发展的促进在途径、价值和方法上可以为公民权责教育提供借鉴。由于公民权责教育自身的独特性，因此它在国家教育框架内应予以具体化。⑥教师在教授公民权责课程遇到有争议的问题时，应平衡、公正和客观的处理，以防止偏见。⑦对学习结果加以严格定义，根据每一学段的具体学习结果评价公民权责教育的实践，衡量学生的进步，再根据各地区的条件作出调整，以更好地达到教育目的。⑧公民权责教育的框架包括学校公民权责教育的目标和目的、发展及基本要素，要按照广泛平衡、协调一致、连续和进步等原则加以推行，为公民权责教育奠定良好的基础，并使其成为学习结果本身。①

---

① 冯周卓，付泉平. 公民权责教育：英国公民教育的新动向[J]. 全球教育展望，2002，31（4）.

2. 道德教育

英国从 2002 年 8 月起把公民教育作为中小学校的必修科目加以推行，其教育目标是全面发展学生在精神、道德、社会、文化四个方面的潜能。其中目标之一就是促进学生的道德发展。

通过推行公民教育实现学生的道德发展是英国学校公民教育的固有内容。培养学生的社会责任感是道德发展的重要内容。在实施这一课程的过程中，英国学校确立了学生道德发展的目标、基本任务和价值取向。

道德发展的目标可以分为四个方面：①促进学生形成自己的价值观念。当社会主导的价值观念与自己的价值观念发生冲突时，学生能够利用在学校公民教育课上获得的知识和技巧，采取切实可行的办法妥善解决这一冲突。②认同民族感情。学生通过接受教育不但要认同接纳自己的民族，忠诚于它并承担起民族责任，还要认同与自己民族风格不同的其他民族，能够尊重其他民族文化。③具有坚定的政治立场。学生能够利用学到的知识、获得的能力正确地看待政治问题，能够做出正确的政治判断并在判断的指导下积极参与政治活动。④明晰权利和义务。学生应该知晓自己和他人的权利和义务，并具备处理自己的权利和义务与他人发生冲突时的能力。

英国学校为了实现上述目标把 5—16 岁的学生分为四个阶段来发展他们的道德水平，这是道德发展的基本任务。①5—7 岁阶段，制定和遵守有关规章，意识到自己与他人及社区的不同，了解如何保护环境。②7—11 岁阶段，了解社会热点问题和重大事件，了解法律的制定和执行，了解违法的后果。③11—14 岁阶段，了解政治权利和责任，了解各级行政系统和联合国的作用，知晓选举、投票等政治行为的重要性。④14—16 岁阶段，了解公民的权利和人权，不同民族、宗教的起源，行政系统各个部门的工作程序，个人和社会团体对社会的作用、影响，出版自由的重要性及媒体的作用，国家在国际社会中的地位。①

3. 世界公民教育

随着全球化浪潮的推进，公民的身份从一国扩大到欧洲再扩大到更广阔的世界。通过因特网、移民等多种方式，个人与其他国家产生了广泛的联系。为了加强各国公民对世界性机构的影响，培养世界公民已是当务之急。

---

① 李晋，樊香兰. 英国公民教育中的道德发展[J]. 太原师范学院学报（社会科学版），2006，5
（5）.

此外一些全球性问题（如人口爆炸、环境污染、气候变暖）的产生也增强了培养世界公民的必要性，以期望每个世界公民都能为全球性问题的解决承担起一份责任，贡献出一份力量。

由于文化、种族和语言的不同，任何关于欧洲公民的定义都必须包含多样性。正是在这样的背景下，英国的公民教育研究院开发出"欧洲公民"教育课程，力图向学生传授有关的知识、技能，使之懂得如何在地方、国家和国际事务中发挥作用。该课程包括以下教学内容：欧洲的多元化，自由运动，人权，欧洲体育运动，欧洲议会选举，欧洲的语言与传播，可持续发展，欧盟的扩大，为实现欧洲单一货币而努力。[①]

4. 媒体素养教育

媒体在个人的工作、学习和生活中发挥着重要的作用，是个人了解外在世界及与人沟通的重要手段。媒体素养水平不仅影响个人，还影响着他人和社会，因而媒体素养是公民的基本素养，培养公民的媒体素养已成为公民教育的重要组成部分，制约着个人和社会的发展。

媒体素养教育起源于 20 世纪 30 年代的欧洲，在英国一般称为"media education"。在《科瑞克报告》中对媒体素养教育的定义是这样的：培养公民成为具有执着性和主动精神的媒体使用者的教育。它涵盖了六个方面的内容：媒介组织、媒介形态、媒体科技、媒介语言、媒介的阅听众、媒体的再现。媒体素养教育重在增进个人对媒体的释放与赋予权，是电子时代公民必备的教育。随着媒体的发展，媒体素养教育也在发展，因而也是一种终身教育。[②]

（二）PSHE 教育的内容

PSHE 课程主要包括个人教育、社会教育、健康教育和财经教育四大领域。[③]根据时代特点，PSHE 课程聚焦于"三个核心主题"：健康与幸福、人际关系及更广阔世界的生活。[④]

个人教育旨在使学生加强对自身的了解，面对压力做出自我调节，不断

---

① 冯周卓，付泉平. 公民权责教育：英国公民教育的新动向[J]. 全球教育展望，2002，31（4）.

② 吴利运. 英国公民教育的实践研究[D]. 长春：东北师范大学，2009：13-15.

③ 周超. 英国 PSHE 课程的特点及启示[J]. 教学与管理，2016，（28）.

④ 徐春荣. PSHE 课程在幼儿园的本土化实践：基于 L 幼儿园的个案研究[D]. 武汉：华中师范大学，2019：10.

培养学生的自信心和健全人格，为将来学生个人的成功打下基础。内容包括：对个体对自身身体和心理的了解与调节，以积极的方式看待身体和情感的变化；学会积极处理表扬、批评、成功与失败，培育学习者的自信心和效能感等。①

社会教育旨在让学生逐步认识社会关系，培养人际交往技能，适应复杂多变的社会，为其将来融入社会做好准备。内容包括：自我角色确认；了解社会规范，遵守社会公德，具有合作精神，尊重他人，帮助他人；法律与道德；学校、班级与小组；家庭及家庭关系等。②

健康教育包括身体健康和心理健康两方面的内容，目的是使学生形成健康良好的生活方式，成为一个身心健康的人。其主要内容包括：家居用品和药品的危害，青春期身体和情绪的变化，建立健康的生活方式，了解非法药物及其危害，知晓生理和心理上的变化关系、人类生殖、避孕、怀孕和性传播疾病，均衡饮食和健康的重要性，关于使用和误用药品、酒精和烟草的事实和法律，以及滥用它们对个人和社会造成的后果；基本的急救知识等。③2019 年 6 月，英国教育部出台的《新指南》在明确相应课程地位的同时，亦优化了其教育内容。人际关系教育包含家庭、友谊、网络、婚姻、尊重；性教育包括婴儿孕育、青春期、生理卫生、性行为、性关系、责任；健康教育涉及生理卫生、酗酒、毒品、情感、心理。小学侧重关系教育，关注尊重、家庭关系和友谊培养，进行部分性教育；中学进行 RSE，着重关注两性和同性恋关系、全面性知识教育、毒品和酒精、与性相关的法律，安全（包含线上和线下）、责任、身心健康，帮助学生掌握情感、身体和心理虐待的知识，了解求助渠道和正确行为，强调受害者无罪，防止信息泄露等④。

财经教育旨在使学生初步学习一定的理财技能，了解学生日常生活中的经济和商业环境，使学生在未来理财方面做到敢理财、能理财和善理财。内容包括：不同类型的工作；工作角色和身份；学习和工作中的一系列机会，不断变化的就业模式；自我评估和规划过程；雇主需求的技能和素质；经济和商业的系列条例；个人理财；风险和回报；企业如何管理财政；有关资金

① 范树成. 英国的 PSHE 课程探析[J]. 外国教育研究，2012，39（7）.
② 范树成. 英国的 PSHE 课程探析[J]. 外国教育研究，2012，39（7）.
③ 陈琼. 英国中学 PSHE 教育的课程标准和教材研究[D]. 上海：华东师范大学，2014：18-21.
④ 朱晓彤. 英国中小学性教育的特点及启示[J]. 教育探索，2020，（4）.

使用的社会和道德困境。①

　　上述内容具体分为以下几个方面：①身体健康教育。包括禁毒教育，饮食、营养与体育锻炼教育，疾病预防教育，卫生教育，健康生活方式教育等。②情绪健康与社会适应性教育。包括情绪的认知与表达，情绪的识别，情绪的变化与调控，良好的社会适应性教育等。③安全教育。包括影响安全的因素，人身伤害预防，安全保护，保护自己与他人安全的技能，为社区安全履行自己的责任等。④个人理财教育。包括钱财的来源和用途，管理好自己的财产，学会用储蓄或信贷的方式处理自己的钱财，通过节省满足将来的需要，知道怎样消费。⑤性与关系教育。包括男女的身体特征，青春期，身体变化与人的生殖关系，性活动、人的生殖、避孕及性疾病传播，性取向和偏见、欺凌、歧视的影响，婚姻的本质与重要性、性行为、性健康、堕胎等。⑥生涯教育。包括自我发展、生涯探索和生涯管理等。要求学生将课程选择与职业规划和职业所需的资格和技能联系起来；从职业计划处寻找信息和帮助，知道一些职业组织的责任，以便于向它们求救；能够识别 16 周岁之后可供他们选择的职业，并能为如何达成其职业规划设置切实可行的目标。⑦环境教育。环境教育是"关于环境的教育、在环境中的教育和为了环境的教育"，其内容涉及气候、土壤、岩石和矿物、水、资源和能源、动植物、建筑、工业化和废弃物等。②

　　当然，在实际实施过程中，不同学校都根据学校与教师的主体观念设置了不同的课程内容，尽可能地适应教师的课程实施能力。例如，在东萨塞克斯郡的多罗西·斯特林格（Dorothy Stringer）学校就以个人与职业、环境教育、禁毒教育、公民教育、急救和性关系教育为主题来设定其各个学年的 PSHE 课程内容。③鲁特姆学校（Wrotham School）则以健康与生活方式、青春期与卫生、性别、避孕、性传播感染等、怀孕和生育、毒品与酒精、友谊与欺凌、道德推理和道德勇气、人格与身份、关系与性别、经济与福祉关系作为 PSHE 课程的主要内容。④

①　陈琼. 英国中学 PSHE 教育的课程标准和教材研究[D]. 上海：华东师范大学，2014：21.
②　范树成. 英国的 PSHE 课程探析[J]. 外国教育研究，2012，39（7）.
③　Emerson H. PSHE at Dorothy Stringer[J]. Education and Health，2008，（2）.
④　张璐璐，徐喜春. 英国 PSHE 课程探析及其启示[J]. 中小学心理健康教育，2015，（21）.

第三节　英国青少年生命教育的实施路径

一、通过开设专门课程开展生命教育

由上文可知，英国青少年生命教育主要包括公民教育和 PSHE 教育两种形态。英国中小学生命教育的实施则主要依赖于公民教育课程和 PSHE 课程。有学者指出，英国青少年生命教育实践的特色正是构建了"以促进学生灵性、道德、社会与文化发展为主轴的公民教育；以增进个人身心健全、人际关系与民主社会之角色扮演的个人、社会与健康教育为辅的生命教育课程体系"[①]。

2000 年以来，英国确立了新的中小学国家课程规定，从 2002 年 8 月起，公民科成为英国法定国家课程中的基础科目之一，所有中小学生都必须修习，在 2008 年、2014 年国家课程体系中，公民科均是国家规定的基础科目之一。PSHE 课程地位不像公民课程那样稳居国家基础科目之列，经历了从作为国家课程到被撤销，经社会呼吁又重新进入国家课程行列的曲折过程。2020 年，"人际关系教育"成为所有小学的法定必修课程，人际关系与性教育成为所有中学的法定必修课程。在此曲折嬗变的过程中，一方面促进课程内容更为丰富、全面，更加指向学生全面发展所面临的问题；另一方面，课程的作用与价值亦更为凸显。

英国教育行政部门规定，公民教育课程需要在专门的教学时间内进行，教学时数应占所有课程时数的 5%，鼓励多样化的教学形式，不限定教学内容、方式，强调以学生为中心，充分调动学生的积极性，鼓励学生提出自己的看法，注重学生的讨论、体验、思考、活动等，注重利用各种资源营造符合学生真实生活的学习环境，让他们主观上接受和认可生命教育的知识，能够真正从知识、技能与理解三方面有所收获。

需要说明的是，由于 PSHE 多元化的课程目标、丰富的课程内容，虽然QCA 提供了参考性的各个阶段学生应掌握的技能和知识目标，但是获取这些技能和知识的途径则由学校决定，教材和教学参考材料也不是统一规定的。因此，作为一门课程，PSHE 往往有多种组织形式。常见的组织形式有

---

① 　徐秉国. 英国的生命教育及启示[J]. 教育科学，2006，22（4）.

5 种：方式 1，作为一门独立的课程；方式 2，体现在精神关怀课程①中；方式 3，分布于其他学科，跨课程实施生命教育；方式 4，存在于一个或两个"适当"学科中；方式 5，方式 1、方式 2、方式 3 或方式 1、方式 4 组合实施。②

在位于英国乡村的鲁特姆学校中，PSHE 课程以四种方式教授给学生：①每学年都有 4 个专门的"PSHE 日"，届时来自学校健康服务人员、消防人员、警察、慈善机构以及其他团体的工作人员都将参加"PSHE 日"所举行的各种活动，所有的学生都将从这些活动中获益；②提供单独的课程时间，由专门的教师来教授 PSHE 课程；③PSHE 课程是由辅导员（form tutor）在辅导时间（form time）提供的，从而给学生提供了讨论和反思社会、道德和情感问题的机会；④在其他课程中渗入 PSHE 课程的要素。

二、通过学科渗透的方式开展生命教育

英国中小学生命教育的途径多样，除了设置专门的生命教育课程（公民教育课、PSHE 课）之外，还将生命教育渗透于学校的其他课程之中，特别是在科学（涉及生活和死亡问题）、地理（环境问题）、历史（发展与忍耐）、体育、美术、音乐等学科中渗透生命教育相关知识。事实上，在开设专门课程之前，英国中小学生命教育主要是以学科渗透的方式进行，时至今日仍是重要的有效途径之一。以公民教育与学科渗透为例，在英语课中开展有关多样性和多种身份概念的教育，通过阅读文学作品、戏剧表演、角色扮演、文学评论等书面或口头形式促进文化理解、提升文化认同感，并养成挑战传统、进行批判性思维的习惯。在历史课上，有许多关于社会和制度方面的教学内容，学生在学习政治制度、社会制度和经济制度的同时，会对英国的民主及多元社会有所了解，并对今天的英国社会有更加全面的认识，通过对过去的学习引发学生对当今社会问题的思考。在地理课上，通过学习英国、欧洲及世界地理知识，学生能开阔视野，成为有见识的公民，并懂得尊重和包容不同国家和地区在社会、生活、风格等方面的差异，让学生学会理

---

① 英国教育界主张通过课外活动、精神关怀、学校风气、教师角色和咨询指导等，潜移默化地影响学生的思想和行为，帮助其汲取个人经验，为将来的社会生活做准备。其中，精神关怀是英国学校价值教育的重要隐性课程，多数中学将其视为价值教育的重要途径。"关怀教师"通常会优先考虑学生的需要、兴趣及感受，为其提供预防型和发展型的学习经验，致力于培养学生的人格品行、社会性发展及交往能力。

② 原芳. 英国 PSHE 课程探析[D]. 长春：东北师范大学，2010：23-24.

解和尊重多样性。在体育课上，可以为学生提供实践公民规范准则的良好机会，学生们在体育活动中可以学会与他人商议，接纳他人意见，遵守小组规定等。而在前文所介绍的 PSHE 的组织形式中，方式 3、方式 4 均采用将 PSHE 渗透于具体学科中的做法。

三、通过课外实践活动开展生命教育

英国学校历来重视课外活动。为了配合生命教育常规课程的顺利开展，英国中小学在课外有意识、有目的、有计划地为学生提供进行创造性实践活动的机会和场所，组织他们积极地参加课外实践，以增强其生命体验，引导他们努力去实现自己的生命价值。英国中小学经常采用的实践形式是让学生走进大自然，到野外去活动。他们不仅把课外活动看成是一种观察自然、了解社会的文化活动课程，更把它作为培养个体能力、完善个体生命的重要工具。活动课程精心计划，周密安排，效果十分明显。例如，在公民教育的课外实践活动中，学生需要"保留一份表征自己进步与收获的公民记录"，而实践活动种类则包括"参与班级和学校管理""参与本校或与校外学生合作""参与组织募捐，模拟选举，健康、运动和艺术活动""参与讨论师生共同感兴趣的问题""参与实际的选举活动""参与社区活动"①等。

英国还开设与生命教育相关的专题活动。例如，在一些中小学课堂上，教师会邀请一些殡仪行业的从业人员或护士讲述人死亡后的相关处理事宜，并让学生轮流以角色扮演的方式模拟诸如父母因意外身亡时的应对方式，体验突然成为孤儿的感受等。专题教学可以使学生认识到生命的重要性，使他们体验到遭遇损失和生活方式突变时的复杂心情，并学会在非常情况下如何保护自己的生命并控制自己的情绪。②

四、通过社会协助开展生命教育

生命教育是一项系统工程，其实施除了依靠学校师生的共同努力，也需要来自家庭、社区、媒体、民间组织和政府等的协助，它们是生命教育顺利

---

① 姬振旗. 20 世纪 80 年代以来英国中小学公民教育研究[D]. 石家庄：河北师范大学，2009：86-87.

② 王定功. 英国青少年生命教育探析及启示[J]. 中国教育学刊，2013，（9）.

实施不可忽视的重要力量。英国的许多家庭积极与学校配合，形成一个相互影响、不断协调、目标一致的综合教育网络，使学校的生命教育达到最佳效果。英国社区配合学校开展生命教育的最有效形式是成立"教育行动区"。如果被判定为薄弱学校，它们将得到社区和优质学校的持续帮助，使需要帮助的学生在心理、身体、智力、情感、精神、道德和文化等各方面得到发展。英国青少年生命教育的民间机构和组织遍布各地，它们开展的活动增强了青少年对生命的体验，使其认识到生命的意义，激励他们为实现生命的价值而努力，同时向他人宣传珍爱生命、实现生命价值的意义。英国政府还积极参与生命教育的推行运作，不断加强对生命教育的管理，并利用法律、行政手段等推动生命教育的顺利开展。

五、通过大众传媒进行生命教育

大众传媒主要是指网络、电视、广播、报纸、杂志等。它传递社会信息和大众文化，倡导社会道德、法治观念和价值标准，开展社会焦点问题的讨论，对中小学生的价值观念和行为方式会产生深刻的导向作用。英国非常重视利用大众传媒进行生命教育。例如，英国经常利用网上论坛组织不同学校的学生来讨论他们共同关心的问题，如人权、自由运动、多元化、交通和运动等。对于每一个主题都会有相关组织来提供背景信息，可以从有关网站免费下载资料。长期以来，英国大众传媒和社会科学界经常联合进行公民思想道德状况的调查，然后将调查结果做成节目，有的还开辟专栏。如英国广播公司（BBC）于1994年对英国青少年道德状况的调查即为一例，《观察家报》等也对此进行了报道。此外，英国还利用报刊等媒介开辟专栏进行公民教育。[①]又如，针对PSHE教育，PSHE课程专家和英格兰银行联合开发的免费网络课程——"EconoME"，帮助尚在懵懂期的小学生获取明智分析经济问题所需的知识与技能。再如，新冠疫情暴发以来，PSHE学科协会在官方网页开辟专栏，发布了一系列围绕疫情主题的课程资源，如《与青少年谈论新冠疫情指导手册》《PSHE在家上学指导手册》等，利用网络助力青少年顺利渡过疫情难关。

---

① 姬振旗. 20世纪80年代以来英国中小学公民教育研究[D]. 石家庄：河北师范大学，2009：88-89.

第四节　英国青少年生命教育的启示①

英国青少年生命教育开展时日较久，收效良好，在许多方面可供我国借鉴。具体来说，其主要体现在以下几方面。

一、国家重视并推动生命教育的发展

英国认识到生命教育在促进学生灵性、道德、社会及文化发展以及为学生进入未来成人生活积累经验、承担责任和把握机会做好准备中的重要作用，并通过国家政策干预来推动生命教育的发展。通过国家和政府的干预，学校可以较好地运用政府法治力量来推行生命教育，也可以发挥所有社会机构的作用，合理利用教育资源来加强生命教育。

当前，我国也越来越重视青少年生命教育，将生命教育写入了《国家中长期教育改革和发展规划纲要（2010—2020年）》，强调要重视安全教育、生命教育、国防教育、可持续发展教育，这是我国第一次把"生命教育"纳入国民教育的发展主题并加以强调，突出体现了国家对青少年的关怀和爱护。2021年11月，教育部印发《生命安全与健康教育进中小学课程教材指南》（简称《指南》），明确将生命安全与健康教育全面融入中小学课程教材，这是实现生命安全与健康教育系列化、常态化、长效化的重要举措。《指南》中生命安全与健康教育内容主要涉及五个领域：健康行为与生活方式、生长发育与青春期保健、心理健康、传染病预防与突发公共卫生事件应对、安全应急与避险，并对不同学段提出不同教学要求。

除此之外，我国的一些地区和学校已经进行了初步的尝试。2004年，辽宁省启动了中小学生命教育课程，并制订了《中小学生命教育专项工作方案》。2005年，上海市正式公布《上海市中小学生生命教育指导纲要》。2008年，云南省在全省各级各类学校学生中实施生命教育、生存教育、生活教育（称为"三生教育"）。2010年，以国家社科基金教育学项目"青少年生命教育有效性研究"为学术支撑，全国上千所中小学自发参与生命教育

① 本节主要引自王定功. 英国青少年生命教育探析及启示[J]. 中国教育学刊，2013，（9）。引用时有增删。

实验。在高等教育领域，全国已有近 20 个生命教育研究机构依托大学成立，如北京师范大学生命教育研究中心（2010）、河南大学生命教育研究中心（2014）等。近年来也有一些高校将其升级为省级研究中心，如曲阜师范大学于 2021 年，依托原"曲阜师范大学学生生命教育研究中心"，成立"山东省生命与安全教育研究中心"等。2015 年，苏州市教育局整合利用各种资源，统筹协调各方力量，聚焦学生生命安全、健康成长的关键领域和主要环节，集中攻关，重点推进，积极开展以"关爱生命"为主题的平安教育年活动。①2016 年，内蒙古开展"珍爱生命，安全教育"巡回活动，通过专业的安全教育、模拟体验和实景演练，在广大师生中普及安全应急知识，提升学生的安全意识和应急避险、自救互救技能。②2020 年疫情暴发以来，南昌市教育局积极开展线上教育教学，坚持课程学习与疫情防控知识学习相结合，加强生命教育、公共安全教育和心理健康教育。③随着 2021 年《指南》的颁布，黑龙江省反应迅速，印发《黑龙江省中小学生命教育指导意见》及系列配套文件，将生命教育纳入地方课程，研制《全日制义务教育地方课程黑龙江省生命教育课程标准》，并聚焦战疫，紧抓疫情期间心理健康教育，编写《中小学疫情防控心理自助手册》等措施，组织专家团队和志愿者提供专业服务，筑牢学生健康成长"防护墙"④。

在我国，生命教育理念已被越来越多的地区和学校认可。但较英国而言，我国政府对生命教育的参与和管理力度都还相对薄弱，如在生命教育国家课程及课程标准、对生命教育的宏观指导和资金投入、生命教育的师资培训等方面还有所欠缺。借鉴英国生命教育的发展经验，我们应有效组织科研力量，调查国内开展生命教育的实际情况，制订适用全国的生命教育课程标准和指导纲要，开设相互衔接的生命教育课程，加强相应的师资培训和资源建设，构建实施生命教育的常态机制。同时，我国也应加强对生命教育的政策干预，利用法律、行政手段协调和吸引各方力量参与其中，构筑实施生命教育的合力，形成开展生命教育的良好环境。

---

① 苏州市聚焦学生生命安全促进学生健康成长[DB/OL]. http://www.moe.gov.cn/jyb_xwfb/s6192/s222/moe_1741/201501/t20150122_183273.html，[2015-01-22].

② 内蒙古开展"珍爱生命 安全教育"巡回活动[DB/OL]. http://www.moe.gov.cn/jyb_xwfb/s5147/201603/t20160321_234410.html，[2016-03-19].

③ 南昌搭建"空中课堂"[DB/OL]. http://www.moe.gov.cn/jyb_xwfb/xw_zt/moe_357/jyzt_2020n/2020_zt03/zydt/zydt_dfdt/tkbtx/202003/t20200306_428078.html，[2020-03-06].

④ 黑龙江省加强中小学生命教育 筑牢学生健康成长"防护墙"[DB/OL]. http://www.moe.gov.cn/jyb_xwfb/s6192/s222/moe_1739/202111/t20211117_580369.html，[2021-11-17].

二、科学规划生命教育内容

英国青少年生命教育的内容主要以学生的需求和关心的事物为基础，与学生兴趣和经验相关联，以学生的学习能力和背景为依归。我国也应将符合我国社会需求的民族价值观等内容与关于人的发展的知识、技能等有机地结合起来，把反映生命个体心理健康、道德品质、政治观点和思想观念的内容有机结合起来，以构建完整的生命教育内容体系。

在我国，2021 年颁布的《指南》规定，生命安全与健康教育内容主要涉及 5 个领域 30 个知识点，并从小学、初中、高中三个阶段提出相应要求和培育目标。小学阶段主要是基本知识介绍、具体技能训练和个人卫生习惯培养；初中阶段注重讲解原理和机制，深化学生认识，强化健康行为养成的主动性和自觉性；高中阶段主要强调学生的生命责任感和意义，以及发现问题和积极解决问题的能力。《指南》的颁布是我国生命教育落地的重要举措，极大地推动了生命教育进教材、进课堂，超越了"空对空"的理念研究。但我们还应积极开展调查研究，调整、补充和丰富生命教育内容，构建依托我国深厚文化底蕴、借鉴和吸收西方生命教育精神的、富有时代气息和中国特色、适合中国国情的生命教育内容体系和课程体系。另外，在互联网日益普及、互联网资源良莠不齐、互联网社交便捷等时代背景下，可借鉴英国的 RSE，超越当前"为进入青春期的青少年提供生理卫生教育"的做法，为学生提供包含与性相关的知识、情感、法律、技能、心理、责任、交往等诸多方面的科学的性教育[1]，破解性教育的缺位、缺席。再者，结合疫情多点散发等背景，开发与疫情相适应的心理调适、疫情防控、健康学习、居家运动等课程亦显得尤为重要。

三、开展生命教育师资培训

在提倡和推进生命教育的过程中，英国各中小学都把师资培训作为推进生命教育的重要环节。英国中小学的师资培训主要有两个途径：一是三年或四年的学士学位课程，此类课程主要是教育专修学科，这一途径是小学师资培训的主要来源；二是由大学提供研究生学位课程，面向大学毕业后有兴趣从事教育工作的人，学习期限为一年。为了适应时代的变化，这些培训课程在 1980 年后积极变革，从以学科为主转变为以问题为主，以促进新教师

---

[1] 朱晓彤. 英国中小学性教育的特点及启示[J]. 教育探索，2020，（4）.

改善处理班级实际问题的能力，其中的实施生命教育是教师培训的一项重要内容。

生命教育是关乎生命的教育，相对于其他学科教师的培训而言，对教师实施生命教育培训的要求应该更严格。生命教育专职教师和渗透生命教育的各科教师，其自身素养关乎国家实施生命教育的成败。借鉴英国经验，我国也应加强对中小学教师进行有效的生命教育培训，在对师范生、新教师的培训以及对在岗教授的继续教育轮训中，都应突出生命教育内容，浸润生命教育理念，提高全体教师开展生命教育的意识和能力。

四、加强生命教育的理论研究

英国的生命教育之所以能顺利开展并取得显著成效，这与英国积极开展生命教育研究、重视理论指导是分不开的。生命教育在英国的整个发展过程中，《科瑞克报告》起到了重要作用。报告从公民教育的价值与理念、教学目标与课程内容、教学时数等展开深入的研究，在推动公民教育成为必修课程的过程中，为英国政府提供了公民教育的专业咨询。英国政府在1999年成立了创造与文化教育全国咨询委员会以及个人、社会和健康教育全国咨询顾问团，这些学术性的咨询团体充当了智囊团的角色，提高了英国政府对生命教育理论基础的认识。

目前，我国的生命教育研究刚刚起步，还没有形成富有特色并被广泛认可的理论，认识和实践领域里的空白还有很多，尤其是落实到生命教育课程开设及实践环节的研究还很不充分。为此，我们可以考虑采取切实措施鼓励设立生命教育学术机构、建立生命教育学术阵地、设立生命教育科研项目、委托生命教育专题研究、开展生命教育区域实验等，全面提高生命教育科研水平，为国家制订生命教育宏观政策和课程标准，开发生命教育教材，推动生命教育走进学校、走进课堂，提供必要的科研支撑。

第二章

美国青少年生命教育

　　生命教育始自美国，发展已较为成熟，并取得了巨大成效。美国学者杰·唐纳·华特士（J. D. Walters）于 1968 年首次提出生命教育思想，并创办了阿南达学校。华特士的生命教育是针对美国青少年中的吸毒和艾滋病泛滥而提出的。为了让更多的孩子们更好地成长，在华特士的带领下，美国学者为"生命教育"奔走呼告。1976 年，美国有 1500 所中小学开设了生命教育课程。20 世纪 90 年代，美国基本普及中小学生命教育。21 世纪以来，面对国家债务增长、经济发展放缓以及国际力量对比的深刻变化，美国社会各界呼吁推进学校教育改革，加强青少年道德教育。①美国的生命教育后来虽有变化，但珍惜生命、保护生命的核心思想没有改变。至今，生命教育已经走过半个世纪，引起了美国社会各界的广泛关注，并采取多种举措开展"生命教育"。

　　由于美国的生命教育研究更多的是散见于整个教育的各个方面，所以，对美国中小学的生命教育进行深入分析和系统研究还是非常有必要的。更为重要的是，尽管受不同文化的影响，中美教育价值观念存在着差异，但就教育而言，生命终究是教育的本源。因此，借鉴美国生命教育中的有益经验对我国当前生命教育的研究有着重要意义。

---

① 韩丽颖. 美国学校道德教育的发展进路[J]. 教育研究，2020，41（2）.

第一节　美国青少年生命教育的背景

一、美国青少年生命教育的文化背景

（一）人人生而平等：契约立国和多元文化

美国人向来追求人与人之间的平等与自由。其思想文化来源于西欧文明。对于"人"，西欧文明有两方面的解读：一方面强调人与自然的划分，即人要有"自己是独立的"这样一种自觉的意识，这一点无疑是高于其他动物的；另一方面，从笛卡儿以来，强调人的灵魂与肉体是可以分离的，也就是说，人的本质是灵魂，而且不受肉体的支配，独立的精神可以改造世界。于是，科学与宗教便成为影响美国依照契约立国的主要因素。作为独立的人，个体是以公民的身份与国家发生联系，这与中国传统社会的宗亲文化是完全不同的。较为典型的是美国的《独立宣言》，它代表了美国人民向世界宣布美国独立创国的思想。《独立宣言》宣称，人人生而平等，造物主赋予他们若干不可剥夺的权利，其中包括生命权、自由权和追求幸福的权利。在法律方面，美国人有自己的想法——法律不是为了干预个人的自由，而是为保护个人的自由而设立的。在法律面前，人人是平等的；在法律之外，政府无权干涉个人的自由。尊重法律的理性精神，关于权利、责任、相互尊重和双边义务等公正概念深入人心。

美国是一个多民族、多种族的国家，不同文化之间相互影响，形成了文化多元的局面。美国学校也树立了多元文化的教育观。美国的多元文化教育是指"基于对民主的珍视和信仰，在有文化差异的社会和多种文化相互依赖的世界中确认文化多元化的一种教学和学习取向"[①]。这也正是在美国学校中，多个国家、地区的学生能够在一起生活、学习与工作的原因。

在此文化背景与理念影响下，美国人一贯主张民主、强调人权、尊重人们的生活选择，让所有人享有平等的机会。契约精神和多元文化传统影响下

[①]　Bennett C I. Comprehensive Multicultural Education：Theory and Practice（4th ed）[M]. Boston：Allyn & Bacon，1999：11-17.

的美国人形成了以个人为本位的价值取向。个体生命的独立、生命自由选择和个人奋斗精神直接影响着美国人个体生命价值的实现。

（二）生命是自由和有尊严的：个人主义

美国是一个在权利意识上坚持个人主义（individualism）、在文化上则主张多元主义的国家。据美国学者内森·格莱泽（N. Glazer）介绍，美国特色的"个人主义"一词第一次出现是在法国学者托克维尔（Tocqueville）的《论美国的民主》英译本中。①托克维尔当时认为，美国的个人主义与自私是不同的，它是一种成熟和平静的情感。它使美国人养成了视自己为独立的习惯，认为自己的整个命运掌握在自己的手中。美国社会学家罗伯特·N.贝拉（Robert N. Bellah）在《心灵的习性——美国人生活中的个人主义和公共责任》一书中指出，美国特色的个人主义是美国文化的真正核心。久而久之，在美国便形成了以民主、自由、平等、法制、人权等价值观为核心的相对稳固的道德价值观体系。

在美国，个人主义主要包括三个方面的内容：第一，美国人强调应有与他人不同的个性。美国人很重视自己与他人不同的特点，并且善于维护自己独特的个性。第二，美国人强调应表现自己的个性。美国人非常重视自己的存在和表现，强调一个人在一生中应当勇于开拓，充分展示自己。通过个人自立和奋斗取得成就是一种美德，而依赖别人则会遭到鄙视，为社会所不齿。正是这样一种价值观，使得美国人在从事各种活动中非常注重表现自己的个性，很少顾及别人的议论，并把自谦看成是无能的表现。第三，美国人强调个性的发展要与环境的变化相适应，以一种灵活的姿态来应对环境的变化。美国人强调个人主义，但并不意味着"时时事事处处"都要顺应于我，不是"让环境和条件适应自己，自己则以不变应万变"的自我僵化，而是根据环境和条件的变化，及时地改变自己，以变化应变化。美国人的口头禅——"Just Do It!""只要我喜欢，有什么不可以"，从某种程度上来说，就是美国人关注自我、表达个性的一种特征。美国人坚信，自己的问题自己解决、个人喜欢就是价值所在。

基于此类价值取向，美国父母很早就开始培养孩子的自我决策能力。在美国中小学校中，面对不同的学生个体，教师不仅要教授具体领域的知识，更要培养学生各方面的能力。在教学活动中，教师只是其中的参与者和引导

---

① 转引自：卢瑟·S. 利德基. 美国特性探索——社会和文化[M]. 龙治芳，等译. 北京：中国社会科学出版社，1991：215，297.

者，并不具备强制性或权威性；相反，学生作为教育主体而极受重视，他们的兴趣和学习程度是学校选择课程内容和运用教学方法的主要依据。美国中小学自由宽松的教学环境体现着对儿童生命独特性的理解和尊重，并引导儿童尊重生命、珍惜生命，对生命的未来充满自信和敢于挑战。

二、美国青少年生命教育的理论背景

（一）西方生命哲学思想

西方生命哲学对于美国的生命教育理念有着重要的影响，尤为典型的是狄尔泰（Dilthey）关于生命的理解。狄尔泰从心理-历史-社会的视角研究人的精神生命，极力反对将人看作单纯的认知主体，强调人的完整性。运用理解概念，狄尔泰还将个体的生命扩展到他人的生命和人类的类生命。依照狄尔泰的观点，我们可以将生命理解为"生命等同于存在"。

泰勒斯（Thales）的生命哲学，是从世界本身探讨世界的统一性，生命、灵魂、水是泰勒斯哲学的基本范畴。泰勒斯认为一切事物都是有生命的，并将生命同自动性、自主性与流动性、灵活性联系起来，认为可以从这四性上提高生命的质量，延伸生命的深度和广度。[①]

（二）人道主义伦理学

弗洛姆（Fromm）从人道主义伦理学出发，竭力证明自爱与爱他人是一致的，所谓善就是实现生命的潜能，恶则相反。在西方，人们经常从生命的源头寻求道德的依据，认为道德有利于生命的充实，而非残害生命。并且，启蒙主义者卢梭和爱尔维修强调，道德的起源在于自爱。卢梭认为，美德实际上可以在生命的欲念中找到其发展的源头。尼采的"酒神精神"与"强力意志"充分肯定生命是现实存在的。尼采认为上帝是对生命的最大荼毒与谋杀，他宣扬鲜活的生命，并以希腊人生命中积极精神为最高榜样，以权衡人类的生命质量。尼采以生命向上帝宣战，呼唤生命回归自然，而非上帝的超自然。

（三）生命伦理学

"生命伦理学"一词最早出现在美国学者波特（Potter）所著的《生命伦

---

① 刘永富. 作为生命哲学的泰勒斯哲学的当代思辨[J]. 武陵学刊（社科版），1998，23（4）.

理学：通向未来的桥梁》（Bioethics：Bridge to the Future）一书中，用来泛指一种与人类生存和改善生命素质有关的学科，而不是专指与医疗卫生有关的学科。① 同时，西方生命伦理学这个领域出现了各种争论，如四原则说、允许原则说、关怀伦理学、决疑法等。不管他们的争论如何，他们对生命价值是非常尊重的。随着科学技术的发展，生命的存活在一定程度上可以由人来控制，这时，生命质量问题就得以凸显。生命不再被看成是绝对神圣的，生命质量也有高低之分。"所谓生命质量是一综合标准，不仅指生命现象有较好的生理功能和形态，而且指能过健康的、愉快的、有意义的生活。"② 因此，人们非常重视生命质量。

生命伦理学在知识、理性之外，注重人的非理性、关注人的情感，这一倾向非常鲜明地体现在内尔·诺丁斯（N.Noddings）的教育研究中。她将自己的"关心"理论建立在生存论基础上，这种生存论在内涵上又不完全是存在主义的，具有马斯洛等人的特征。她认为"我们应该教育所有的人，既以能力也以关心为指向，我们的目标应该是鼓励富有能力、关心、热情与爱心的人的生长"③。从理论基础上看，她将"关心"建立在海德格尔的"关心"（"烦""操心"）之上，提出"关心伦理学"，凸显其哲学气质，已经意味着它会超越道德教育领域。从其实践构想来看，其"关心"主题涉及"关心、自我"（身体生命、精神生命、职业生命、自我超越的生命）、"关心亲密的交往圈"（inner circle）（家属亲眷、朋友、同事、邻居、学生）、"关心生疏、遥远的人""关心动物、植物和地球""关心人造世界"（human-made world）、"关心理念"（idea）（数学、艺术）等，已经开始具有全新的结构方式。④

（四）实用主义教育思想

美国的进步教育运动始于 19 世纪末 20 世纪初，其基本原则是：表现个性和培养个性，反对强制灌输；自由活动，反对外部强制纪律；强调儿童兴趣，培养儿童"民主参与"的社会意识等。这些原则从本质上讲，体现了对儿童个体的理解和尊重，对儿童生命应有之义的诠释。概括地说，进步教育

---

① Potter V R. Bioethics：Bridge to the Future[M]. Englewood Cliffs，NJ：Prentice-Hall，1971.

② 邓艳平. 当代美国生命伦理学中原则之争述评[D]. 长沙：湖南师范大学，2003：30.

③ Noddings N. The Challenge to Care in Schools：An Alternative Approach to Education[M]. New York：Teachers College Press，1992：46.

④ Noddings N. The Challenge to Care in Schools：An Alternative Approach to Education[M]. New York：Teachers College Press，1992：47.

有四个特点：①反对学校过分对学生灌输知识；②反对传统的学校课程；③反对固定不变的学校生活和呆板的组织形式；④反对学校在精神上对学生的压抑。20 世纪二三十年代是进步教育运动的高潮时期。

杜威（Dewey）是美国实用主义教育思想的创立者，1916 年，杜威发表的《民主主义与教育》，标志着教育理论发展的一个新时期的开端，从此实用主义教育哲学成为进步教育运动的指导思想。巴黎大学在 1930 年授予杜威荣誉博士时指出，杜威及其实用主义教育思想是"美国精神的最深刻、最完全的体现"①。杜威在他的实用主义教育中提出"从经验中学习"，他认为没有真正意义上的经验就没有学习。"教育就是经验的改造或改组。这种改造或改组，既能增加经验的意义，又能提高指导后来经验进程的能力。"②杜威还提出教育即生活，他认为，"最好使学校成为儿童真正生活的地方，并从中获得他会感到高兴的和有趣的经验，指导儿童参与家务操作，从而养成勤勉、守秩序以及尊重别人的权利和意义的习惯，养成他的活动应服从于家庭的整体利益的基本习惯。参与家务也成为获得知识的机会。在学校里，儿童的生活就成为决定一切的目的，生活是主要的。学习是通过并联系这种生活进行的"③。杜威从"儿童中心说"出发，强调以儿童为本，更多地关注学生的创造性、个性的发展，儿童的本能是教育最根本的基础，教育绝不是把外面的东西强迫儿童去吸收，而是要使人类与生俱来的能力得以生长。"儿童中心说"的意义在于它能使学生主动、活泼，而不是被动、呆板；它能使学生体格健全、道德完善，这些都是美国生命教育所追求的个体个性发展的具体表现。可以认为，杜威是在强调儿童的生命本能，要使儿童的生命得到整体的发展。

受实用主义及杜威教育思想的影响，美国的学者普遍认为，教学过程应当是一个激发学生学习兴趣、引导学生个体不断探究的过程，鼓励学生主动提出自己的见解、主动地获取知识。所有这些都有利于学生个体生命中兴趣、创造力的培养，将学生作为生命个体来看待、发展，尊重每一个学生的生命，保证每一个学生生命的自由、积极、独立、智慧地发展，为学生全面、多样化发展提供一个宽松的环境。美国中小学教育孩子不过分依赖父

---

① 转引自单中惠. 西方教育思想史[M]. 太原：山西人民出版社，1996：622.
② 杜威. 杜威教育论著选[M]. 赵祥麟，王承绪，编译. 上海：华东师范大学出版社，1981：195.
③ 杜威. 杜威教育论著选[M]. 赵祥麟，王承绪，编译. 上海：华东师范大学出版社，1981：42-43.

母，从日常生活小事做起，对自己的独立行为负责。学校重视培养学生的个性发展，强调学生在教育中的中心地位，突出学生个体生命中的表现力、主动性、创造性，注重学生向权威挑战的习惯的养成。美国小学的教学是在很宽松的环境中进行的，师生间的互动比较多。教师可以按照自己的特点给学生上课，有时像大孩子一样在教室里边走边说、边唱边跳，与学生一起做游戏，充分调动了学生活泼好动的天性，展现了生命教育的魅力。在中学里，选修课的比例加大，占全部课程的一半左右，其中操作课、活动课、调查研究课等是选修课的重头戏。美国的进步教育运动促进了学校生命教育的发展，教学工作从儿童的兴趣和需要出发，在教师的指导下，儿童自我管理，追求个人自由和完善的发展。这些都是美国生命教育所追求的个体个性发展的具体表现。

（五）人本主义教育思想

二战后，美国的科技与经济得到了飞速发展。然而，物质文明高度发达与人们精神的极度空虚形成了巨大的反差。受此影响，青少年亦出现了精神空虚、道德堕落、犯罪、吸毒、自杀等普遍的严重的精神问题，他们的生命意义和生命价值严重丧失。人本主义理论应时代之需而产生。

人本主义理论是美国当代心理学主要流派之一，由美国心理学家马斯洛（A. H. Maslow）在20世纪50年代创立。该理论的代表人物还有卡尔·兰塞姆·罗杰斯（C. R. Rogers）。人本主义反对将人的心理低俗化、动物化的倾向，因此，被称为心理学中的第三思潮。主要理论有马斯洛的自我实现理论和罗杰斯的自我理论。现代人本主义教育思想是西方一种重要的教育思潮，它重视人的价值，强调受教育者的主体地位与尊严，追求人的个性、人性、潜能的发展。人本主义的实质就是让人领悟自己的本性，不再倚重外来的价值观念，让人重新信赖、依靠机体估价过程来处理经验，消除外界环境通过内化而强加给自己的价值观，让人可以自由表达自己的思想和感情，由自己的意志来决定自己的行为，掌握自己的命运，修复被破坏的自我实现潜力，促进个性的健康发展。

人本主义教育思想中存在着与生命教育一脉相承的观点：①明确提出教育必须促使"完美人性的形成"和"人的潜能的充分发展"，即人的"自我实现"。"自我实现"的人格特征，首先是整体性，"人本主义教育理论把'完整的人（whole man）'作为核心概念，强调每个人与他自身内部和独特性之间的整体性；进而竭力主张教学应该介入学习者的身心、情感、认识等各方面的成长。个体在身体、精神、理智、情感、情绪、感觉各方面达到内部有机的整体化，在处理内部与外部世界关系时达到和谐一致"①。其次，个体具有创造性地做任何事情的态度与倾向。这一特征体现了生命教育中培养个体完整性的要求。②力图纠正 20 世纪以来教育领域中主知与主情问题上的偏颇，着力研究人的理智与情感、高级需求与低级需求、本能冲动与价值理想之间整合和协调问题，挖掘人的潜能，确立人的价值与尊严。生命教育的初衷即尊重青少年的价值和尊严，人本主义思想的提出无疑深化了人们对生命教育的理解。

（六）弗洛伊德生命本能思想

弗洛伊德的本能论认为，人有生的本能（life instinct）和死的本能（death instinct）。生的本能表现为生存的、发展的一种本能，代表着人类潜伏在生命自身中的一种进取性、建设性和创造性的活力；死的本能表现为生命发展的另一种对立力量，它代表着人类潜伏在生命中的一种破坏性、攻击性、自毁性的趋力。在弗洛伊德看来，生的本能的目标在于不断建立更大的生命的统一体，并极力维护这种统一体的聚合、亲和；相反，死的本能目标在于破坏、分解或毁灭这种亲和体。死的本能的存在使人们为了克服对死亡的恐惧和焦虑，或把死亡的真正面目压抑起来，或选择自毁和毁灭他人的方式得到宣泄。

部分儿童和青少年对死亡的感觉还遥不可及，认为死亡是发生在别人身上的事情，死亡的真相经常被压抑。当遇到一些生活事件和挫折时，由于缺乏人生经验、解决问题能力较差，往往倾向于用死亡作为逃避问题的手段。生命教育的意义就在于通过积极正面的体验让儿童和青少年珍视生命、健康成长。

三、美国青少年生命教育的社会背景

二战后，美国的经济得到飞速发展，逐步成为世界上的超级大国。人们的物质生活得到了空前的提高。然而，与此同时，一系列的社会、精神问题层出不穷，而且愈演愈烈。主要表现为：一方面，人们失去了对自然的尊重与敬畏，失去了精神的满足感，苦闷、孤独、焦虑、冷漠等成为人们经常性的情感表现。另一方面，人们每天更多的是进行着物质追求的活动，进而迷

---

① 方展画. 当代西方人本主义教育理论评述[J]. 河北师范大学学报（教育科学版），1999，1 (1).

失了生活方向，濒临崩溃的边缘。

四、美国青少年生命教育的学校背景

社会普遍存在的精神迷失现象严重地波及到了学校，由于生活阅历尚浅，青少年更容易产生精神和心理上的危机从而导致精神的畸形和心理的变态。同时，大众传媒的暴力现象也成为影响学生心理与行为的主要因素。主要表现为青少年犯罪现象日益泛滥、自杀以及学生间普遍存在欺凌等现象。

在美国经常出现包括自杀、心理问题，暴力与野蛮行为，帮派、性泛滥、儿童虐待等问题。最新数据显示，大多数被捕的青少年所犯的罪行是抢劫罪和加重攻击罪。2018年美国校园枪击案数量和伤亡总人数均创下此前20年最高纪录。[1]2022年5月，得克萨斯州乌瓦尔德一所小学枪击案造成21人死亡，是美国2022年发生的至少第30起幼儿园及中小学校园枪击案，也是美国近十年来发生的最大规模校园枪击案。[2]进入21世纪，面对经济危机、政治极化、种族矛盾的国内困境与世界格局的深刻调整，美国社会各界纷纷发出"美国世纪是否已经终结""美国是否会走向新的内战"的疑问，并将当前困境主要归因于"学校教育的失败"，呼吁改革学校教育，加强青少年道德引导和品格培养。[3]同历史上反复发生的情形一样，学校道德教育再次成为美国人在21世纪打破现实窘况、寻求未来出路的选择。[4]

第二节　美国青少年生命教育的目标与内容

一、美国青少年生命教育目标的两种取向

美国在中小学生命教育的目标、内容和实施路径方面已经形成了一套科

---

① 2018年美国校园枪击案数量和伤亡人数创近20年新高[EB/OL]. https://baijiahao.baidu.com/s?id=1621069768521856061&wfr=spider&for=pc. [2018-12-28].

② 突发！美国小学枪击案已致21死，包括18名儿童，嫌犯为18岁高中生[EB/OL]. https://m.thepaper.cn/baijiahao_18258202. [2022-5-25].

③ 任志锋. 权威与自治：美国学校道德教育的价值取向及其发展[J]. 教学与研究，2019，（12）.

④ 韩丽颖. 美国学校道德教育的发展进路[J]. 教育研究，2020，41（2）.

学的、完整的体系。美国教育的目标可以说是关注每个生命，开掘每个生命的能量。美国生命教育的任务是让每个孩子知道自己的潜能，让每个孩子建立起坚实的自信，让每个孩子从事属于自身也属于这个社会的富有个性的创造。

（一）体悟人生意义，从生命中学习

华特士在所著的《生命教育：与孩子一同迎向人生挑战》一书中说道："教育并不只是训练学生能够谋得职业，或者从事知识上的追求，而是引导人们充分去体悟人生的意义……生命只是活着的一种历程，既然活着，就不妨活得好，让身、心、灵兼备的生命态度，成为未来教育的新元素。"①因此，教育应该鼓励孩子从生活中学习，同时以怀疑的态度检视那些不曾被质疑过而代代相传、一成不变的知识内容。如果从一开始就以"从生命中学习"的角度去定义教育，我们很快就会发现，应该是让事实引导我们建构理论，而非让理论形塑我们的认知。教育应该是鼓励而非强迫孩子发展智慧的一种方法，教育的运作应该切合大自然内蕴的奖惩系统，而不要过度保护孩子免于去承受他们所犯错误的自然结果。同时，教育还应该努力让孩子以更坦然的态度面对这些后果，使他们不致丧失勇气，而能明白这就是真实的人生。

（二）关注死亡就是关注生命

格拉斯（Klass）在 1993 年的研究中指出，死亡会让我们重新思考自身、思考宇宙的公平性和有序性并重新确立或修正我们的宇宙观，即宇宙是怎样运行的，自己在宇宙中所占据的位置和力量的大小，如何与死者相处，上帝是否存在，是否真的有超自然的精神实体或理念，生命的意义和目的是什么，死者的死又意味着什么，等等。②在美国，经常会把生命教育与死亡教育放在一起统称为"生死教育"。就生命而言，有生就有死，生死循环往复。死亡不是外在于生命之外，而是内在于生命之中。在美国，青少年对于死亡的理解通常涉及三个概念，即"irreversibility"（死亡的不可逆性，即一旦死亡就无法复生）、"Somatic functional failure"（躯体功能失效性，即身

---

① 杰·唐纳·华特士. 生命教育：与孩子一同迎向人生挑战[M]. 林莺，译. 成都：四川大学出版社，2006：9.

② 转引自 Clark V. Death Education in the United Kingdom[J]. Journal of Moral Education，1998，27（3）.

体器官停止一切生命活动）、"universality"（死亡的普遍性，即人都有一死）①。美国的"生死教育"无疑在一定程度上使得青少年对于"生"与"死"有一个统一的认识。如此，面对异常情况的时候，相较之下青少年就不至于产生剧烈的情绪反应。

近些年来，美国青少年的生命意识缺失已引起了学校、社会、家庭乃至政府的密切关注。通过各界力量的共同努力与长时间的酝酿，一套具有美国特色的青少年生命教育体系逐渐形成。比如针对校园暴力事件的激增，2018年12月，美国联邦学校安全委员会发布《联邦学校安全委员会最终报告》，报告系统分析了学校的安全状况，详细介绍了全美范围内93种提高学校安全的最佳实践和政策建议。

二、美国青少年生命教育的目标

（一）促使学生成为均衡发展的人

华特士为了实践他的生命教育的理想，于1968年在美国加利福尼亚州东部内华达山脚下，设立了"阿南达村"（Ananda Village），Ananda是梵语，意指"喜悦"。在这个社区里，生活就是一种学习，生命就是一种体验，居民都致力于探索蕴含在生命教育中的原则，并且都遵循一定的原则生活着。社区里的老师不执着于教育上的任何教条，而是试图寻找最好的教学方式，让学生读懂生活，使学校蓬勃发展。在这里，生活本身取代了书本，成为真正的老师。学生们学习倾听自己、他人以及大自然，学习如何进行移情思考，更重要的是学习谦卑。让身体、情感、意志力以及智能得以全面发展，从而面对整个人生。

另外，华特士还创立了生命教育基金会。该基金会认为生命教育的目标是促进学生在身、心、灵以及精神各层面逐渐进步，最终成为比较平衡的、成熟的、有效率的、快乐的、和谐的人。该基金会的宗旨是：培养每个学生在身体、心智、情感和意志力均衡发展；给孩子以动力，让孩子充分发挥自己的优点和能力；创造主动有趣且焦点集中的学习气氛；学习在团体生活中所要遵守的纪律。因此，生命教育的理想就是传达生活是一种学习、生命是一种体验。生命教育基金会是一个非营利性的教育组织，支持学校专注于共

---

① Speece M W，Brent S B. Children's Understanding of Death：A Review of Three Components of a Death Concept[J]. Child Development，1984，55（5）.

创生活智慧的教育的理念。这一教育理念的核心目标就是生活本身。通过教育让孩子在生活的律动中，逐渐达到身、心、灵全面的平衡、成熟。

（二）营造关怀生命的校园环境和校园文化

以儿童发展为中心的教育思想是美国教育界的主流指导思想。在美国，学龄前和小学教育大都围绕学生的学习活动展开，儿童可以根据自己的兴趣、爱好和能力来选择学习内容和开展各种学习活动。同时，美国的公立学校的双语教育、特殊教育、环境教育、学校卫生与健康、心理及行为咨询等服务，为学生提供了一个安全的、适合于身心发展的学习环境。美国前总统克林顿说道："我们不能保证每个美国人成功，但是我们能保证每个美国人拥有成功的机会。"①

1990年，美国政府颁布了《2000年教育规划》，并设立了国家教育的六大目标，其中第六个目标是实现美国的每一所学校都应该是安全的和没有毒品的，以保障正常学习环境。1994年，美国总统克林顿签署了《2000年目标：美国教育法》(Goals 2000: Educate America Act)，对原国家教育六大目标进行了修订，现为国家教育八大目标。其中的第三个目标专门论述了基础教育的目标。我们从中可以看到美国教育的追求，即所有学生都要参与促进个人品德向良好方向发展的活动，参加促进身体健康的社区服务和培养个人责任感的活动，接受体育、卫生教育，保证身体健康和精神饱满，使学生学会开动脑筋，成为负责的公民，能够接受继续教育并在生产部门顺利就业。除此之外，该法案还提出了一些宏观的和微观的目标，其中很重要的一点是，所有学校都要成为无毒品、无暴力、无武器、无酒精的地方，每所学校都须摆脱毒品和暴力。所有学校都要与家长结成伙伴关系，使家长更积极地关心和参与促使学生增长社会知识、文化知识和感情的活动。②1999年哥伦拜恩高中枪击事件之后，"零容忍"处理暴力事件开始波及到学生各类轻微违规行为，但是收效甚微，美国司法部和教育部于2014年，根据现实情况发表了一项联合声明，建议采用基于修复性正义的政策代替"零容忍"政策。

（三）引导学生认识生命的可贵和平等

1970年，美国政府出台《酒和毒品滥用教育法》(Alcohol and Drug

① 转引自朱旭东. 成功的机会=教育的机会——美国总统克林顿的教育观[J]. 比较教育研究，1997，19（5）.

② 张维平，马立武. 美国教育法研究[M]. 北京：中国法制出版社，2004：246.

Abuse Education Act），旨在鼓励与支持学校开设有关酒精和毒品方面的课程，强调预防教育。1996 年，美国出台《国家科学教育标准》（National Science Education Standards），此标准对生命教育做了较为详尽的阐述。在内容安排上，对各年龄段的学生所学习的生命科学内容，加以明确的规定。不同的年级阶段所学习的生命教育的内容也有所不同。幼儿园至四年级的学习内容为：生命的特征、生命体的生命周期、生命体与环境；五至八年级的学习内容为：生命系统的结构和功能、繁殖和遗传、调节和行为、种群与生态系统、生命体的多样性与适应性；九至十二年级的学习内容为：细胞、生物的进化、生命体的相互依赖性、生命系统中的物质能力和组织、有机体的行为。[①]该标准最引人注目之处在于它所表达的信念和价值追求。其间蕴涵的是对个体生命的重视，对教育和社会公正的忠诚。培养旨在使学生提高自身生命质量并为日后的公民生活作准备的素养，需要的是面向每个学生的高质量教育，即通过 k-12 教育，把"优异超群"和"公正平等"这两个在实践中通常有冲突的目标结合起来。

（四）引导学生学会学习、学会关心、学会创造、学会生活

21 世纪，人类进入了全球化、信息化时代，科学技术突飞猛进，社会信息日新月异。"会学习、会关心、会创造、会生活"也成为每个学生必须具备的素质。虽然这些素质的养成是教育的共性要求，但要真正实现此目标，需要根据生命个体的差异而采取不同的方式和方法，因此生命教育就显得尤为重要。

在美国的生命教育目标中，加深人与人之间的了解是其中重要的内容。具体表现为学会在尊重、信任、合作、体谅和关心的基础上建立与他人的有效及令人满意的关系。在生命教育的个人目标方面，主要表现为培养学生愿意接受别人的情感表达，丰富自己的爱心；培养情感调节和情绪稳定的能力和技巧，包括适应社会变化的能力；了解人体知识，参与身体保健活动，远离有害物质和毒品；学会利用闲暇时间等。在生命教育的自我实现方面，主要表现为学会在自身活动中寻求意义，形成人生哲学；培养了解和正视自我的必要的自信心等。[②]

在美国的中小学教学中，注重培养学生动口、动手的能力，让他们真正身体力行地去"学会生存""学会生活""学会创造"。学校尤其注重培养学生

① 毕义星. 中小学生命教育论[M]. 天津：天津教育出版社，2006：18.
② 胡玲. 美国青少年的品格教育及其借鉴意义[D]. 南京：南京师范大学，2003：74-76.

的技能技巧、服务精神、实践能力以及学生的动手能力和参与意识的培养。

三、美国青少年生命教育的内容

美国的生命教育起步较早，内容丰富多样，已经成为中小学教育的重要组成部分。

（一）死亡教育

死亡教育（death education）是美国生命教育的核心内容。在美国，死亡教育最初是在大学中开设相关课程，从 20 世纪 60 年代起，死亡教育逐渐成为美国中小学教育的重要组成部分。一般认为，"广义的死亡教育是指针对各个年龄阶段的人所进行的旨在指导人们如何正确认识、应付和面对死亡现象以及与死亡相关问题的教育"[①]。美国对中小学进行的死亡教育属于大众化、普及化的死亡教育，目的就是为了帮助学生了解死亡的有关知识，正视他人和自己的死亡；帮助学生应对生活中的死亡等不幸事件，树立正确的生死观念，珍惜和尊重自己与他人的生命，避免轻生和自杀；有学者认为，美国中小学阶段的死亡教育内容包括：①自然的生命循环、植物及动物的生命循环；②人类的生命循环：出生、生长、老化及死亡；③生物层面：死因、死亡的界定；④社会和文化层面：丧葬的风俗及有关死亡的用语；⑤经济和法律层面：保险、遗嘱、葬礼安排事宜；⑥关于哀伤、丧礼等层面；⑦儿童文学、音乐及艺术中对死亡的描写；⑧死亡的宗教观点；⑨道德和伦理的主题：自杀及安乐死等；⑩与生死相关的个人价值。[②]从感知死亡到不虚度人生，通过对"死亡"的了解与认识，加深学生对生命本质的思考，进而提升生命的意义和品质。

美国的中小学开设了正式的死亡教育课程，并积极开展形式多样的教育活动作为辅助。第一，知识讲授法，教师运用多种方式向学生系统讲授有关死亡的知识；第二，阅读欣赏法，指导学生阅读欣赏由各种视听媒体（如幻灯片、影片、音乐、文学、艺术作品、报刊等）呈现的有关死亡的内容；第三，参观体验法，参观医院、育婴室、殡仪馆、病房等与生老病死相关的场

---

① 韩映虹，王银玲. 美国儿童死亡教育及其启示[J]. 内蒙古师范大学学报（教育科学版），2004，17（1）.

② Corr C A，Nabe C M，Corr D M. Death and Dying, Life and Living[M]. Pacific Grove, CA: Brooks/Cole, 1997：17-18.

所，照顾濒死病人等。①通过这些方式让学生走近死亡，了解死亡，消除对死亡的恐惧，从而真正认识死亡，珍惜生命。

（二）健康教育

通过健康教育守护身体是美国生命道德教育的重要内容之一②。生命教育理念下的健康教育主要体现为：一是身体健康教育。预防身体疾病、改进卫生习惯、增进身体健康的教育。二是心理教育。有目的地培养受教育者良好的心理素质，提高其心理机能，充分发挥其心理潜能，进而促进其整体素质的提高和个性发展。三是社会行为健康教育。向学生传授关于各种社会因素、环境因素和社会行为影响健康的知识。

健康教育是美国中小学生命教育的主要内容之一。美国大部分州都通过立法或由州教育委员会作出决议，学校要进行一定时间的健康教育，其中大多数州将其定为必修课。在美国中学的必修课程中，专设卫生安全科，包括卫生、医药、营养、安全等课程。学校定期请警察到校给学生普及毒品危害及预防知识。美国健康教育的内容因州而异。在调查38个州1100多所学校的基础上，由斯利派维克（E.Sliepevich）博士指导完成了《学校健康教育研究报告》。该报告重点强调以下几方面内容：①饮酒教育；②社区卫生规划；③消费者健康教育；④环境危险因素；⑤健康经历；⑥国际卫生活动；⑦营养和控制体重；⑧性教育、家庭生活、父母的责任和义务、儿童保健；⑨吸烟；⑩性病教育等。③

从幼儿园到中学，针对不同的年级，美国健康教育课程的重点领域也会有所不同。幼儿园、小学的健康教育课程主要分为身体健康、心理健康、社区健康三个方面（表2-1）；中学健康教育主要包括十个方面（表2-2）。

性教育是美国健康教育的一个重要环节。性教育的目标为：传递性知识，培养性价值观，提高两性交往技能和培养性与家庭生活责任。

美国的性健康教育，主要是由教师和父母来进行的。教师必须让学生了解一些重要的自我保护因素以及成长过程中所需要的各种环境资源。在教育过程中，教师一般是把性和性关系放在一个大的框架中，教导学生保护自己，避免相关的不良行为，然后和学生一起讨论婚外性行为的危害性、避孕

① 牛楠楠. 美国中小学的死亡教育及其启示[J]. 基础教育，2009，6（1）.
② 李克鹏. 身体教育：美国生命道德教育的题中之义[J]. 当代教育科学，2018，（9）.
③ 转引自谷贤林. 美国中小学健康教育研究[J]. 外国教育研究，2003，30（9）.

表 2-1　美国幼儿园和小学的健康教育课程内容

课程类型	年级			
	幼儿园和低年级（K-3）	四年级	五年级	六年级
身体健康	个人清洁、学校清洁、休息与睡觉、用餐、游戏、牙齿健康、照明、一般感冒、往返学校的安全、教室安全、操场安全、在家安全和身体发育	视力和听力、照明、通风、穿衣、清洁、活动、牙齿问题、营养、预防传染、疾病、避免中毒、预防火灾、交通安全	个人健康评价、促进个人健康、平衡膳食、食物准备与管理、传染病、娱乐需要、发展技能、身体发育、休息、学校意外事件的类型、操场上的意外事故、防火与消防演习	自行车交通安全、交通安全巡查、健康检查、身体功能、成长与发展、外表修饰、姿态、休息与睡眠、传染疾病、家庭与农场交通安全、急救程序
心理健康	分享、合作、友善、交友、遵守秩序、依靠集体和达到目标	运动道德、自主、自信、友谊、成长、礼貌、接受失望	家庭关系、同辈群体、忠诚、社会地位、感情成熟	有兴趣的人们、个性、感情调适、生活目标、自我提高
社区健康	家庭生活、水和牛奶的供应源、日照与健康	家庭健康、帮助邻居、改善邻里关系	家庭卫生、健康广告、社区安全项目、学校卫生	家庭卫生、健康广告、社区安全项目、学校卫生

资料来源：谷贤林. 美国中小学健康教育研究[J]. 外国教育研究，2003，30（9）

表 2-2　美国中学健康教育课程内容

课程类型	健康教育内容
身体健康	身体健康和终生体育活动、心血管健康、睡眠、休息、消遣、娱乐、成长与发展、营养、口腔卫生、视力与听力、疾病的防控、安全身体生理系统及其功能、衰老、面对死亡与临终
心理与感情健康	积极的自我概念、个性、感情的稳定性、责任感、动机、自立、心理失调、处理压力、心理健康服务
预防和控制疾病	早期科学家的贡献、疾病的原因、预防措施、慢性病、退化性疾病免疫、身体健康策略、社区的努力
营养	食物的选择、食物中的营养成分、影响选择的因素、个人必需的营养、对营养的质疑、食品的供应与保护制度、消费者的保护制度
药品的使用和滥用	药品使用的私人目的、个人的责任、药物对人类的益处、对药物作用的归类、习惯是怎样形成的，它怎样影响健康？对烟、酒和毒品的使用与滥用、治疗与恢复计划、尊重自我与他人
意外事故的预防和安全	对交通安全的态度、意外事故的发生原因、家庭和学校交通安全、交通安全（汽车、自行车和校车）、火灾预防、生存教育、环境危险、意外事故预防—潜在的危险、急救和紧急事件的健康护理、安全工作人员及其资源和机构、个人安全预防、娱乐安全、工作安全、安全规章、法律和法令
社区健康	个人的责任感、健康的学校、家庭和社区环境、社区的健康资源和设施、官方和非官方的健康机构、健康服务职业、人口控制、自然灾害、共建社区的健康计划
消费者健康	个人责任、广告宣传、社会和经济因素、对消费者保护的法律（食品商标）、保护机构、健康机构与组织、健康保险、医疗服务的选择、对健康产品和服务的评价

续表

课程类型	健康教育内容
环境健康	环境污染、环境对健康的作用（辐射、污染）、环保机构、人口密度、世界健康
家庭生活健康	家庭的组成与角色、生命的周期（成长与发展）、生殖过程、遗传婚姻、选择一个和谐的生活伴侣、家庭关系、为人父母

资料来源：俄亥俄州教育部门《促进学校健康教育（k-12）指导纲领》

套和避孕药的知识等。①对于性骚扰，学校会经常开设专门课程，向学生讲述何种身体接触是不合法的，遇到性骚扰时应该如何处理。

（三）品格教育

在美国，品格教育曾在 20 世纪二三十年代流行、四五十年代走向衰落、八十年代开始再次受到重视并得到飞速发展。美国的品格教育得到了美国政府、教育机构、民间组织以及个人的重视和支持。如影响较大的有 1992 年成立的"品格关注联盟"（Character Counts Coalition），该联盟确定了品格教育的六大支柱。分别是：可信赖性（trustworthiness）、尊重（respect）、责任（responsibility）、公平（fairness）、关爱（caring）、公民的权利和义务（citizenship）。每一种价值观又包括一些具体的行为规范：①可信赖性，包括诚实（不欺诈、不欺骗、不偷盗）；可信赖（按照自己之所说行事）；有勇气做正确的事情；赢得好的声誉；忠诚于家庭、朋友和祖国。②尊重，包括我们每个人都有义务营造一种尊重人的社会氛围；尊重他人；宽容地对待他人的不同意见或意见分歧；讲礼貌，不说脏话；将心比心；不威胁、打骂或伤害他人；平和地处置愤怒、侮辱和争执。③责任，包括做别人期望自己所做之事；做事有毅力、有恒心；做事总是尽自己的最大努力；自控；自律；行为之前要慎思，考虑其结果；对自己的行为选择负责。④公平，按规则行事；心襟开阔，听取他人意见；不利用他人；不粗心大意地责备他人。⑤关爱，对他人富有同情心并表现自己对他人的关心；表达自己的感激；宽恕他人；帮助需要帮助的人。⑥公民的权利和义务，为使自己的学校和社区变得更好而尽自己的一份努力；合作；深谙时事，参加投票选举；成为他人的好邻居；遵守法律和规则；尊重权威；保护环境；废物再利用。②此外，美国还积极推行"公民行动"教育模式，主张学校教育不仅应当关注

---

① 毕义星. 中小学生命教育论[M]. 天津：天津教育出版社，2006：19.

② 江新华. 美国中小学"六特质"人格教育：内涵、模式与效果[J]. 外国中小学教育，2005，（8）.

社会体系中的基本要素，教授公民学知识，更应当让学生对改进社会体系提出自己的见解，以集体行动推动变革，培养反思和探究意识，使学生具备成为积极的、负责任的公民应有的知识、技能和态度。①品格教育中的这些主旨正是生命教育所包含的内容，以生命的自爱为源头，引导自爱之心扩展为关爱他人，使个体的生命获得更大的价值。

在美国，品格教育强调生命的理解、关心和责任。在班级、学校或社区，品格教育的教育策略始终注重关心、尊重和负责的重要作用，同时强调教师、学生、学校和社区所有人的积极参与及其社会责任，而这正是在现代"陌生人社会"里所缺乏的。关心和责任是生命精神的重要品质，通过对他人的关心和帮助，生命主体会产生自觉的责任意识，从而才能真正产生愉悦的、赏心悦目的生命体验。

（四）挫折教育

在美国，挫折教育也是生命教育的重要内容。作为一种普遍的心理现象，挫折客观地存在于生命道德教育的活动过程中。人在感知挫折的过程里能够深刻地体验生命的道德价值，进而感悟生命的美好，获得克服挫折或战胜逆境的道德成就感，提升生命道德教育的效果。②美国学校的老师很少突出表扬或批评某个学生，表扬与批评都特别慎重，注重培养学生独立面对困难和挫折的能力。

美国挫折教育的重点是为了帮助学生正确认识挫折、正视挫折，提高学生承受各种挫折的能力，在挫折教育中培养学生从多方面获得幸福的能力，培养学生对受挫的恢复能力，磨炼学生的意志，引导学生认识痛苦和苦难是生命的一部分，生命只有在战胜苦难中才会有乐趣，才会有生机。从而能够更加欣赏生命、珍惜生命、提升生命的意义和质量。

（五）个性化教育

重视个性化教育是对生命的尊重，是对生命的独特性和多样性的尊重。因此，美国的生命教育非常重视与个性发展有关的个体的独立意识、自信心、反抗精神以及多种能力的培养。例如，在教学过程中，更多的是采取启发式教学，引导学生独立思考，而不是强行灌输，让学生死记硬背；课堂上，教师一般都比较注重营造一种宽松的气氛，让学生进行充分讨论和发

---

① 李潇君. 公民行动：美国学校公民教育的新模式[J]. 比较教育研究，2020，42（2）.
② 李克鹏. 身体教育：美国生命道德教育的题中之义[J]. 当代教育科学，2018，（9）.

言，并鼓励学生提出个人的见解和看法。美国的生命教育强调家庭、学校、社会三方的协调与配合，共同为青少年提供展示个性、发展能力的机会，以培养有活力的、富有创新精神的个体，从而更好地适应美国社会政治、经济和文化发展的需要。

在小学阶段，美国的个性化教育重视学生的表现力和主动性的培养和发展。在课堂教学方面，学生可以在比较自由的环境里表现自己的个性。美国的课堂气氛十分活跃，学生可以窃窃私语、发出笑声、做小动作，可以喝水，甚至可以大大方方地走动。在美国的教室里，桌椅是不固定的，师生活动都很自由。教师经常鼓励学生在课堂上积极提问和回答问题，参与课堂讨论，发表自己的看法。

在中学阶段，美国的个性化教育主要是重视学生主动按照自己的兴趣和需要进行独立的学习。美国中学的教学特点是注重教师的启发性教学，重视学生的生命发展和表现，不偏重考试成绩。在课堂上，教师组织教学很注意创造一种宽松的气氛，引导学生独立思考，给学生充分的时间发言和讨论，鼓励学生提出个人的见解。同时，课堂教学比较注重概念和应用，不要求死记硬背。

（六）生计教育

生计教育是一种明确自我形象、社会性自我完善、教育主体性确立的教育。1971年，美国联邦教育总署署长西德尼·P.马兰（Sidney P. Marland）提出了生计教育计划。生计教育计划提出后，美国政府积极倡导，联邦议会于1974年通过了《生计教育法》（Career Education Act），各阶层的教育机构纷纷开始研究生计教育的含义与可行性，社会各方面也纷纷大力支持，生计教育逐渐形成规模广泛、进展迅猛的教育改革运动。

美国的生计教育主要有以学校、雇主、家庭和社区、居住区为基础的四种模式，其中以学校为基础的生计教育是其中最主要的一种模式。

以学校为基础的生计教育可按小学和中学分为两大阶段，针对不同阶段的学生提出不同的要求。小学阶段实行职业认识教育，由浅入深地让学生了解各种职业概念，培养职业兴趣，认识通用与职业的意义、条件和所学课程与各种职业的关系。中学阶段的生计教育分三个阶段进行：七年级和八年级开始熟悉各种职业，可称为初步探索阶段；九年级和十年级要求学生在初步探索的基础上选择一个职业群进行学习，是职业抉择的开始阶段；十一年级和十二年级在前一个基础上选定一种职业领域进行学习和实际训练，可称为职业预备阶段。无论在哪个阶段，始终要求学生了解自己的兴趣和能力，使之与社会要求一致，同时使学生了解职业的意义，培养正确的职业观念和职业道德。[①]

美国的生计教育促进了教育与生产劳动相结合，促使学生从小培养职业意识，了解职业对于社会和个人的意义，并使学生能在更广阔的意义上理解自身的生命价值。生计教育是生命教育的重要内容之一，旨在促进每位受教育者主动、和谐、全面地发展，有助于学生培养正确的道德观和职业观，使个体的生命价值在更广阔的社会舞台上找到立足点。[②]生计教育使学生个人潜能的发展与未来的职业定向建立了应有的关联，这使个体生命的可持续发展具备了动力和活力，同时也贯彻了终身教育的理念。

（七）生态环境教育

美国生态环境教育所体现的学会关心、学会共同生活的生命价值，包含两个方面的内容：一是学会关心自然、关心环境、与自然和谐相处，把所获取的保护人类赖以生存的自然环境的知识转化为实际行动；二是学会关心社会、关心他人。人类不仅生活在自然环境中，也生活在社会环境中，在人与人交往中，只有关心他人及社会的整体利益，才能维持自身利益的长久性，环境教育中渗透着生命的思想。

美国中小学通过丰富的生命教育内容让学生意识到生命内涵的多样性与丰富性，从而能更好地认识生命的可贵，追求人生的价值与意义。

第三节　美国青少年生命教育的实施路径

一、制定生命教育计划和生命教育法规条例

（一）针对学生生命教育的教育计划和政策法规

美国出台了一系列有关生命教育的教育计划和政策法规。就健康教育而言，针对学生，主要颁布的教育计划和政策法规有：①健康活动计划

（Health Activities Project，HAP），是由美国加利福尼亚州大学伯克利分校启动的，该课程主要是以学生为中心的教学设计，课程包含 64 个以学生为中心的活动，分为 13 个单元，适用范围为 4—8 年级的学生。②学校卫生课计划（School Health Curriculum Project，SHCP），是 20 世纪 60 年代发展的课程，适用范围为 4—7 年级的学生，它采用行为目标的方法，强调媒体、多层面与多方法的教学活动计划。③初级健康课程计划（The Primary Grades Health Curriculum Program，PGHCP），是由美国卫生部与疾病控制及预防中心和美国肺脏协会合作发展出来的，对象为 4—7 年级的学生，该内容起初是在西雅图发展和编写的，又称西雅图计划。该计划的教学活动由问题开始，如"我是谁？""我的身体如何工作？""我如何适应这个世界？"等，通过一系列问题来激发学生的好奇与兴趣。④《儿童营养法》（Child Nutrition Act），该法案提出，"通过实施全国学校午餐方案多年积累的成功经验以及它对应用营养研究领域的重要作用，我们承认食物和良好的营养与儿童发展和学习能力之间有着密切的关系，由此国会声明国会的政策是继续延伸、扩充和加强这些工作……作为保证全国儿童的健康和福利措施，鼓励国内消费农业食品和其他食品，通过补助和其他办法援助州更有效地满足我国儿童营养的需要"①。

美国各州也非常重视生命教育。例如，伊利诺伊州要求公立学校开设关于卫生、体育、美国历史、统一交通法等内容的课程，包括在诚实、善良、正义、道德等方面的训练以及普及爱国主义教育、代议制政府的原则、烈性酒和酒精饮料的性质和后果。威斯康星州在法令中规定了相关科目——生理学、卫生、体育、道德、动物学、防火知识、合作精神等。在一些州的学校法典中明文规定，对于学生发生身体损伤之类的事件，教师将对其承担责任。另外，各州约束学生行为的法律和规则主要包括纪律、道德、安全、健康、教育等方面。例如，在保护学生的人身安全方面，西弗吉尼亚州规定禁止学生把水枪、鞭炮及类似物品带入学校，如有人违反规定，学校可以没收该物品，并且规定学校可以出于善意搜查学生，以检查其是否带有危险性的、法律所禁止的匕首或其他武器。②此外，美国一些州还制定了关于禁止学生抽烟、喝酒，禁止拥有和转运毒品等方面的法律和规则。《2000 年目标：美国教育法》第七项目标规定，到 2000 年，学校中杜绝毒品及饮酒，根除暴力及持非法武器，成为纪律良好的学习场所。为此，法案规定：①各

---

① 转引自张维平，马立武. 美国教育法研究[M]. 北京：中国法制出版社，2004：83-84.
② 张维平，马立武. 美国教育法研究[M]. 北京：中国法制出版社，2004：101.

地教育单位应增设反毒品、酒精系列课程，作为基础教育必修课；②关于毒品和酒精的知识应作为生理健康课的重点内容；③各地应因地制宜，有组织地帮助受毒品和酒精之害的学生和教师；④各校应采取包括教育在内的各种措施，消除性骚扰的种种表现。①

（二）针对教师生命关怀的政策法规

美国的生命教育还表现为对教师的生命关怀，关注教师群体并改变不平等、关注教师群体并消除由于外在各种差异带来的不平等、关注教师群体并消除由于各种差异带来的歧视。具体表现为：在教师的雇佣方面，1978 年的《怀孕歧视法案》（Pregnancy Discrimination Act，PDA）将《民权法》第七章的保护对象扩大到怀孕员工，如果怀孕教师与其他教师一样能胜任教学岗位，那么，她们不能因为怀孕或流产而在应聘时遭到拒绝，或者被解雇，或者被排除在工作晋升之外。同时，教师在产假期间与其他由于身体原因休病假的教师一样仍然享有薪酬、医疗保险等额外津贴。②1993 年，《家庭和医疗休假法》（Family and Medical Leave Act，FMLA）颁布，根据该法的规定，受聘时间满一年的教师每年可以有不超过 12 周的带薪假期，从而照顾新生婴儿或抚养孩子，或者照顾父母、配偶或患有严重健康问题的家属。③

美国在对待病残教师方面也体现出了生命关怀。根据 1973 年《康复法》（Rehabilitation Act）的规定，学区在招聘时不能拒绝可以胜任工作但有身体障碍的（handicapped）教师。1990 年的《美国残疾人法》（Americans with Disabilities Act，ADA）用"残疾"（disability）取代"身体障碍"，将残疾定义为影响个体一项或多项生命重要活动的生理或心理上的缺陷，这些缺陷可能影响到他们的视觉、听觉、语言、行动、呼吸以及学习能力和工作能力。④根据 ADA 的规定，禁止学区在招募、晋升、薪酬、培训等其他方面歧视身体残疾的教师，同时要求学区为在其他方面都能胜任工作的残疾教师提供合理的工作方便。除非是，学区为这些教师提供工作方便可能需要改变工作的"必要责任"或增加学区的支出，或者如果学区雇用残疾教师将会对他本人或其他教师甚至学生带来安全隐患，且通过为其提供合理的工作方面也

---

① 谷贤林. 美国中小学健康教育研究[J]. 外国教育研究，2003，30（9）.

② Michael W L. School Law：Cases and Concepts（6th ed）[M]. Boston：Allyn and Bacon. 1999：238.

③ 转引自原亮. 美国有关教师关怀的法律简述[J]. 比较教育研究，2006，28（12）.

④ Michael W L. School Law：Cases and Concepts（6th ed）[M]. Boston：Allyn and Bacon. 1999：508.

不能消除这种隐患，那么，可以考虑拒绝该申请者。①

美国对教师的生命关怀同时还体现在保护教师的隐私方面。例如，美国宪法第四修正案关注人的权利，它声明人身和财产应该得到保护，以免受到不合理的搜查和没收等。②1974 年《隐私权法》（Privacy Act）规定联邦机构雇主必须承认雇员在个人文件的内容和记载方面的某些特别权利。对教师而言，教师有权了解自己的哪些记录会被保存、使用或公开，出于一个工作目的的记录被学区用于另一个目的时，须经教师本人的同意。一般情况下，教师有权查阅。教师有权了解本人档案的更新情况等。③2011 年，全美教育协会制定的章程中详细叙述了维护教师权利和推进他们的利益和福利的规定。

二、华特士设立的以生命教育为主体的学校

华特士于 1968 年设立了"阿南达村"，倡导生命教育的改革教育。他借鉴印度瑜伽的修炼方法，致力于设立整体性的学习社区，并已创办了五所学校。深究其行政组织，阿南达社区为较大的主体，阿南达学校只是其中一部分，每个阿南达社区都有不同的附属机构，其成员致力于探索蕴含在生命教育中的原则。其生命教育的初级教育课程从 1979 年开始，阿南达学校（意指快乐喜悦的校区）是从幼儿园到中学的一个学校团体，创校宗旨是教导孩子生活艺术以及传统教育知识。华特士说道："教育并不只是训练学生能够谋得职业或从事知识上的追求、而是引导人们充分地体验人生意义。"④

在华特士设立的学校中，课程以人道关怀教育为主题，分为科学与地球（所涉及课程有天文、物理、化学、生物、植物、地质、解剖）、合作（所涉及课程有语言、政治、经济、商业）、社会文化信仰（所涉及课程有历史、地理、心理、社会）、自我表达沟通（所涉及课程有艺术、写作、数学、音乐、演讲、推销）、个人发展（所涉及课程有身体、心理与灵性）等五个方面。

---

① Michael W L. School Law：Cases and Concepts（6th ed）[M]. Boston：Allyn and Bacon. 1999：509.

② Ubben G C，Hughes L W，Norries C J. The Principal：Creative Leadership for Effective Schools（6th ed）[M]. Boston：Allyn and Bacon，1997：77.

③ 转引自原亮. 美国有关教师关怀的法律简述[J]. 比较教育研究，2006，28（12）.

④ 杰·唐纳·华特士. 生命教育：与孩子一同迎向人生挑战[M]. 林莺，译. 成都：四川大学出版社，2006：6.

三、开设心理机构

美国的学校教育强调尊重每个学生的个性，提供不同的学习经验，帮助学生发展个人的价值观、知识和能力。其认为"卓越来自于多种形式"，卓越即人尽其才，每个人充分地发展他的潜能。美国教育部拨专款资助有关中小学生心理辅导的科研项目。纽约州、犹他州、俄亥俄州和田纳西州的教育局每年督导学校开展心理辅导工作。在 1990 年，全美 32 个州的中小学只有 178 个学校心理健康中心，而在 1993 年，已有约 500 个。[①]

美国大多数中小学均开设了心理活动课、小团体辅导、个别辅导等，把生命教育的理念诸如尊重、接纳、同理、移情、关注等对学生实施生命的关爱与尊重融入其中。美国生命教育注意身心保健相结合，重视学生心理健康素质的培养，并设立心理服务机构。根据美国学校心理学家协会的结论，每 1000 名学生需要配备 1 名学校心理学家。因此，美国各州的教育局都拥有一批学校心理学家，他们分别驻扎在各中小学校，为学生、家长、老师以及学校系统提供心理服务。在纽约地区，几乎每所学校都有一个由学校心理学家、学校社会工作者、教育评估专家、学生辅导员和语言矫正师组成的"以学校为基地的辅助组"（School-Based Support Team，SBST），为普通学生和特殊教育学生提供日常心理辅导、心理诊断、心理咨询、评估和干预。SBST 受其学区"特殊教育委员会"（Committee on Special Education，CSE）的直接管辖。

四、社会各界积极参与支持

美国社会各界对于生命教育均极力支持，并积极参与其中。以下介绍几个主要主体开展的生命教育活动。

（一）医疗机构

美国的一些医疗机构和临终关怀医院，发起了一项活动，让死亡回归家庭，让一个人在他非常熟悉的环境中安然地、有尊严地结束他的生命，周围的亲人也用安详的态度来接纳这个过程。当遇到亲人去世，也无须让青少年回避。如果可能，让青少年参与丧事的处理，了解丧事办理的基本流程和注

---

① Raider C M. Detroit School-Based Mental Health Process Evaluation[J]. National Social Science Perspective Journal，1999，19（2）.

意事项，知晓丧葬的基本礼仪。

（二）社区和父母

当今美国最严重的一个社会问题是青少年吸食毒品、滥用药物，为解决这一问题，许多学校着手实施各种计划。这些计划主要是预防性的，得到了州和地方财政的资助。美国政府及相关机构也在全国范围内做出努力，指导公众控制使用药品。

在美国，反毒品工作一般是在联邦政府、州政府和地方政府的协助下才能开展的。因青少年面临毒品的威胁而深感忧虑的美国家长，也非常支持禁毒工作；社区是反毒品工作的重要组成部分，大部分社区均成立禁毒联盟，该联盟成员包括学校、企业、执法部门、服务机构、宗教组织、青少年团体等；鼓励青少年积极参加体育活动，让青少年远离毒品。教育部的反毒品工程为每个学校提供资金，支持和帮助学校建立并维持一个良好安全的学习环境。政府要求学校采取一定措施，每年出具有关毒品和安全状况的书面报告，并且鼓励学生的父母参与学校的反毒品运动。有关部门机构会帮助学校雇用和训练反毒品和反暴力的工作人员，保证禁毒工作在学校的顺利开展。[①]

较为典型的是宾夕法尼亚州匹兹堡中学的学校、家庭和社区的各种合作活动。该校与社区（包括家庭）的合作主要有以下六种：①学生主导的家长会议计划。学生向家长陈述一个已准备好的评定包，包括经过选择的作品样本、学生与教师关于学术课程以及学生的公民素质和行为的评定。教师只是促进者，帮助学生陈述及为家长澄清信息。该计划促使家长和教师一起帮助学生进步。②为家长解答青少年教育问题的周六早晨家长教育计划。该计划由全国公认的基调发言人（keynote speaker）和一些社区领导人组成，以讨论会的形式来与家长共同探讨家教问题。③少年中心。其目的在于为学生建立一个安全的、无毒品的活动环境，培养学生的自爱、友谊、尊敬、同情、关心等品质。该中心提供了各种球类活动、扑克游戏、跳舞等活动，并设有中心监护人。中心的成立和运行得到了诸如警察部门、娱乐部门、商店、公司、研究机构等社区各界人士的积极参与、赞助和保护。④医疗卫生部门参与的医疗工作报告会。当地医院的医生和专家受邀到学校做讲座，讲述手术事例，并与同学们交谈，让学生们理解和体验其中体现的关心、同情、容忍、负责、合作与尊敬等品格。⑤公司与学校的协作计划。由学校领取美国

---

① 郑文. 当代美国教育问题透视[M]. 广州：中山大学出版社，2002：78.

钢铁公司储存炼钢副产品的一块湿地，加以照看和维护，并在这块土地上建立野外教室（建立过程中又得到了公司和社区的财物援助），把科学教学与环境教育、品格教育融入课程。该计划强调科学课程的价值，培养孩子们的环保意识，学生通过这个活动也了解到合作、信任和责任的价值。⑥抵制毒品意识计划。该计划目标在于：教授学生所需要的知识，抵抗毒品使用的社会压力（尤其是同辈压力）的技巧，教授决策技巧；构建自爱，帮助学生选择毒品的健康替代物。该计划包括关于毒品、酒精、烟草的危害及其防御途径的课程。①

在生命教育的推行过程中，美国教育部实施了全国欺凌意识行动（National Bullying Awareness Campaign，NBAC），制定了具体的措施，鼓励教师、管理者、全体职工、家长、社会团体积极投入这项活动。美国教育部还与其他国家和组织联合起来，共同努力解决这一问题，其中美国女子大学联合会是其最早的合作伙伴。

（三）媒体和其他组织

美国媒体通过大量的宣传活动宣讲青少年吸毒的危害，增强青少年的反毒品意识。美国疾病控制和预防中心开展呼吁青少年戒烟运动，减少青少年获取烟草的途径及减轻烟草制品对其的吸引力。联邦政府和州政府在禁烟方面也做了大量的工作。有些州限制青少年在公共场所吸烟，支持以校园为基地的禁烟运动。酒精饮料的危害也引起了美国社会的重视，一些组织开展了一系列特别活动来应对和抗议青少年饮酒，包括规定禁酒日和成立有关大学生饮酒问题咨询委员会等。②美国高度重视学生媒介素养与数字公民教育，由美国学校与社区展开密切合作，利用报纸、电视、广播、网络等公共媒介正面宣传核心价值观，吸引学生关注公共道德建设；运用媒介发起对社会道德现象和道德问题的广泛讨论，引导学生从积极的角度做出道德判断、进行道德评价。③

---

① 郑富兴. 德育情境的建构：美国 20 世纪 90 年代中小学校的品格教育实践[J]. 比较教育研究，2001，23（4）.

② 郑文. 当代美国教育问题透视[M]. 广州：中山大学出版社，2002：79.

③ 欧阳斐. 当前美国学校道德教育理念及实现方式[J]. 湖南师范大学教育科学学报，2017，16（6）.

第四节　美国青少年生命教育的启示

虽然中美两国的文化背景不同，教育价值观念方面也存在着诸多的差异，但生命是教育的原点。美国在开展生命教育方面推出了一些好的做法，积累了一定经验，这些做法和经验对我国开展生命教育具有一定的启示作用，值得我们思考与借鉴。

一、制定生命教育相关制度和法规

确立法律、法规是实施生命教育的客观保障，这是美国实施生命教育的一条基本经验。美国政府十分重视生命教育相关法规、法令的颁布，保证了生命教育的顺利实施。2021 年 11 月，我国教育部印发的《指南》中明确指出，将生命安全与健康教育全面融入中小学课程教材。

二、政府机构、民间机构均参与生命教育理论的研究

生命教育之所以在美国能够顺利开展并取得一定成效，与其各个机构积极开展生命教育理论研究是分不开的。在美国，既有政府下辖的生命教育研究机构，也有民间的有关生命教育的研究组织，他们出版了大量关于生命教育方面的书籍和刊物，可见美国对青少年生命教育的高度重视。

目前，我国的生命教育在教育领域尚不够成熟，因此，我们应该积极借鉴国外的先进经验，特别是美国在生命教育方面的一些有益做法，同时重新认识和审视我国青少年的生命意识状况，加大对现代教育中生命教育价值凸显与生命教育缺失并存的矛盾研究，着力开展生命教育科学理论的研究，不断深化对学校生命教育的目标、内容和方法的探讨，为生命教育在我国的大力开展奠定扎实的理论基础。

三、丰富和拓展生命教育内容

美国的生命教育具有丰富多样的内容，包括死亡教育、健康教育、品格教育、挫折教育、个性化教育、生计教育、生态环境教育等，形成了较为完

整的生命教育内容体系，对于培养学生的生命意识和正确的生命价值观发挥了重要的作用。

长期以来，我国的各级学校对学生开展生命教育的重视程度不够，存在着生命教育与学生需求相脱节的状况。面对这一严峻的形势，教育界必须进行反思，并逐步把生命教育纳入各级学校教育，作为一项重要内容来抓。建议中小学开设生命教育课程，编著适合我国国情的涵盖生命本体观、生命价值观、生死观的系列教材，建立正式课程与融入式课程相结合的生命教育体系，引导青少年正确认识和理解"生"与"死"，树立正确的生命价值观，在有限的人生中创造无限的人生价值，提升生命的品质。

四、以渗透式教学为主，采取多种方式和途径开展生命教育

美国中小学的生命教育通过多种多样的教育内容渗透生命教育的思想。就我国而言，虽说单一的生命教育课程更能引起人们对生命教育的重视，但鉴于我国现有的课程体系，建议在各项相关课程中渗透生命教育的思想，并辅之以社会实践活动，做到显性课程与隐性课程相结合、知识传授与亲身实践相结合、必修课与选修课相结合，从而达到教学效果。例如，通过课堂讲授或者讨论和辩论比赛等形式，组织学生对捐赠器官等社会热点问题展开讨论，使学生理解生命质量和死亡质量问题。选择一些包含生死过程的影视作品、新闻报道，让学生从中认识生命的价值，以及如何看待死亡问题。另外，还可以结合世界环境日、预防艾滋病日、禁毒日、安全教育周等，开展生命教育的专题活动；充分利用互联网，通过创办生命教育网站、生命主题网页，来扩大生命教育的影响力；设立心理咨询机构和热线电话，随时为学生提供心理援助和服务。

各个学校可以结合本校的实际情况和我国特有的文化底蕴，以及借鉴国外有益的生命教育经验，形成从小学到中学有规律、连贯性、完整性的具有我国特色的生命教育体系。

五、建立学校、家庭、社会三位一体的生命教育体系

在美国，中小学生除了接受学校提供的正规生命教育外，其他社会组织、民间团体、社区、新闻媒体、家庭等各种政府机构和非政府组织提供的

生命教育也对他们产生了极大的影响。这些组织和机构通过多种途径和方式参与生命教育，已成为美国中小学生命教育的一支重要力量。

在我国，学校生命教育是一项系统工程，应充分联动学校、家庭、社会多元主体，发挥协同作用，激发群体动力，健全家校社协同育人机制，促进家校社形成育人共识①，助力我国"双减"政策有效实施，推动青少年生命教育有效开展。在生命教育的内容上，应从生命的生理、心理和社会意义三方面，通过认知、实践、情意三个层次全方位开展。在生命教育的实施上，做到政府指导、学校推进、社会支持、家庭配合。培养中小学生的生命价值理念，需要学校、社会和家庭的共同努力与参与，全民参与生命教育是实现生命教育目标的决定性因素。中小学生命教育不仅需要教师在课堂上运用各种教学方法，利用校内教学资源；而且需要教师在课外、校外、社会实践活动中，充分利用各种校外教学资源；积极与社会组织、社区、家庭等密切联系，加强沟通，争取各方面的支持和配合。

从总体来看，我国部分中小学生命意识还较为薄弱，社会组织和家庭教育的优势还远远未得到充分发挥，未能扮演好中小学生命教育辅助力量的角色。在理解生命教育的基础上，加强生命教育，建议可以从以下几方面入手。第一，全国有条件的中小学校，除在学校开展显性课程和隐性课程以外，还应争取与社区、医院、企事业单位等合作，开展青少年课外生命教育活动；第二，广播、电视、网络等媒体覆盖面大，又是青少年喜爱的教育和娱乐方式，媒体应增加面向青少年的生命教育节目；第三，政府应鼓励社会组织募集生命教育基金用于中小学生命教育，并建立专门的生命教育中心和基地；第四，培训青少年生命教育教师，目的在于将生命教育教学实践化、学科渗透化，培育教育一线的生命教育工作者；第五，家庭教育是最早，也是最直接、最重要的生命教育。家长要引导青少年尊重生命、关爱生命、珍惜生命，使父母对儿童自发的、无意识的生命关爱，成为自觉的、有意识的心灵引导，让儿童以完满的精神准备去追求未来的幸福人生。②

生命教育有其本身的规律性。我们要通过总结教育实践，借鉴国外的有益经验和力量，探索生命教育的基本原理及其方法论，以指导我们科学地、

---

① 齐彦磊，周洪宇."双减"背景下家校社协同育人遭遇的困境及其应对[J]. 中国电化教育，2022，（11）.

② 吉喆. 论家庭生命教育[D]. 开封：河南大学，2006：4.

有效地组织好各种生命教育活动。学校、社区、家庭、课外活动中心、社会机构、政府机构和民间组织，应当共同担负起教育责任，形成合力，建立网络，形成机制，全面对中小学生开展生命教育使其更好地为生命教育实践服务，更快地提高生命教育的实效性。

第三章

法国青少年生命教育

　　法国青少年生命教育主要融于法国中小学公民教育和其他课程的教学之中，从某些方面而言，生命教育与公民教育有互通之意。本章主要分析法国青少年生命教育的思想渊源、教育目的、教育内容和实施策略，以及对我国开展青少年生命教育的有益启示。

第一节　法国青少年生命教育的背景

法国遵循教育世俗化的原则，国家不允许在公立学校内进行宗教教育。但是，发展公民能力与学会共处是法国公民教育的重点。公民教育是现代社会的产物，法国大革命的重要代表人物孔多塞（Condorcet）曾提出公民教育的概念。1882 年，法国制定了关于教育世俗化的法律，禁止在公立学校内进行宗教教育。1883 年的课程大纲设置了道德与公民教育课，公民教育被置于共和国公立学校的中心位置。20 世纪 60 年代，法国经历了重大社会变革，反对殖民主义的战争汹涌澎湃，高消费时期的到来，崇尚时尚及自由化等。特别是 1968 年的"五月风暴"，使公民教育与道德教育面临严重挑战，作为独立学科的公民教育于 1969 年在小学被取消，融入启蒙课之中。1985 年，法国教育部部长舍韦内芒（Jean-Pierre Chevènement）发动了共和与公民运动（Republican and Citizen Movement），恢复了小学和初中阶段的公民教育。其基本目标旨在帮助多元化的人口融入单一的法国民族文化，通过公民教育强调自由、平等和团结等共和主义的共同价值。[①]小学公民教育的基本目标，是使每个学生在个性特点和独立性逐渐形成的过程中，更好地融入班级与学校生活。初中公民教育以人的基本权利为核心，致力于人与公民能力的培养。高中的公民教育侧重于现实世界中对公民身份概念的深入分析与实践。法国公民教育的架构可以概括为三大要点：民主生活的基本价值观和法律知识，各种国家的制度和世界性问题，法国在世界事务中的地位和作用。具体内容主要包括：熟知和了解法兰西的历史和民主政体的基本准则、行政机构、宪法与法律，理解世界和民主社会所必需的基本技能和文化知识，懂得一个公民应尽的义务、应享有的权利和学会共处。

源于宗教观念的真爱生命观。基督教对法国人民生命观的形成有着重要影响。基督教的信仰，无论从理论上还是在实践中一直以来都很重视"生命"这一概念。基督教的生命观是建立在上帝的创造、上帝的爱、上帝与人

---

① Osler A，Starkey H. Citizenship Education in France and England：Contrasting Approaches to National Identity and Diversity[M]. New York：Routledge，2009：354-367.

所立的约的关系上，在基督教信仰中相信生命是从上帝而来，因此一切生命的存在都是有价值、有意义的，生命应该彰显出上帝起初创造生命时的初衷，并且要见证出上帝的形象。①在基督教中，"身体的生命是上帝委托给人的礼物，所以人不可以任意地破坏他的生命和身体的完整；而且人必须以负责任的方式恢复受到损伤的健康，并为此提供所必需东西：食物、衣服、住所、娱乐"②。张庆海认为，近代法国人死亡观具有典型的宿命特征，但同时也体现出比较强烈的乐观及尘世倾向。③

奥古斯特·孔德（Isidore Marie Auguste François Xavier Comte）在达尔文的进化论和进步主义哲学的基础上建立了实证主义学说，并试图用"三阶段法则"（Law of the Three Stage）对社会进化进行解释④。孔德的"三阶段法则"是社会进化论最早的理论之一。他认为人类在追求真理的过程中经历了三个阶段：神学阶段、形而上学阶段和实证阶段。⑤从19世纪法国的角度来看，神学阶段（the theological stage）指在启蒙时代之前。在神学阶段，人在社会中的地位和社会对人的限制都与上帝有关。人们盲目地相信祖先教给他的任何东西并相信超自然力量，盲目崇拜是这一时代的特征。"形而上学"阶段（the metaphysical stage），又被称为调查阶段。1789年法国大革命之后，尽管没有确凿的证据，人们对法国存在的社会问题开始推理和质疑，这个阶段是人们质疑权威和宗教世界的开始。在实证阶段（the positive stage），人们可以找到解决社会问题的办法并付诸实施，科学且全面地回答问题。⑥

实证主义对法国的教育及生命教育产生了重要影响。"利他主义"一词是法国实证主义创始人孔德为了描述他所支持的伦理学说而创造的。他认为，个人有道德义务放弃自身利益并为他人而活，为他人而活，是人类道德的权威准则，完全直接支持我们的仁爱本能，是幸福和责任的共同源泉。不同的哲学家以不同的方式定义了孔德的利他主义，但所有的定义通常都围绕

① 张忠成. 试论基督教的生命观——从基督教信仰看生命的价值和意义[J]. 金陵神学志，2012，（Z1）.
② 卡尔·白舍客. 基督宗教伦理学（第二卷）[M]. 静也，常宏，等译. 上海：上海三联书店，2002：277.
③ 张庆海. 近代法国死亡传说与民俗中的乐观及尘世倾向：对《近代法国人的死亡与彼世》一书的思考[J]. 世界历史，2003，（3）.
④ Comte A. A General View of Positivism[M]. New York：Routledge，2015：5.
⑤ Halfpenny P. Positivism and Sociology（RLE Social Theory）：Explaining Social Life[M]. New York：Routledge，2014：23.
⑥ Comte A. A General View of Positivism[M]. New York：Routledge，2015：5.

着一种使他人受益的道德义务，或在服务他人而不是为自己服务方面的道德价值。

马克思主义对宗教进行了强烈批判，认为宗教对人类的发展起到了阻碍作用。十九世纪德国社会学家卡尔·马克思将宗教视作统治阶级给工人阶级施加的"精神鸦片"。马克思主义以历史唯物主义和辩证唯物主义来解释世界，宣称世界及其规律是完全可以认识的。除此之外，马克思主义世界观对于道德与政治也均有影响。其最终目标是在社会生产力得到高度的发展后，人们可以通过提取社会的公共资源来达到个人的生活自由、工作自由和全面发展。

埃尔·布迪厄（Pierre Bourdieu）在 20 世纪 60 年代末研究法国教育体系时指出："尽管教育被认为是一种社会流动的工具以帮助学生可以根据自己的天赋获取工作。但实际上法国的教育系统复制了现有的社会阶层结构，通过文化资本的代际传播使阶级关系结构合法的永存"[1]。布迪厄在研究法国教育体系时注意到，相比于中产阶级的学生往往易于坚持学业，工人阶级学生的辍学率更高[2]。产生这种结果的重要机制之一就是文化资本的代际传播。布迪厄的研究结果显示出不同的社会阶级拥有不同数量和种类的文化资本，而法国教师和学校制度所认可的文化资本是中上层阶级所拥有的所谓高雅的精英文化（elite-status cultures）[3]。

正是由于受到批判主义教育思想的影响，法国的公民教育更多采用了自由平等和包容的教育理念。在法国大革命中诞生的《人权和公民权宣言》和1948 年的《世界人权宣言》都向法国人民传递了"自由、平等、博爱"的思想。《世界人权宣言》更是强调受教育权和文化权是人生存的基本权利。此外，法国 20 世纪其他哲学思潮也对法国的生命教育产生了重要影响。如柏格森（Henri Bergson）的生命哲学，他反对用概念和格号来描述对象，主张进入对象内部，重视超越理智的直觉，强调绵延不绝的"生命的冲动"，并在直觉中把握自我，使人的自由意志客观化。[4]柏格森认为，生命就是一个不可分割的整体，现在包含了过去，未来又是现在的延续，但不是简单的

---

① 转引自 DiMaggio P. Cultural Capital and School Success：The Impact of Status Culture Participation on the Grades of U. S. High School Students[J]. American Sociological Review，1982，47（2）.

② Bourdieu P. The Forms of Capital//Granovetter M，Swedberg R. The Sociology of Economic Life（3rd ed）[M]. New York：Routledge，2018：78-92.

③ Sheng X M. Cultural Capital and Gender Differences in Parental Involvement in Children's Schooling and Higher Education Choice in China[J]. Gender and Education，2012，24（2）：131-146.

④ 转引自时波，张泽乾. 当代法国文化[M]. 北京：国际文化出版公司，1989：11-12.

重复，所以现在的每一个瞬间都只能是生命前进中的一个停顿而已，无须为一时的挫折和失败而懊恼，也不要为曾经浪费的时间而叹息。由此可见柏格森的生命哲学对于进一步认识生命和开展生命教育无疑有着重要影响。

随着冷战时代的结束和全球化的到来，法国开始重视公民能力与学会共处。1996 年联合国教科文组织发布的《教育——财富蕴藏其中》把学会共处作为世界教育的四大支柱之一。

第二节 法国青少年生命教育的目标与内容

法国青少年生命教育的目标与内容蕴含于其公民教育之中，如何过健康幸福的社会生活是其主要目标与追求。

一、法国青少年生命教育的目标

法国中小学在传授知识的同时，鼓励学生遵守社会生活的权利与义务，把他们培养成为流动和开放社会的成员、团结和友爱社会的成员。使他们更好地融入法国社会、面对世界发展，过更幸福的生活，提高生命质量。现阶段法国中小学道德和公民教育课程的课程目标主要有：一是旨在通过表达、识别和讨论情绪和感受来帮助学生获得道德良知的敏感性；二是旨在帮助学生了解共同生活的规则和法律；三是让学生学会判断，因为判断能够帮助学生理解和讨论每个人在一生中所面临的道德选择；四是要求老师坚持自主、合作和对他人负责的精神，使本课程的教学实践成为可能[①]。这些目标在学校里分别通过小学、初中和高中三个阶段实施。

小学阶段是学生认识生命，学习社会生活的重要开端。2015 年法国重新修订并推出的第六版《母育学校教学大纲》(Programme d'enseignement de l'école maternelle)，让儿童学会共同学习，进步与生活作为幼儿教育的首要目标之一。[②]学校将帮助儿童在沟通的过程中提升语言能力；通过体育活动

---

① Programmes scolaires. Ministère de l'Education Nationale de la Jeunesse et des Sports. (n. d.) [EB/OL]. https://www.education.gouv.fr/programmes-et-horaires-l-ecole-maternelle-4193, [2020-04-01].

② 张雁，张梦琦. 法国学前教育的实践理据与价值负载——新《母育学校教学大纲》透视[J]. 比较教育研究, 2019, 41（1）: 76-84.

使学生开展行动，学会合作，协作与反对；通过艺术活动学会表达、倾听，学会认识自己，他人与世界。[①]相比于幼儿教育，小学教育在其基础上要求学生能够熟练运用生活语言，尤其是口语，能够依据自己所学的知识理解，复制和生产不同场景的对话；熟记社会生活的基本准则，养成良好的待人接物的态度，尊重群体组成的差异存在，接受他人存在的价值；通过体育活动引导学生建立良好的生活习惯，关注自己的健康并寻求幸福的生活状态；通过艺术活动认识到他人的独特性并与艺术家建立联系。可见，法国小学阶段的公民教育注重培养学生群体生活的沟通交流能力，良好态度和习惯，这是保证学生拥有健康的社会生活的基础。[②]法国初中和高中阶段的公民教育课程试图围绕着"个人"（la personne）和"公民"（citoyen）两大概念来组织，并随着年级的递增而逐步深入。[③]在初中阶段，公民教育必须使学生理解民主生活准则及其基础，了解国家机构及其历史渊源，并对当今世界尊重人权的条件和方式进行思考，包括宽容、团结、种族平等、男女平等和民族共存。公民教育应使学生能够满足他们自身对自由与正义的要求，使他们能够逐渐意识到他们在个人和社会生活中的责任，并能负责地面对当代的各种问题与挑战。法国高中公民教育的目标包括理解与质疑世界、获得社会生活一般要求的技术能力和民主社会所必需的基本素质。[④]在高中阶段，学生通过课程学习将建立辩证性的世界观，远离以人类为中心的世界观，区分科学事实和信仰，与自然以及生活世界建立科学关系。并意识到自己作为人与公民的双重身份责任，能够在平衡自我价值观与法律的基础上控制和解释自己的行为和选择。逐步将公民文化的各个方面纳入实践层面，如积极参与投票，主动参与和承担照顾集体生活和环境方面的责任等。2015年，法国教育部部长纳贾·瓦洛-贝尔卡塞姆（Najat Vallaud-Belkacem）对法国中学11—15岁学生的教育实践进行了改革。中学的课程重点由以前的国家和平民如何互动转变为如何成为一个好平民，以及人们应该拥有多大的言论自由的

---

① Programmes et horaires à l'école maternelle，Ministère de l'Education Nationale et de la Jeunesse[EB/OL]. https://www.education.gouv.fr/programmes-et-horaires-l-ecole-maternelle-4193，[2023-02-28].

② Programmes et horaires à l'école maternelle，Ministère de l'Education Nationale et de la Jeunesse[EB/OL]. https://www.education.gouv.fr/programmes-et-horaires-l-ecole-elementaire-9011，[2023-02-28].

③ Programmes et horaires à l'école maternelle，Ministère de l'Education Nationale et de la Jeunesse[EB/OL]. https://www.education.gouv.fr/les-programmes-du-college-3203，[2023-02-28].

④ Ministère de l'Éducation nationale. Programme d'enseignement moral et civique de l'école et du collège（cycles 2，3 et 4）[R]. Ministère de l'Education Nationale et de la Jeunesse，[2018-07-26].

权利①。学生和家长还必须签署一份《世俗宪章》（Charte de la laïcité à l'École），宪章明确列出了规则以确保学生在课堂上的行为，使学生在课堂上保持尊重和礼貌。

2018 年 7 月 26 日，法国教育部对学校和学院的德育和公民教育计划作出了新的修改。《学校的道德和公民教育计划》（Programme d'enseignement moral et civique de l'école et du collège）规定，除了传授知识外，国家规定学校的首要任务是与学生分享共和国的价值观。学校对学生作为个人和未来公民的教育负有特殊责任。共和国的价值和原则是共和国契约的基础，它保证国家的凝聚力，同时保护每个公民的自由。传播和分享它们是共和一体化的工作，这些价值观和原则将法国与欧洲和世界范围内的民主国家共同体联系在一起。法兰西共和国的四大价值观和原则是自由、平等、博爱和世俗主义。这意味着团结、男女平等和拒绝一切形式的歧视。道德和公民教育涉及这些原则和价值，这些原则和价值是民主社会中共同生活所必需的，是一种共同利益。

二、法国青少年生命教育的内容

法国学校把加强公民教育，培养学生的公民意识和公民能力作为非常重要的一个教育内容，这也是生命教育的社会内涵所在。法国基础教育阶段有一门课翻译成中文为"道德和公民教育"（L'enseignement moral et civique，EMC），EMC 承担起了法国公民教育的主要任务。其包含三个目标：一是教导学生学会尊重他人；二是实现国家赋予学校的一项使命——传播并分享共和国的价值观；三是建设公民文化②。该课程旨在帮助学生成为负责任和自由的公民，培养他们的批判意识，并使他们意识到个人和集体的责任。这门课程分为三个阶段，分别对应法国小学、初中和高中教育三个时期。

（一）小学阶段

法国的生命教育融合于公民教育，小学的公民教育也是融合于其他课程之中的。实质上，法国从幼儿园就已经开始了公民教育。幼儿公民教育的主

---

① Programmes scolaires. Ministère de l'Education Nationale de la Jeunesse et des Sports.（n. d.）[EB/OL]. https://www.education.gouv.fr/le-bulletin-officiel-de-l-education-nationale-de-la-jeunesse-et-des-sports-89558，[2020-09-01].

② Programmes scolaires. Ministère de l'Education Nationale de la Jeunesse et des Sports.（n. d.）[EB/OL]. https://www.education.gouv.fr/programmes-et-horaires-l-ecole-elementaire-9011，[2020-09-01].

要目的是：首先为学生在家庭和学校之间架起桥梁①。儿童在未进入幼儿学校时，经常是家庭关注的中心。而在幼儿学校，则是一个全新的世界，儿童应当学会与其他儿童相处，学会理解成人的行为。幼儿园让孩子们一起学习，一起生活，让孩子在群体中建立起自己是一个独特的个体的意识。然后幼儿园阶段的公民教育可以让学生了解社会生活原则和学会尊重他人。儿童要在新的有约束的环境中体会其行动的自由，构建与同伴和成人的新关系。最后儿童还会在幼儿园的日常活动中体会到与他人交流和合作的快乐。通过体育和艺术活动让学生与他人建立起发展合作的关系，教导他们尊重差异，从而促进学生的社会化。体育活动还可以帮助学生更好地了解他们的身体并尊重它，从而有助于健康教育。

法国从小学阶段开始正式设置道德和公民教育课程。在教导学生学会尊重他人方面，学校要求小学生接受并尊重差异，尊重他人的多样性；意识到信仰和信念的多样性，认识到以下行为都是对他人的攻击（种族主义、反犹太主义、性别歧视、仇外心理、恐同症、骚扰等）；尊重对自己和他人的承诺。对自己和他人采取负责任的行为；使你的着装，语言和态度适应学校环境；学会如何倾听和如何用同理心接受别人的观点；学生需意识到共同利益的概念，并在课堂和学校尊重个人和集体财产；对他人，对眼前和更长远的环境采取负责任的行为；在某些具体情况下，他们需做出遵守道德行为的承诺；学会识别和分享情绪和感受，如恐惧、愤怒、悲伤、快乐。②

在获得并分享共和国的价值观方面，小学生需学习和遵守集体生活的共同规则；熟悉学校的规章制度并对规则和法律有初步的了解；了解法兰西共和国的象征——国旗、国歌、纪念碑、国庆节等；了解法兰西共和国的价值观和原则——自由、平等、博爱、世俗主义；了解法兰西共和国的语言——法语，及它的国际影响力③。除此之外，学生需对民主社会框架进行初步了解，如初步了解人权和公民权利；初步了解共和国组织；初步了解选举权和普选权；对公社、国家领土和共和国的总统进行初步了解；最后学习《国际

① Programmes et horaires à l'école maternelle，Ministère de l'Education Nationale et de la Jeunesse[EB/OL]. https://www.education.gouv.fr/programmes-et-horaires-l-ecole-maternelle-4193，[2023-02-28].

② Programmes et horaires à l'école maternelle，Ministère de l'Education Nationale et de la Jeunesse[EB/OL]. https://www.education.gouv.fr/programmes-et-horaires-l-ecole-elementaire-9011，[2023-02-28].

③ Ministère de l'Éducation nationale. Programme d'enseignement moral et civique de l'école et du collège（cycles 2，3 et 4）[R]. Ministère de l'Education Nationale et de la Jeunesse，[2018-07-26].

儿童权利公约》和《人权和公民权宣言》。

在建设公民文化方面，小学生必须参与并在小组中占有一席之地，学生在课堂和学校中的参与需建立在合作的基础上；在具体情况下，学生需逐渐学会区分个人利益和大众利益；培养学生的辨别能力和批判性思维；学生需学会观察、阅读、识别各种媒体上的信息元素，以及对媒体和信息进行有组织的讨论；在规范的讨论框架内，学生被邀请进行辩论，特别是围绕偏见和刻板印象的概念。

（二）初中阶段

中学阶段的道德和公民教育课程主要有以下三个方面：教导学生学会尊重他人、获得并分享共和国的价值观和建设公民文化。但是，随着学生认知能力的提高，初中阶段公民教育的要求也随之提高，课程目标也在小学课程目标的基础上有所增加。①

在教导学生学会尊重他人方面，初中的 EMC 课程还要求在本阶段，学生需意识到承担个人责任的重要性；在与他人的交往中采取适当的态度和语言；尊重自己和他人的安全，遵守安全规则；意识到数字使用和社交网络中的安全问题；尊重他人表达意见的权利。

在获得并分享共和国的价值观方面，初中生需进一步理解权利、义务和规则的概念，并在课堂、机构和城市中接受和应用它们；学生必须定期接触法兰西共和国的象征，价值观和原则等概念；初中阶段的学生还要求理解共和国符号的含义；理解欧盟的原则和价值观；理解个人自由的定义；理解法律上的平等的意义；能用简单的语言解释友爱和团结；理解世俗主义赋予每个人自由行使判断的平等权利，并要求他人尊重这一权利。除此之外，在对民主社会框架进行初步了解的过程中，初中生需继续学习《人权和公民权宣言》和《世界人权宣言》。并增加学习《欧洲人权公约》（La Convention européenne des droits de l'homme）、《消除对妇女一切形式歧视公约》（La Convention sur l'élimination de toutes les formes de discrimination à l'égard des femmes）和《国际儿童权利公约》（La Convention internationale des droits de l'enfant）；对国家机构有初步的了解；能在不同的尺度上用简单的词语来解释公民的概念；理解和区别国家和欧洲公民身份的概念；了解市政行动的不同领域；了解法国和欧洲的代议制民主原则；将自己定位为社区的一员，照

---

① Programmes et horaires à l'école maternelle，Ministère de l'Education Nationale et de la Jeunesse [EB/OL]. https://www.education.gouv.fr/les-programmes-du-college-3203，[2023-02-28].

顾集体生活和环境的各个方面，培养公民意识。①

在建设公民文化方面，初中生需知晓如何参与集体项目（如班级项目、学校项目、社区项目、国家项目等），并能够在尊重合作规则的情况下工作；理解课堂、学校、机构和社会中的公共利益概念；了解个人和公民在环境和健康领域的责任；能够运用批判性思维对事物进行判断，能在谈话、辩论或对话中倾听他人的观点并通过论证来证明自己的观点；培养道德洞察力；理解和验证知识和个人观点之间的区别。

（三）高中阶段

目前法国高中阶段已不再设置统一的通用课程，学生可根据自己的兴趣和未来向往的专业方向，自己选择与规划课程。法国高中课程的安排是全面且带有目标性，既巩固了初中的知识，确保了扎实的学科内容的学习，又为学生的智力训练做出了贡献。法国高中常见的课程有道德与公民教育、体育教育和运动、法语、历史地理、现代语言、数学、物理化学、生命与地球科学、经济学与社会科学等。高中阶段的道德与公民教育课程内容在初中课程的基础上又有所增加。

在教导学生学会尊重他人方面，高中生需了解法律和规则对每个人的权利和义务的框架内的作用；了解如何识别、研究道德判断的组成部分和有效性标准；尊重他人追求自由的权利；区分不平等和不同形式的歧视，理解排斥机制；坚决抵制学校、互联网和社交网络上的欺凌；学会尊重自己和他人的尊严和完整性。

在获得并分享共和国价值观这一目标下，高中 EMC 课程又主要分为三个层面②。第一，在道德与伦理层面，学生需意识到自己的责任，能够解释自己的行为和选择；能够区分个人道德和职业道德；理解行动者和目击者在各种情况下的作用，理解处于骚扰、歧视等场景中的沉默的目击者是如何成为同谋的；理解法律和法规在社会中的作用；理解正义是如何与法律联系在一起的；通过学习规则和价值观之间的关系来理解在民主社会中遵守规则和法律的原因。第二，在法国价值观层面，高中生需对共和国的价值观和原则

---

① Ministère de l'Éducation nationale. Programme d'enseignement moral et civique de l'école et du collège（cycles 2，3 et 4）[R]. Ministère de l'Education Nationale et de la Jeunesse，[2018-07-26].

② Programmes et horaires à l'école maternelle，Ministère de l'Education Nationale et de la Jeunesse[EB/OL]. https://www.education.gouv.fr/reussir-au-lycee-les-enseignements-de-la-seconde-generale-et-technologique-41651，[2023-02-28].

有更深的了解。如了解国内法和国际法；了解自由是法兰西共和国法律的首要原则；了解法国和欧洲公民身份的原则、价值和象征；了解平等的不同维度；理解世俗主义的利害关系。第三，在民主社会框架层面，高中生需理解民主社会的主要原则；认识到承认自由是民主的基础；了解青少年的法律地位；反思媒体在社会和政治生活中的地位和多样性；认识到民主国家的主要特征；知道如何定义和承认民主；理解什么是国家（及其主权职能）和法治；识别和理解国家的概念及其组成部分；理解公民、社会、文化和宗教归属感的多样性；确定民主表达的形式，通过言论自由和政治多元化来理解民主多元化。

在建设公民文化方面，高中阶段的重点是需逐步将公民文化的各个方面纳入实践层面，以便增强学生参与民主社会的责任感。首先学生需知道投票是民主国家的一项基本权利，了解参与选举的重要性，了解投票方法。然后在国防与安全学习中，学生需了解管理国防的主要原则和价值观，了解法国的安全组织和安全服务，了解世界和平与战争的问题和冲突的原因。最后学生需参与和承担照顾集体生活和环境方面的责任，并培养公民、社会和生态意识。

第三节　法国青少年生命教育的实施路径

法国生命教育的实施主要是通过公民教育进行的，这里主要介绍"周期"设置生命教育相关课程、道路安全专项教育实施措施、实施青少年健康计划、通过不同类型的课程实施生命教育、"3A"安全教育行动等颇具特色的法国青少年生命教育实施策略。

一、以"周期"设置生命教育相关课程

法国在中小学各阶段内部设置"周期"（Cycle）概念。周期是对小学、初中、高中三个阶段内部的再划分，依此划分并设置课程的灵活性较强，有利于中小学的课程衔接。法国现阶段基础教育结构的周期划分与相关教育内容如下[①]：

---

① 　Programmes et horaires à l'école maternelle，Ministère de l'Education Nationale et de la Jeunesse[EB/OL]. https://www.education.gouv.fr/programmes-scolaires-41483，[2023-02-28].

周期一（Cycle 1）是准备学习阶段，即幼儿教育阶段。它的主要使命是引导儿童发展和肯定他们的个性。幼儿教育奠定了教育和教学基础。

周期二和周期三（Cycle 2 & Cycle 3）指小学教育阶段。周期二（Cycle 2）：基础学习阶段。指小学阶段的一二三年级，主要接收5—8岁的学生。所有的教学科目均为连贯的、相互联系的，并切入世界主题回归实际。为了保护和拓展学生的好奇心，学校实施融合教学，鼓励孩子结合实际，开拓发展性思维，对世界进行发问和探索。学校也注重不同语言的学习和掌握，尤其是把法语的学习作为教学重点展开；周期三（Cycle 3）：巩固周期。指小学四五年级和初一。周期三将小学的最后两年和中学的第一年联系起来，以加强教学的连续性和学习的一致性，以获得知识、技能和文化的共同基础。该阶段具有双重责任，一是巩固和深入在周期二中获得的基本知识（阅读，写作，数学，社会发展），二是通过确保三个周期之间的学习连续性和渐进性，帮助学生顺利完成小学到中学的过渡。

周期四（Cycle 4）是深入学习阶段，指初二、初三和初四年级。学生在周期四需要通过国家初中文凭考试。学生在初四将会参加实习，进入到企业当中进行观察和学习。学生将会面临着更复杂的学习任务，并涉及更为严格的纪律要求或跨学科活动。学生会从一种语言学习转换到另一种语言学习当中（外语、科学语言、身体或艺术表达等）。媒体和互联网教育在该阶段尤其重要。学生需要学会适应数字身份，识别并批判性地评估信息来源。他们使用的工具可以使他们在研究中发挥作用。一般来说，在周期四，抽象和建模的学习更为明显。

二、道路安全专项教育实施措施

法国非常重视青少年道路安全专项教育，政府从道路安全教育新理念的提出和安全教育课程的设置等方面实施青少年道路安全专项教育。

其一，提出道路安全教育新理念。1997年法国提出实施道路安全教育的全面教育和终身教育理念，其原则和特点包括：一是道路安全教育不仅仅是面向机动车驾驶员，而且涉及从儿童到老人等所有使用道路的人，还涉及每个人一生"走什么路，如何走路"的问题；二是道路安全教育是一个循序渐进、贯穿一生的全过程；三是交通事故绝大多数与人的行为有关，因此在任何一级道路安全培训中，都要将人的行为作重点考虑。[1]

---

① 王定功. 青少年生命教育国际观察[M]. 上海：上海交通大学出版社，2011：84.

其二，开设道路安全教育课程。法国从小学三年级开始设置"道路安全学习"相关课程。这些课程从小学延续到高中毕业，内容逐步加深。1996年，法国学校还在中学阶段设置了"道路安全执照"的课程，通过学习可获得"道路安全执照"。①

三、实施青少年健康计划

进入 21 世纪，法国患肥胖症、酗酒、抽烟、吸食毒品和自杀的青少年日益增加，中小学生的健康受到了极大的威胁。据法国 2017 年公共健康营养调查公布的数据表明，有 17.43% 的 4—12 岁儿童被肥胖症和体重超重所困扰②。在法国，自杀是 15—24 岁青少年死亡的第二大原因，每 10 万 15—19 岁青少年就有 4.1 人自杀。③因此，法国政府推出了青少年健康计划。首先，该计划规定提早并经常对孩子进行体检，及早发现可能存在的健康隐患。首次义务体检的年龄从现在的 6 岁提前至 5 岁。在校中小学生另外增加两次义务体检，一次为小学一年级，另一次为初中三年级。其次，该计划将进一步改善学生食堂的伙食，注意科学搭配和营养平衡。学校必须限制饮料自动售货机的数量，限制学生食用碳水化合物含量过高的食品，普及饮用水设置。第三，严格执行有关禁烟法令，禁止包括成年人在内的所有人在校内抽烟。另外，如果发现学生买卖毒品，就立即给予处分，甚至开除学籍。第四，加强对青少年的性教育，从小学一年级起每年上三次性教育课，教育他们更好地认识自己。最后，该计划规定从 2004 年起，医科大学生可以在中小学进行实习，以加强医学知识在校园的普及。

四、通过不同类型的课程实施生命教育

法国青少年生命教育的主渠道是通过不同类型的课程实施生命教育，一方面通过独立的公民教育课程实施生命教育；另一方面把生命教育融合于相关课程的教育教学之中。

---

① 廖先旺. 道路安全从教育抓起——法国交通调查之一[J]. 道路交通管理，2006，（1）.

② Vanhelst J，Baudelet J，Thivel D，et. al. Trends in the Prevalence of Overweight，Obesity and Underweight in French Children，Aged 4–12 Years，from 2013 to 2017[J]. Public Health Nutrition，2020，23（14）：2478-2484.

③ Rufino N C，Mirkovic B，Consoli A，et al. Suicide Attempts among French and Brazilian Adolescents Admitted to An Emergency Room. A Comparative Study of Risk and Protective Factors[J]. Frontiers in Psychiatry，2020，11.

2015 年教育改革后，小学教育阶段的课程表上多出一门新课程——哲学和自由（philosophie et liberté）。在课堂上，学生可以对种族主义和任何形式的歧视进行讨论。除此之外，法国基础阶段的学生还有一门特殊的课程——质疑世界，虽然这项课程并没有包括在 EMC 课程之内，但是此课程与 EMC 课程有相通之处。从幼儿园开始，法国学生就会由老师指导探索和观察周围的世界。到了小学阶段，学校会为学生开展质疑世界这项课程。该课程的总体目标是，一方面，让学生获得必要的知识来描述和理解他们周围的世界，并发展他们的推理能力。另一方面，培养青少年成为高素质的合格公民。

初中阶段，公民教育课程仍不是一个独立设置的学科。除此之外，公民教育也融合在其他课程之中。例如，法国初中阶段有一门课——科学与技术，这门课程与 EMC 课程的联系在于，学生通过学习各种科学技术方法的实施过程以及通过学习科学技术史来重新审视当今科学技术发展与自然和人类发展之间的关系，以帮助学生未来在发展科学技术的同时采取合乎道德和负责任的行为。

高中阶段则更加重视以学生为主角的辩论式教学。该教学包括：①学生根据课程进展情况选择辩论题目。②进行辩论的组织，划分若干工作组，可能涉及新闻资料、历史文献、法律文献、网上或多媒体资料、调查或访谈、走访专家、整理资料等。③举行辩论会，选举主持人，由报告人列举证据，开展正反方的辩论。教师负责监督辩论规则的执行情况，适当参与并作总结。④辩论的情况可以形成书面材料，以班级板报或其他方式展示。①

除此之外，高中生还将接受"媒体教育"课程，以帮助他们能在信息社会中区分"什么是信息，什么不是信息"，并逐步掌握处理信息、文档的方法，能够安全、合法和合乎道德地使用、出版和传播信息等。

通过体育课实施生命教育。在中小学课程设置上，法国对体育课尤为重视。仅以小学为例，"法国小学体育与运动课程地位相对较高，每周 5 课时，是西欧各国中课时最多的。在所有学科中除法语和数学时数最多外，其次就是体育与运动学科。此外，课程与教学内容丰富，且任课的教师均是拥有专业证书的专业人员"②。

---

① 王定功. 青少年生命教育国际观察[M]. 上海：上海交通大学出版社，2011：86.
② 庄金秋，陈勇. 法国小学课程设置与发展对中国教育的启示[J]. 外国中小学教育，2011，（12）.

第四节　法国青少年生命教育的启示

一、构建显性与隐性相结合生命教育课程体系

法国青少年生命教育的主渠道是显性与隐性相结合的生命教育课程体系。其中显性课程主要承载于从小学到中学设置的道德与公民教育；隐性课程主要是将生命教育融合于其他课程中，或其他活动之中。由于中国人多忌讳谈"死"，我国的中小学生命教育多以安全教育呈现，没有统一的课程设置与明确要求，实施效果还有待提高。虽然有些学校已经以校本课程或课程融入的方式实施了生命教育，但尚未形成更为有效持久、整体性地由国家专门课程主导、现行与隐性相结合的生命教育课程体系，还有待我们进一步进行深入研究。

二、构筑保障生命教育实施的法律体系

制定教育法规、保障各类教育的健康实施是近现代法国教育改革的一贯做法。2000 年 6 月，《法国教育法典》正式颁布，该法典体系化地整合了教育领域内的法律及相关法规，实现了教育立法的法典化，彰显了教育在国家事务中的重要意义。[①]包括生命教育在内的法国公民教育等也在立法之中，有力地保障了法国青少年生命教育的实施。

在我国，与青少年生命教育的相关法规有《中华人民共和国未成年人保护法》《中华人民共和国义务教育法》等，其中相关规定都可以作为中小学实施生命教育的法律基础。如《中华人民共和国未成年人保护法》的以下规定：

任何组织或者个人发现不利于未成年人身心健康或者侵犯未成年人合法权益的情形，都有权劝阻、制止或者向公安、民政、教育等有关部门提出检举、控告。

（父母或其他监护人）对未成年人进行安全教育，提高未成年人的自我保护意识和能力。

---

① 李世刚. 关于《法国教育法典》若干特点的解析[J]. 湖南师范大学教育科学学报，2022，21（1）.

学校、幼儿园安排未成年人参加文化娱乐、社会实践等集体活动，应当保护未成年人的身心健康，防止发生人身伤害事故。

三、开展生命教育专项行动

对于影响青少年生命安全的关键问题，法国采取了专项行动的方式，收效甚好。例如，为了进一步提高学生的交通安全意识，法国从小学三年级开始设置专项"道路安全学习"课程，并在中学阶段设置"道路安全执照"课程。[①]另外，法国政府推出了青少年健康计划，保障学生健康成长。

专项行动具有针对性，普遍能收到较好的效果。我国也开展过相关活动，如"校园欺凌专项治理""校园食品安全专项整治"等。进一步研究法国生命教育相关的专项活动的成功案例，对于我们更好地实施青少年生命教育具有一定的借鉴作用。

四、构建完善的中小学生命教育系统

法国中小学生命教育无论是在课程形式、不同学段的目标设置还是教育效果评估上都是统一的。法国各地根据政府指定的生命教育指导大纲并结合本地实际情况开展具体的生命教育，并通过学校多种课程的设置、家庭文化的熏陶、社区的文化建设、媒体的文化宣传来综合开展生命教育。学校的生命教育课程开设一以贯之，教育内容衔接呼应、螺旋式上升。相关校外实践活动也根据学段和年级通盘考虑、精心设计，通过组织学生对社会的观察、访问，使之了解公民角色从学校到社会再到国家的嬗变，逐步增强个人对社会的责任意识，让学生正确认识现实中的人与人、个人与社会、个人与国家的关系，知晓公民应有的权利与义务等。[②]我们可以借鉴法国按"周期"设置课程、社会积极参与等成功经验，从幼儿园、小学、中学设置系统衔接的生命教育课程和社会支持系统，构建完善的中小学生命教育系统，助推我国生命教育的健康发展。

---

① 廖先旺. 道路安全从教育抓起——法国交通调查之一[J]. 道路交通管理，2006，（1）.
② 王慧琳. 法国中小学生命教育探析[J]. 中国教育学刊，2016，（1）.

第四章

德国青少年生命教育

德国生命教育的历史渊源悠久。在中世纪，德国就将很多与死亡有关的哲学作品、文学作品和音乐作品用于生命教育上。进入 20 世纪以后，德国也一度出现回避死亡的现象，直至 20 世纪 80 年代，人们才重新关注死亡问题。同时，德国实施了"死的准备教育"，出版了专业教材，引导人们以坦然、明智的态度面对死神的挑战，并将生命教育引入中小学课堂。

第一节 德国青少年生命教育的背景

与世界上的其他国家相比，德国没有专门对"生命教育"进行界定，德国的教育中没有专项有关"生命教育"的内容，但"生命教育"内容以隐性教育的形式融入到其教育及文化中。在德国历史发展的长河中，亦有很多思想家曾提出与"生命教育"相关的议题，例如，海德格尔（M. Heidegger）针对生命的意义提出了倒计时法——"向死而生"；O. F. 博尔诺夫（O. F. Bollnow）提出的"朴素道德"思想；维力·勃兰特（W. Brandt）思想中蕴含的"善良教育"思想；德国当代教育人类学家克里斯托夫·武尔夫（C. Wulf）思想中"身体的回归"。这些思想家的教育主观已融入德国的教育教学中，极大地促进了早期德国生命教育的发展。

一、海德格尔的"向死而生"理念

德国的生命教育是以死亡教育的形式出现的，旨在通过死亡教育让孩子树立正确的生死观念，以正确的态度保持生命、追求生命的价值和意义。德国哲学家海德格尔曾经提出一个深刻命题——"向死而生"，任何人都不能摆脱死亡，人是向死而生的存在，人通过对死亡的领会才能真正地获得自由。人是一个超越性的存在，"死不是尘世生命的结束，而是在一再重演的本真缘发中所发生的事情，亦即，死亡只是在本真缘发的一再起动中其中一次起动的结束，只是在本真缘发的一再涌现中其中一次涌现的结束"①。

海德格尔的死亡观念影响持久、广泛，对于生活在当下的人依然有特别的启发力量。正视现实，直面人生，这种"向死而生"的生命解读，实际暗含了知死守生、视死而生、轻死重生的哲学理解和积极用世的人生态度。正像海德格尔辩证分析的那样——理解了死，才能理解生；看清了人生的有限，才能看清人生自身发展的无限。所谓自身发展的无限就包含在自身存在的有限之中。"向死而生"不是人生的悲观解语，而是人生的理性把握。通

---

① 转引自李章印. 一再被误解的海德格尔死亡概念[J]. 南京社会科学，2018，（4）.

过"倒计时"的方式来审视、定位自己的人生，正是寻求积极人生价值的合理取向。知道了自己的大限，就懂得了珍惜自己的小限。"向死而生"思想从哲学理性的高度，用重"死"的方式激活重"生"的欲望。它所激发出的对有限生命积极把握的进取精神，对功名利禄淡然处之的达观态度，却使有限的人生绽放出生命的异彩。同时，要把自己有限的生命与国家的进步，人民的需求联系起来，能够勇于承担责任，才能让自己有限的人生散发出无限的可能，从而实现人的自由，达至"本真存在"。从海德格尔"向死而生"的理念出发，死亡教育是教育人们珍爱生命、珍惜当下必不可少的内容。

二、博尔诺夫的"朴素道德"理念

"朴素道德"是德国生命教育蕴含的另一特色。生命教育的"朴素道德"理念来源于德国著名教育哲学家、教育人类学创始人博尔诺夫，他在二战后提出了"朴素道德"理念。作为德国现代教育学理论的第二代著名研究者，博尔诺夫的研究范围非常广泛，研究成果也很多。

博尔诺夫在其代表性著作《朴素道德》中，把道德分为"朴素道德"与"高尚道德"。"朴素道德"意指人们日常生活中所应该拥有的生活化、常规性道德。如诚实守信、行善积德、遵纪守法、尊老爱幼、崇尚简朴、救危济困等。其特点是生活化、常规性、日常化、长久性、一般性、基本性。"高尚道德"是比较远大、高尚的道德，是人们所追求的理想的道德。如西方早期基督教所提倡的禁欲主义、中国诸子百家中儒家所追求的圣人之德、道家所追寻的婴孩淳朴之德。其特点是理想、高尚、远大，有一种常人不可触及之感。高尚道德与朴素道德二者之间的关系是相辅相成、辩证统一的。有了坚实的朴素道德基础，社会上的高尚道德理想和先进人物的优秀道德品行就会迸发出无限的激励能量，对全社会的道德发展起导向作用，进而提升全民族的道德水平。

博尔诺夫所生活的时代背景是其产生朴素道德思想的源泉。教育世家的生长环境对其产生了深远的影响，大学生涯中所接触的海德格尔、狄尔泰的生命哲学思想为其后期思想学说的创立奠定了基础，二战的经历激发博尔诺夫开始思考人们所面临的道德问题。战争给人民带来了严重的道德创伤，人们开始怀疑道德的价值，找不到人生存在的意义与价值。在这样一个混乱、需要秩序重建、道德重建的时代，博尔诺夫基于教育人类学的视角提出了"朴素道德"的道德理念与"非连续性教育"的教育思想。他认为，在社会道德沦丧、信仰危机的时代，"坚守朴素道德是当前教育的主要任务……也是重建当前道德生活的关键所在"①。博尔诺夫所提出的"朴素道德"思想对于缓解二战后人们的道德危机，重建人们的社会信仰问题有着方向性的指引作用。

博尔诺夫的"朴素道德"思想的一个有益启示就是注重朴素道德，但并不排除高尚道德，关键是如何把握好二者之辩证关系。人类对道德本质意义和内在价值的追求，是人类社会演化和发展的内在精神动力。作为自然的和社会的人，无时无刻不在一定的物质生活和精神生活中表现出对人类自身道德的追求。道德体系在历史发展状态中所表现出来的朴素道德与高尚道德形式都存在于人类社会文明发展的历史流动和积淀之中，而朴素道德形式更存在于人们的日常生活实践当中。在道德践行领域中，朴素道德是"起点"，往往带有强制性，是"他律"的。遵守不应被赞美为"道德"的，而违背则应当受到舆论谴责。②朴素道德行为规范是道德层次结构的基础部分。高尚道德则是理想的、超越的、肯定的。在道德践行过程中，高尚道德是"终点"，往往是非强制性的，是"自律"的。

三、勃兰特的"善良教育"理念

德国生命教育的特色之一在于其提出的"善良教育"，善良教育是德国生命教育的重要内容。"善良教育"的起源可以追溯到古希腊著名思想家柏拉图提出的"善"。柏拉图提出，"善"就如我们可见世界中的太阳，不仅给了我们光明，还给予了我们看见外在世界的视觉能力，这种"善"是我们扬善除恶的动力之源。德国哲学家康德（Kant）提出在人的本性中始终有着向善的原初禀赋，人们达至道德与幸福的精密结合之境要拥有"至善"的理念，教育的使命与职责是激发人本性中的善端。

"善良教育"的概念是由德国政治家勃兰特提出的。在20世纪德国特殊政治背景下成长的勃兰特，有着卓越的政治才能和独特的思想理念。勃兰特倡导的"德国发展的基石是追求和平"的理念被人们誉为"勃兰特思想"，其思想中蕴含着对德国"善良教育"的导向，由此，善良教育成为德国道德教育的重要组成部分。

---

① 转引自张桂春. 博尔诺夫"朴素道德"观对我国当代道德建设的启示[J]. 教育科学，1997，13（2）.

② 张桂春. 博尔诺夫"朴素道德"观对我国当代道德建设的启示[J]. 教育科学，1997，13（2）.

　　"善良"是很多国家均十分重视的一种公民道德品质，但较少有国家将善良教育形成独立的道德教育内容。德国之所以能将"善良教育"形成独立的体系，与其社会文化背景有着密切的联系。二战结束后的德国面临着修复道德创伤与重构民主建设的双重任务。"在这种背景下，德国政府一方面在全社会推行以'自由、平等、民主'为核心的资本主义政治思想和理念教育，另一方面在全体公民中推行以'诚实、善良、尊严、责任'为核心的公民道德教育。这其中就包括以儿童为主要教育对象推行的善良教育，着眼于培养战后出生的一代新人，来重构社会发展所需要的统一核心价值观。"①这种在对历史深刻反省基础上建立起来的善良教育体系，实质上是对人性的重新认识与思考。

第二节　德国青少年生命教育的目标与内容

　　教育目标反应着培养人的需要、规格和方向，教育目标的制定不仅是一个国家的重要决策，亦关系到国家未来的发展。教育内容是教育目标的具体展现，是在教育目标统领下国家需求与个人需求的统一。面对特殊的历史背景给国家和人民带来的创伤，以及战后青少年犯罪率上升、宗教信仰下降、校园暴力与欺凌等层出不穷的社会问题，德国教育系统先后提出尊重生命、同情弱者、反对暴力等内容。

一、德国青少年生命教育的目标

　　德国的生命教育主要是从死亡的角度进行的，并且出版了很多有关生命教育的教科书。在这些教科书和教育过程中，主要是从价值观方面来界定生命教育的。例如，《死亡和濒临死亡》（Sterben und Tod）是中学生命教育教科书系列中的一本教材，它从价值观的角度探讨死亡，但并非将一个特定的价值观灌输给学生，而是向学生介绍各种与死亡有关的内容和解释，让学生自己去决定。该教材共有五个章节，第一章为"死亡和葬礼"，介绍世界各地葬礼的资料和照片，并引导学生就葬礼的意义、各种葬礼风俗、刊登在报

---

　　① 刘宏达. 论德国的善良教育及其对我国社会主义核心价值观教育的启示[J]. 社会主义研究，2015，（2）.

纸上的讣告等内容进行自由讨论，并提出与葬礼有关的建议；第二章是"青少年的自杀"，介绍青少年自杀案例，分析其原因和动机，并提出预防自杀的详细方法；第三章是"有尊严的死亡方法：伦理问题"，该章通过案例探讨人为地维持生命的问题以及积极的和消极的安乐死问题，其重点在于什么是有尊严的死亡，怎样才能帮助临死的人有尊严地死去；第四章是"对生命的威胁：与死亡对决"，探讨自然死亡和人为死亡；第五章是"对死亡的解释"，介绍了古今中外的哲学与宗教对死亡的解释和对死后世界的观点。该章还建议学生参观墓地并研究墓志铭，阅读讣告并研究死亡是怎样被描述的。[①]

二、德国青少年生命教育的内容

从整体而言，在小学，德国生命教育主要通过讲授生物与无生物之间的区别了解什么是有生命的、什么是没有生命的；通过观察植物的生长周期了解从生到死的过程；通过参加葬礼了解死亡是什么，从而使儿童接受死亡的普遍性和必然性。同时通过阅读与死亡有关的童话故事，就故事的内容进行自由讨论，根据故事的内容进行角色扮演，帮助儿童在相对轻松的氛围中面对临终、死亡以及分离，减少儿童对死亡的不安与恐惧，缓解儿童对死者的负罪感和悲痛。

对于青少年来说，对死亡有明确的认识固然重要，但更重要的是确立正确的生死观。因此，德国中学的生命教育在教学内容上，一方面通过学习死亡的概念、死亡的原因和过程、葬礼等内容帮助学生正确认识死亡；另一方面通过学习安乐死、人为的死亡、自杀、临终关怀、死后世界等与死亡有关的主题，帮助青少年树立正确的生死观。其在教学方式上也采取以讨论为主的形式，让学生自己去探索、思考、评价，并在此基础上对自己的生死观作出决定。[②]具体而言，德国将善良教育作为生命教育的重要主题，其内容主要包括以下几方面。

（一）关爱动物

关爱动物是德国对儿童实施善良教育的开始。在教育内容的设置上，德国抓住儿童喜欢小动物的心理特点，让儿童饲养动物，家庭和学校给儿童提

---

① 柳圣爱. 美、德基础生命教育管窥[J]. 外国中小学教育，2012，（1）.
② 柳圣爱. 美、德基础生命教育管窥[J]. 外国中小学教育，2012，（1）.

供饲养动物的环境和条件。在饲养动物的过程中，让儿童细心体验和观察小动物的成长，并寻找合适的时机教育儿童保护动物、爱护动物，注重对儿童基本行为的养成与基础价值观的形成。同时，以此为契机引导儿童保护环境，爱护自然，让其从小树立正确的生态价值观。从生命教育的角度而言，以儿童为中心，让他们从身边力所能及的事情做起，逐渐扩大到对他人生命的尊重、对社会的热爱、对自然环境的保护。

（二）同情、关注与帮助弱势群体

同情、关注与帮助弱势群体是德国善良教育的内容之一。在课堂中，老师会引导与教育学生从知识上了解什么是善良；在实践中，老师会带领学生去流浪汉住处、孤儿院、敬老院等地方进行体验与考察，以此引导学生要同情弱者、关心弱者、帮助弱者。在这种关心弱势群体、帮助弱势群体的社会价值理念引领下，救助流浪小动物、帮扶老年人在德国已成为一种常态。

（三）反对暴力

在对青少年实施"善良教育"的同时，德国也十分重视校园暴力问题与校园欺凌问题，通过对暴力问题的提前发现、了解与识别达到预防校园暴力的目的。例如，柏林识别工程旨在培养教师识别和报告学生的"问题"行为；反对校园暴力危险评估项目鼓励学生积极地寻求帮助，认为学生不应该被作为潜在的罪犯，其目的是对正在发生问题或危机的学生提供帮助。[1]校园欺凌产生的原因大部分是由于受欺凌的学生不知如何应对。鉴于此，德国的研究机构针对校园欺凌问题专门开展研究，并且政府会为学生及学生家长颁发反欺凌指南与反欺凌手册，在中小学设置反欺凌课程，通过多种形式对学生及学生家长进行反欺凌教育。除此之外，在各教育文化网站上，设置关于校园欺凌的专栏，其中介绍什么是校园欺凌、如何辨别校园欺凌、如何应对校园欺凌等问题。

（四）宽容待人

宽容待人是一个人具有善良品德的外在体现，与自己、与他人和谐相处的关键因素之一在于拥有宽容之心。在家庭生活中，德国父母以自己为榜样给青少年树立宽容之品德；在学校生活中，老师处处引导学生要宽容待人；

---

① 段炼炼. 德国中小学校园暴力预防项目及其启示[J]. 教学与管理，2020，（30）.

在课程中，学生学习宽容之德。总之，德国在教育过程中，从对宽容的认知、宽容的践行、宽容的榜样等不同方面让青少年了解宽容、学会宽容、践行宽容。

（五）保护环境

从生命教育的关系而言，我们在人世间需要处理的关系有人与自我、人与他人、人与社会、人与环境的关系。人与环境是一个密切联系的整体，环境给人类提供了生存资料与生活空间，人类在生产、生活的实践活动中给环境带来了影响。人与环境最好的状态应该是相互协调、和谐共生。因此，保护环境理应是生命教育中非常重要的一部分内容。针对环境保护，德国通过让孩子参与和环境保护相关的活动，如垃圾分类、艺术表演等，在参与活动的过程中让孩子了解环境保护的知识，增强他们保护环境的意识。

德国的教育部门普遍有一种共识：向青少年传授环保知识固然需要，但促成其行为改变的最有效途径还是各种各样的实践活动。许多德国小学在开学时都会向学生发放环保记事本，人手一册。学校要求学生在环保记事本上随时记下自己参与环保的做法和感受。环保教育也广泛地吸纳家长参与其中，在学校内的环保教育因之扩展到家庭和社会，"小手拉大手"的教育方式甚至还能起到对成人的监督作用。①

总之，德国生命教育的内容是基于对历史的反思和对现实社会发展的需求之上，既包含了与传统善良教育理念相关的关爱动物、同情帮助弱者、反对暴力、宽容待人的内容，也囊括了现代社会发展所关注的校园欺凌和保护环境的部分。

第三节　德国青少年生命教育的实施路径

一、德国生命教育的实施路径

德国的生命教育主要体现在善良教育的开展上，具体形式主要包括以下几个方面。②

---

① 王定功. 德国中小学生命教育探析[J]. 中国教育学刊，2015，（08）.
② 王定功. 德国中小学生命教育探析[J]. 中国教育学刊，2015，（08）.

（一）宗教教育

宗教活动和宗教课程是德国中小学实施宗教教育的主要途径。一是宗教活动的参与，校内的宗教活动主要是参与宗教节日和宗教仪式，对学生进行渗透性的宗教教育。二是学习校内的宗教课程，学校开设有专门的宗教课程。通过宗教课程的学习，让学生了解宗教知识、理解宗教的作用与价值，形成学生的宗教思想。

（二）课堂教学活动

在二战以后，课堂教学活动成为德国道德教育的主要形式之一。在课程设置方面，德国既在中小学课程中设置有专门进行道德教育的社会课程、宗教课程等显性课程，还有隐性课程的加入。在德育课程以外的课程教学中，教师引入道德教育，形成整体、全面的课堂教学体系，通过系统的课堂教学活动提高学生的思想道德水平。

（三）课外实践活动

课外实践活动是德国对中小学生进行道德教育的又一条途径。通过课堂教学，让学生从理论上认识与了解道德规范与道德行为标准；通过课后实践活动，让学生把对道德规范与道德行为标准的认知理解和实践活动结合起来，形成学生的道德实践。德国也非常重视通过一些课程的学习让青少年学会为未来生活做准备，如"自20世纪60年代起，劳动教育就已经成为德国中小学一门独立的课程，以'劳动学'（Arbeitslehre）为载体开展与实施，作为一门综合性学习课程旨在传授与劳动和生活相关知识与能力，旨在为学生参与社会生活作好准备"[1]。同时，在关于学生价值观教育的课程目标上，"对学生进行价值观教育，使其能批判地反思性别角色的偏见，培养其社会责任感，令其具有参与民主社会、确保可持续发展以及进行跨文化理解的意识和能力，为他们参加培训、进入大学学习和就业作好准备"[2]。

（四）校园文化的构建

道德教育的发展既受客观环境的影响，也受主观因素的影响。德国中小

---

[1] 任平，雷浩. 德国劳动教师教育课程体系：结构·特征·经验——以慕尼黑工业大学劳动教育专业为例[J]. 外国教育研究. 2021，48（7）.

[2] 孙进，陈囡. 德国中小学的劳动教育课程：目标·内容·考评[J]. 比较教育研究. 2020，42（7）.

学一方面重视对校园德育文化的创设，另一方面也十分重视师德榜样的影响。干净整洁的校园环境、积极健康的校园风貌、良好的校园文化氛围对学生的道德水平提升起到了潜移默化的作用。高尚的师德榜样、强大的人格魅力是带动和培养学生良好道德品质的重要因素。

此外，德国的生命教育不仅局限于中小学，在社会上，也有一些机构面向儿童、青少年提供生命教育。例如，生命热线电话能帮助那些轻生的儿童和青少年正视死亡和生命，珍惜自己的生命。此外，临终关怀团体以及医生、护士、牧师、神父等社会各界人士也通过参与课堂的形式帮助儿童和青少年正确认识死亡，确立正确的生死观。

二、德国生命教育的实施方法

（一）体验教育法

体验是一个过程，是一个心理变化的过程，是一个观念形成的过程。体验是使青少年养成良好道德品质的一种道德教育方法。在青少年善良品质形成的过程中，德国非常重视体验教育法。例如，德国的家长和老师都鼓励学生用自己的零花钱来"领养"动物园里的小动物，救助濒危的动物是唤起孩子的同情心，培养孩子善良情感的有效途径，在领养与救助动物的过程中，孩子能够体验对弱势群体的关爱，焕发孩子的同情心。

（二）奖惩法

奖惩法是广泛存在于道德教育过程中的一种教育方法。"奖"指的是奖励的方法，具体包括表扬、赞赏，或者其他形式的奖励；"惩"意为惩罚的方法，具体包括批评、处分或其他形式的惩罚。奖惩法是通过奖励或惩罚这两种积极或消极的强化方式影响学生道德行为的一种方法。奖励是另一种强化行为的方法，奖励真正的目的通常不是奖励本身，而是用一些奖励性的事物来奖励学生善良的行为。而惩罚则是在教育过程中必不可少的另一手段，必要的教育惩罚既是教师管理的需要，也是学生自身发展的需要。德国人认为道德品质问题是比学习问题更大的问题。对于有校园欺凌行为的学生，学校会以非常严肃的态度对他们进行惩戒，轻则记过，重则开除或送往专门的管教部门进行管教。在他们眼里，孩子们对这些事情的态度相比学习成绩更应受到关注。

（三）榜样教育法

榜样教育法是用现实生活、影视或文学作品中正面人物的高尚思想、优秀品质、模范行为、优异成就来影响学生的思想、情感和行为的一种道德教育方法。此外，德国比较盛行基督教文化，基督教文化中包含的关爱、克己、善良、互助、诚实等道德理念一直在深深影响着德国人内心的道德价值，而这种道德价值的教育在家庭生活中由父母的言传身教给孩子带来道德影响。

（四）思维训练法

思维训练法指的是以道德知识的学习和道德思维能力的提高为主要目标的德育方法。这一类德育方法主要包括一般道德教育中常见的讲授法、谈话法以及讨论法等。讲授法是以语言作为主要的媒介系统，连贯地向受教育者传授道德知识，表达道德情感和道德价值观念的一种道德教育方法。这是一种比较传统、原始、古老的道德教育方法。在当代，依然有很多国家在道德教育的过程中采用讲授法。讨论法是在教育者的引导下，受教育者运用辩论或讨论的方式针对某个道德问题进行辩论、讨论，并在此过程中反思道德价值、澄清价值观念，进而达到促使受教育者道德水平提升的一种道德教育方法。

在德国，学校针对学生的道德教育开设的有专门的社会课、伦理课和宗教课，教师不仅在授课过程中以传统的讲授法给学生传授道德行为准则与要求，还引导学生参与道德问题的讨论。类似生态环境问题、战争与和平的问题、热点的社会伦理问题等会经常出现在课堂讨论中。学生在讨论过程中自由探讨、各抒己见，通过与他人道德价值观的交锋与碰撞提升价值判断能力与独立思考能力。

（五）情感陶冶法

情感陶冶法重在运用环境对人的作用与影响，是一种隐性的道德教育方法。其主要通过设置一定的情境，让受教育者的道德、心灵、情感在特定的环境中得到潜移默化的感染。情感陶冶法有冶性与陶情两大功能，冶性指的是与道德情感有联系的道德认知的发展或者道德人格的提升；陶情指的是与道德认知活动有关联的道德情趣与道德情感的升华过程。在特定的场景与仪式活动中，更易激发受教育者的道德情感。

德国在对青少年进行道德教育的过程中，善于运用情感陶冶法。作为一个宗教氛围浓郁的国家，德国有很多的节日都与宗教有关，如圣诞节、复活节等，在节日庆典的过程中伴随着庄严的宗教仪式与丰富的家庭活动。孩子的道德认知在参与宗教仪式的过程中得到提升，道德情感在家庭活动的氛围中得到陶冶。此外，一些特殊的家庭宗教仪式也是对孩子进行道德教育的良好契机，如洗礼、婚礼等。洗礼是一个人正式成为宗教徒的必要仪式，孩子在非常庄重的洗礼仪式中激发其对宗教的情感。

综上所述，德国虽然没有直接提出生命教育，但生命教育已经渗透在其日常宗教活动、学校道德教育过程及社会实践活动中，并成为德国道德教育不可或缺的一部分内容。

第四节　德国青少年生命教育的启示

一、对德国青少年生命教育的评价

德国生命教育的核心理念在于追求"公共的善"。其把一个个生命个体及其面对的其他生命视为上天所赐，把每个生命个体以及生存其间的人文、自然环境视为一个生命共同体，要求民众尤其是中小学生反对暴力、同情弱者、宽容待人、爱护动物、保护环境等。这与我国传统文化中的"民胞物与"理念有异曲同工之妙。

（一）有关生命教育的专业学术研究为生命教育打下基础

在德国，可适用于生命教育的哲学、文学作品可以追溯到中世纪，此外，还出版了很多与生命教育有关的教科书。同时，德国还对儿童、青少年的死亡观进行了相关研究，这些研究均有助于设计适用于青少年的生命教育课程。此外，有很多关注生命教育的学者在德国生命教育的过程中起着极为重要的作用。他们对生命教育的推动主要体现在两个方面。一是对生命教育教材的研发；二是在生命教育的过程中不断丰富和改善生命教育。任何一门学科的构建都不是以人们的主观意志为转移的，它与时代和社会发展的需要是密不可分的，且受到一定历史时期的社会发展水平和条件的制约。生命教育学科的产生与现代社会中的人所遇到的生命问题有着密切关系。从实践层面来看，生命教育要深入开展，解决其实践当中的一些问题，需要加强学科平台建设。任何一个教育事件都处在一个变动的过程中，在变动过程中会出现很多的问题。学科体系和学科平台可以在这个过程中承担补充和建构推动生命教育所需要的知识系统，为现实的生命教育提供可持续性的改进参考或者对生命教育本身进行发展评估和价值评定，尤其是通过严谨的科学分析方法，评估政策执行的效能，以为政策持续性改进、推行提供参考。

（二）生命教育的课程体系基于青少年对死亡的认识

人是一种"向死而生"的存在，生命与死亡时刻伴随在人的左右，在面对生命和死亡时，如何珍视生命、面对死亡是每个人不得不面对的现实问题。这些问题不仅会影响人们的生命价值导向，而且会影响他们的生存状态。生死教育要想在社会落实，需要大众媒体传播正确的生死观念。例如，民众可以通过欣赏电视剧、阅读报刊，获得如何面对生死等问题的知识，或知道如何处理自己家人的生死事件。德国生命教育的课程体系即是基于青少年对死亡的认识。

（三）社会支持是德国生命教育的另一渠道

社会支持也是德国的生命教育能够顺利实施的重要因素。在德国，一些社会机构和组织是学校之外的面向儿童进行生命教育的团体。而且，社会各界人士如神父、牧师、护士、医生也通过课堂参与、课外指导、活动体验等多种形式给青少年提供有关死亡的知识，帮助青少年正确地认识生命和死亡，以此树立正确的生命观。

二、德国青少年生命教育对我国的启示

（一）在生命教育过程中融入善良教育

孟子从性善论的角度提出，"恻隐之心，人皆有之；羞恶之心，人皆有之；恭敬之心，人皆有之；是非之心，人皆有之。恻隐之心，仁也；羞恶之心，义也；恭敬之心，礼也；是非之心，智也。仁义礼智，非由外铄我也，我固有之也，弗思耳矣。故曰：'求则得之，舍则失之。'或相倍蓰而无算者，不能尽其才者也。《诗》曰：'天生蒸民，有物有则。民之秉彝，好是懿

德'"①。善良是人与生俱来的一种良好品质，也是中华民族的传统美德之一。善良之心是尊重生命、爱护生命、珍惜生命的前提。

以"善待生命"为核心的善良教育是一种对人类基本道德观的润泽。道德教育各国皆有，并都将维护本国核心价值观视为道德教育的题中应有之义。德国把"善待生命"当作中小学道德教育的核心，体现出其对本国历史和文化根源的深刻反思以及对人的本性的再认识和再思考，是对人"共同善"的肯定和弘扬。我国中小学道德教育坚持弘扬主旋律，打响主动仗，已经取得了一定显著的成效。但不可否认的是，我国的中小学生命教育才刚刚起步，道德教育理念中的生命教育成分还很薄弱，从善待生命的角度对道德教育进行阐释和建构宜尽早提上日程。

（二）多方参与共建生命教育体系

生命是鲜活的，是无处不在的，生命教育也应该是无处不在的。德国的生命教育在家庭、学校、社会的协同合作下得以良好发展。在家庭生活中，父母以身作则时刻引导孩子以善良之心关爱生命，通过饲养小动物的方式培养孩子关爱动物、关心弱势群体。在学校教育中，德国学校通过宗教教育、道德教育等显性课程提升学生的关爱生命的道德认知，通过劳动教育、反欺凌教育等隐性课程引导学生远离暴力、珍爱生命。在社会中，有多种形式的社会机构通过活动体验、课外实践等方式给予青少年认识、了解生命与死亡的机会，以此培养青少年正确的生命价值观。

我国当下的生命教育关注点及实施学校较多，但家庭及社会参与相对较少。在实施生命教育的过程中，我们可以以学校为中心和桥梁，争取多方力量共同参与，更好地推动青少年生命教育的发展。

（三）增设死亡课题多维度进行生命教育

生命教育不仅包括如何面对"生"的问题，也包含如何面对"死"的问题。当前我国老龄化的社会现状已经迫使人们开始关注死亡问题。对死亡的教育也离不开对生命的教育，回避对死亡的教育就意味着回避对生命的教育。青少年生命教育可以从以下几个方面予以考虑：一是通过掌握有关死亡的基本知识，将死亡视为一种普遍现象和自然规律，从而消除对死亡的恐惧和不安。二是通过了解死亡更加珍惜生命，确立自己的人生观和人生目标，

---

① 出自《孟子·告子上》.

有效地规划自己的人生。三是面对亲人的死亡有心理准备，能够控制好自己的悲痛情绪。四是关怀濒临死亡的人以及他们的亲朋好友，并帮助他们勇敢地面对即将来临的死亡。五是预防自杀，帮助有自杀倾向的人。

（四）运用学校主阵地传承中华民族善良品德

善良既是人类的美好品德之一，也是人类社会发展过程中的一个永恒的话题，它源于对生命的热爱，赋予人之所以为人的价值与意义。在生命教育过程中，对善良品德的教育尤为重要。德国在教育过程中尤其重视对青少年善良品德的培养，在学校的显性与隐性教育中均渗透有善良教育。涂尔干认为，"正是在我们的公共学校里（这里指的是初级学校体系），我们绝大多数的儿童正处于形成过程之中。我们学校必须成为我们民族特质的出色的维护者"①。崇德尚善是中华民族的主导道德价值，我们在学校教育中应发挥它的最大作用以传承这种道德价值。

第一，学校可以在中小学的道德与法制和生命教育课程教学中融入善良教育的内容，从显性课程中培养孩子的善良品性。此类课程的专业教师在授课过程中可以从目的性、系统化、专业化的角度对青少年进行善良教育。

第二，学校可以在其他课程中融入善良教育的内容，将善良教育的内容与相关课程教学内容相契合，以隐性课程的途径开展善良教育。如在讲授语文课文《吃水不忘挖井人》《她是我的朋友》《给予是快乐的》等内容时，均可融入善良教育的内容。

第三，运用校园环境育人。学校可以全方位、多维度地优化校园环境，建设环境优美、底蕴深厚的文化校园，真正实现以文化人，以美育人。美好的校园环境对青少年具有隐性的教育功能，学生会更加注意自己的一言一行，树立正确的三观。

（五）在全社会塑造关注生命教育的氛围

善良教育能够在德国深入人心，形成公众认可、全民践行的教育活动，得益于德国已经形成了良好的善良教育氛围。善良教育在德国的社会公益活动、学校教育活动、家庭集体活动中均有体现，且已经成为人们生活中不可或缺的重要内容。

在我国，《国家中长期教育改革和发展规划纲要（2010—2020 年）》中

---

① 爱弥尔·涂尔干. 道德教育[M]. 陈光金，沈杰，朱谐汉，译. 上海：上海人民出版社，2006：78.

郑重提出要"重视安全教育、生命教育、国防教育、可持续发展教育"。生命教育已经走出"要不要搞"的初级阶段，已经引起了全社会对其的高度关注。我们应借助大众传媒的力量，充分营造良好的社会舆论氛围，鼓励和引导各方力量和资源参与生命教育建设。尤其应通过各种现代传媒途径来传播生命理念，在全国形成关注生命、尊重生命、珍爱生命、敬畏生命的广泛社会共识和一致行动。

同时，大众传媒是宣传生命教育的重要媒介，我们可以借助网络、自媒体、广播、电视、杂志、报纸等途径在社会上形成爱护生命、珍惜生命的氛围。此外，也可以在特殊的节日举行与生命教育相关的活动，如我国的传统节日——清明节、中秋节、春节等，这些节日习俗中蕴含着丰富的生命教育元素。概言之，在社会性节日活动中增设生命教育的内容更容易激发青少年热爱生命的情感，使青少年的身心都得到自由、和谐的发展，成为人格健全和个性鲜明的一代新人。

第五章

新加坡青少年生命教育

　　新加坡的德育教育在维护国家利益、提高公民道德素质和抵御西方不良文化思想侵入等方面发挥了积极的作用。新加坡在青少年教育中虽未官方使用"生命教育"的概念，但"生命教育"的理念却贯穿融于其德育教育中。新加坡自 1965 年脱离马来西亚联邦成为主权国家之后，在几十年间创造惊人发展奇迹。新加坡青少年道德教育也为国家发展做出了卓越贡献。中国与新加坡同宗同源，借鉴新加坡青少年道德教育中的有益经验对我国当前生命教育的研究有着重要参考意义。

第一节 新加坡青少年生命教育的背景

一、新加坡青少年生命教育的社会背景

新加坡是一个包含华人、马来西亚人和印度人等多民族的国家，具有多元种族、多元宗教、多元文化的特征。2020 年，新加坡统计局公布的人口普查数据显示，新加坡人口的种族比例中华裔仍是最大种族，占总人口的74.3%；马来族占 13.5%；印度族则占 9%。①任何种族均有自己信奉的精神文化、语言文字，种族差异是制约和影响国家团结、思想统一的一大阻碍。如何团结带领多元种族、多元文化、多元宗教的民众，深化国家认同、强化国家意识、厚植国家情怀是新加坡政府密切关注并亟待解决的问题。

新加坡在 1965 年建立之初，早期殖民地历史时期的主要格局被保留下来，种族之间文化习俗差异很大，没有主要宗教，也没有指导一切的意识形态，被外界誉为"兼存东西方、汇合百家文、流传千国语、容纳万种宗教"的多元文化国家。②此外，受殖民统治的历史背景长期影响着新加坡民众对国家和政府的认同感，多元种族间相互排挤，多元文化及价值观彼此冲突，新加坡政府充分意识到凝聚国家意识的必要性和紧迫性。因此，建国初期，新加坡政府大力推行教育改革，重塑学校教育体系，以青少年道德教育为抓手，力求促进国家发展、凝聚多元种族、融合多元文化。新加坡前总理李光耀曾说道，"何谓'新加坡人'？新加坡人是一个出生、成长或居住在新加坡的人，他愿意保持这样一个多元种族的、宽宏大量、乐于助人、向前看的社会，并时刻准备为之而贡献出自己的生命"③。因此，深化新加坡公民国家意识、道德意识的发展理念一以贯之地融于新加坡的发展进程中。新加坡在经济快速发展的同时，也出现了西化倾向、人际关系淡薄、极端个人主义

---

① 新加坡统计局. 新加坡 2020 年全国人口普查简报[EB/OL]. https://baijiahao.baidu.com/s?id=1702715503474700760&wfr=spider&for=pc，[2021-06-16].

② 王巍. 新加坡青少年道德教育研究及其借鉴意义[D]. 开封：河南大学，2013：3.

③ 转引自刘莉萍，赵韩强. 日本和新加坡道德教育比较研究及启示[J]. 教学与管理，2013，（18）.

盛行等不良现象。在此背景下，新加坡对学校道德教育寄予厚望，将其作为消除西方文化消极影响，改良社会风气，重振民族精神的重要举措。在此过程中，生命教育的理念贯穿融于道德教育中，持续助力青少年树立正确价值观。

二、新加坡青少年生命教育的发展阶段

（一）以公民教育为重点的阶段（1965—1978 年）

新加坡建国伊始，如何统一民众思想，深化民众的国家认同感，激发"新加坡人"的归属感，是新加坡政府面临的首要问题。基于此，新加坡教育部以公民教育为重点，编制了学校道德教育和公民综合训练大纲，推出公民课教学大纲，面向全国青少年开展标准化的道德教育和公民训练。20 世纪 70 年代，新加坡教育部重新审视了公民课教学大纲及其配套教材，并于 1974 年开发了"生活教育"课程，该课程汇聚了公民、历史、地理等多元课程知识，面向广大青少年开课，以期能够缓解不同种族多元文化差异带来的价值观冲突，增强青少年"新加坡人"的归属感。

（二）开展全面的道德教育阶段（1979—1990 年）

自 20 世纪 80 年代以后，新加坡经济飞速发展，伴随着工业化和现代化程度的快速推进，西方文化及西方价值观得以在新加坡广泛传播，冲击并影响着新加坡青少年一代的生活方式、情感态度和价值观，引发了社会大众对青少年道德教育的担忧和思考。

1979 年，新加坡面向全国颁布了《道德教育报告书》，提出"过去 20 年来，新加坡在物质和社会方面有很大的变动，工业化不但给我们带来繁荣，也带来了新的生活方式和道德标准"[①]。新加坡政府在报告书中，厘清了 20 世纪 60—70 年代德育工作中存在的不足之处，在报告书中，构建了全新的道德教育模式，并明文规定道德教育科目既是青少年学习的必修课程，也是教师培训的必备科目，并指出道德教育在全面展开的同时，也要兼顾青少年的个性特征；要统筹学校、家庭和社会三方，汇聚三方合力协同开展道德教育。课堂教学方法除了讲授外，还应当运用讨论、讲故事、参观和实践活动的方式。道德教育作为主课，其地位为德智体美群之首，宗教教育和道

---

① 转引自王定功. 青少年生命教育国际观察[M]. 上海：上海交通大学出版社，2011：176.

德教育共存。①

　　根据新加坡政府要求，教育部编写了新的公民教育教材。1988年，新加坡教育部修订了新的小学道德教育教材《好公民》，在修订公民教育教材的过程中，为了强调东方价值观的培养，新加坡开设了儒家伦理课程和六种宗教课程。坚持倡导以儒家思想为基础的东方价值观，通过弘扬传统价值观来消除和抵御西方文化的不良影响。1990年，新加坡通过《宗教和谐维护法案》，学校从此以公民教育取代道德及宗教教育。②

（三）"共同价值观"国民教育阶段（1991—1997年）

　　20世纪90年代后，新加坡主流价值观受到了西方价值观的强烈冲击。作为一个融合了多元种族、多元文化的国家，如何调和多种族间的文化习惯是道德教育的着力点和突破口。在经济全球化的时代背景下，新加坡着手融合中国儒家文化和其他种族的优秀传统文化，凝练形成对全体公民具有共同教育意义的"共同价值观"，保持公民整体的道德水准，从而减轻西方价值观的冲击和影响。经过综合考虑和反复论证后，1991年1月，新加坡正式颁布了《共同价值观白皮书》。其核心内容是国家至上，社会为先；家庭为根，社会为本；关怀扶持，尊重个人；求同存异，协商共识；种族和谐，宗教宽容。

　　新加坡"共同价值观"的主旨要义既蕴含了儒家思想的价值取向，也蕴含着修身、齐家、团结、尊重、协作的个人价值取向，既认同西方文化所倡导的个人价值，又凸显协作、团结、和谐的团体价值，构建了一套契合新加坡国情的价值观体系。共同价值观发布后，成为新加坡各种族、各宗教民众共同遵守的道德准则和行为规范，得到广泛认可和大力提倡。共同价值观为新加坡青少年道德教育提供了理论基础和根本遵循。

（四）开展系统的国民教育阶段（1997年至今）

　　20世纪90年代，金融风暴危机席卷亚洲各国。新加坡在风暴危机的预防和抵御上卓有成效。随之，经济复苏在显著改善人民物质生活的同时也导致部分民众价值迷失，这部分民众国家意识的构建完全基于对经济繁荣的认同。以吴作栋总理为代表的新加坡政府高度重视，密切关注这一现象。于1996年教师节之际，新加坡政府成立了国民教育委员会，计划面向全国推

---

　　① 王定功. 青少年生命教育国际观察[M]. 上海：上海交通大学出版社，2011：177.

　　② 程晴晴，滕志妍. 新加坡新品格与公民教育述评[J]. 外国教育研究，2014，41（4）.

行系统的国民教育，以期培育国民思想共识，深化国家认同。1997 年 5 月，国民教育计划开始推行。①同年，新加坡副总理李显龙在国民教育计划实施仪式上指出，新加坡国情和其他国家有很大的不同点。因此，必须积极推动国民教育，否则就无法把一代人凝聚起来。②

1998 年，新加坡总理吴作栋推出了新世纪三大教育创新举措，分别是国民教育、思维教育、信息科技教育。吴作栋系统阐明了国民教育的重要意义，指出"青少年一代是国家的未来和希望，对青少年一代的培养需要面向未来，充分激发潜能，使其成长为新加坡建设发展的坚实力量。国民教育应该培养出共同的国家意识，使学生了解我们的过去对今日和将来的影响。国民教育必须双管齐下，兼顾到认知和情感"③。

基于此，新加坡教育部将国民教育计划推广至国内的 360 多所学校，开展广泛应用和实践，在"共同价值观"教育的基础上，进一步夯实青少年群体的国家认同感。国民教育计划的贯彻落实推动了国民教育由促进种族团结、和谐共生，深化国家认同，培养归属感，向高阶、系统的国民教育阶段迈进。该计划将国家意识感的培养一以贯之融入到青少年求学的 10—12 年内，通过教育节目、探寻国家古迹、研学旅行等多种形式引领青少年全方位了解国情，构建系统的国家意识。

1999 年，新加坡对公民教育课程标准进行了修订，但仍突出了国家意识和对国家的爱与奉献。④为了使青少年能够适应不断发展变化的 21 世纪，并促使公民教育与时俱进，2014 年，新加坡政府和教育部推出新品格与公民教育（The Character and Citizenship Education，CCE），并从 2014 年开始，CCE 课程被引入小学和中学。⑤新的《小学品格与公民教育课程标准》也于 2014 年颁布，该课程标准指出，品格与公民教育课程的目标是灌输价值观、培训技能，使学生成为一个具有良好品德的公民，并对社会作出贡献。新课程标准强调核心价值观、社交与情绪管理技能、公民意识、环球意识与

① 张国胜. 新加坡公民教育及对我国公民教育的启示[J]. 三峡大学学报（人文社会科学版），2013，35（S1）.

② 新加坡文献馆. 21 世纪的新加坡教育政策[EB/OL]. http://www.sginsight.com/xjp/index.php?id=241，[2021-01-27].

③ 转引自王定功. 青少年生命教育国际观察[M]. 上海：上海交通大学出版社，2011：178.

④ 张国胜. 新加坡公民教育及对我国公民教育的启示[J]. 三峡大学学报，（人文社会科学版），2013，35（S1）.

⑤ 程晴晴，滕志妍. 新加坡新品格与公民教育述评[J]. 外国教育研究，2014，41（4）.

跨文化沟通技能的相互联系。①

CCE 课程延续了以往公民教育课程的部分内容，但更加注重融入学生的日常生活经验，重视学生社会情感能力的培养，以学生的日常生活经验为背景，鼓励家长、社区同学校协同开展品德教育，建立学生社交和情绪管理技能，培养学生互相理解的价值观，激励他们去关注其生活的世界，并能够正确处理和他人的关系。②为顺应国际新形势的变化，新加坡教育部于 2020 年 3 月 4 日发布 2021 增强型的品格与公民教育课程（CCE），课程主要变革包括增强 CCE 课程融合、强化心理健康和网络健康教育、加强小学道德价值塑造、增加中学当代问题探讨等。③

综上所述，新加坡公民道德教育史与新加坡建国史同向同行，均有着悠久的历史。在国家的不同发展阶段，开办有不同的公民道德教育科目，将生命教育的理念观点融入其中，为青少年身心健康发展提供了坚实保障。

第二节　新加坡青少年生命教育的目标与内容

一、新加坡青少年生命教育的目标

（一）宏观目标：契合时代发展持续演变的德育目标

德育的目标旨在通过道德教育活动的实际开展，促进受教育者在道德形成和发展上达到既定的要求，即德育活动能够实现预设目标或结果的标准。从宏观视角来看，德育目标是德育工作的立足点和起始点，是德育开展的根本遵循。围绕德育目标制定一系列德育工作的内容体系、方法逻辑和实施过程。德育目标的制定需要结合本国国情，契合本国政治、经济、文化战略的特点，符合国家的教育方针政策，兼顾教育教学规律和青少年身心成长，品德形成的规律，并随着时代的变革发展动态调整，持续演变，做到革故鼎新，与时俱进。

---

① 王琳琳. 新加坡颁布 2014 年《小学品格与公民教育课程标准》[J]. 课程·教材·教法，2014，34（4）.

② 程晴晴，滕志妍. 新加坡新品格与公民教育述评[J]. 外国教育研究，2014，41（4）.

③ 李文卿. 新加坡品格与公民教育课程改革与启示[J]. 山海经：教育前沿，2020，（024）.

新加坡是一个多元民族的国家，包含华人、马来西亚人和印度人等多民族。普遍存在民族多元、文化差异大等现实问题，因此新加坡政府在制定学校品德教育的目标时，注重从本国多元种族、多元文化、多元宗教的国情出发，在尊重各民族文化、社会各阶层思想价值观念的同时，将主流意识、价值观与各民族思想统一起来，立足不同历史时期的社会现状和时代特征，制定各有侧重的道德教育目标。

新加坡在建国伊始，来自多元种族的国民群体存在较为激进的移民心态，对身为新加坡国民的认同感和归属感较为匮乏。为了持续消除移民心态，强化国民对国家的认同感和归属感，新加坡结合这一时代背景，制定了培育国家意识、弘扬民族精神的德育目标。随之，在 20 世纪 60—80 年代间，新加坡经济恢复向好，快速发展。这一阶段，新加坡以经济建设为中心，德育目标的制定也围绕经济建设这一中心，旨在促进学生的个性化发展，充分挖掘学生潜能，提高学生适应未来时代发展的能力，强化学生助力国民经济发展的素质。这一德育目标的实施为新加坡经济建设输送了大批宝贵的人才资源，奠定了新加坡经济飞速发展的人才基础。然而，这一时期重技术能力培养，轻道德品质塑造的培养导向也为日后新加坡公民道德素养的下滑、道德危机的衍生埋下了伏笔。

20 世纪 80 年代，新加坡社会出现了物质发展与精神发展不平衡的现象，出现了颇为严重的道德危机。新加坡政府及时调整，在这一时期将德育目标转向为尊崇以儒家思想为核心的东方传统价值观，以规避西方社会资本主义思潮的侵害，抵御新加坡过度西化的风潮。随之，在 20 世纪 90 年代，新加坡积极推行共同价值观，公布了《共同价值观白皮书》，提出了五大价值观。[①]依托《共同价值观白皮书》，构建了新加坡价值观文化体系，强化"新加坡人意识"的培养和塑造，提升公民道德意识和责任感。

综上所述，不难发现新加坡在不同历史阶段，结合时代特征制定了各有侧重的德育目标，凸显了新加坡德育目标契合时代发展持续演变的特征。

（二）微观目标：新加坡学校德育课程目标

在微观层面，新加坡生命教育贯通融入青少年道德教育中，其德育目标旨在引领青少年建立正确的价值观、强化对国家的认同感和归属感、深化对未来挑战和历史变迁的理解，进而能够培育青少年的责任心、自信心和决

---

① 陈祖洲. 试论新加坡国民意识的形成[J]. 江苏社会科学，2002，（2）.

心，提高青少年的协作精神、应变能力和综合素质，引导广大青少年勇于面对成长路上的困难和挫折，不断磨炼意志，健全心智。2010 年，新加坡教育部部长黄永宏公布了中学教育检讨与执行委员会提交的报告。该报告指出，中学是青少年自我肯定和经历各种转变的重要时期，在关注课业的同时，不能忽略他们的心智发展。学校应建立良好的师生关系，为学生提供更有效的心灵疏导和职业规划辅导；与此同时，委员会还建议，教育部应继续通过品格与公民教育以及课程辅助活动，"双管齐下"向青少年灌输正确的价值观。①在政策导向下，新加坡聚焦青少年群体，从小学到中学分别开设《公民与道德教育课程标准》，制定了系统、明晰的德育目标。这一套德育目标体系具有较高的可操作性，极大推动了新加坡青少年德育教育的发展。

1. 新加坡小学道德教育的目标

在新加坡小学阶段，公民与道德教育课程紧紧围绕"培养爱国、忠诚的新加坡公民"这一中心，开展道德教育。这一阶段的德育培养旨在实现以下德育目标：①热爱祖国，忠于祖国；②具有分辨是非的观念意识，建构基础的道德评判标准；③保持对身边事物的好奇心；④学会自我了解、自我表达、对自身行为负责；⑤养成健康积极的生活习惯；⑥与人为善，和谐共处。以上六个方面是新加坡小学德育工作的立足点和起始点，是德育开展的根本遵循。为了实现上述六个方面的目标，新加坡小学《公民与道德教育课程标准》制定了更为系统、详细的道德教育目标，该标准以个人、家庭、学校、社区和国家为中心建构主题，将德育目标细分为认知目标、情感目标、行为目标三大领域，详情如表 5-1 所示。

表 5-1   新加坡小学《公民与道德教育课程标准》道德教育目标

课程标准范畴		德目要求
主题	以"个人"为中心	①了解自我：自尊、自我肯定；②廉洁正直：诚实、勇气、信心、公正；③自律：毅力、耐性、礼貌；④责任感：克己、孝顺、尊师、守纪律、服从
	以"家庭"为中心	孝顺、友爱、勤劳、爱家、维护家庭荣誉、家庭凝聚力
	以"学校"为中心	遵守校规、尊重关怀同学、尊师重教、维护学校声誉、以学校为荣
	以"社区"为中心	种族和谐、尊重体谅、和谐对话
	以"国家"为中心	忠于国家、以国家为荣、对国家未来充满信心、有应变未来的能力
	以"世界"为中心	认识邻国、了解世界、相互依存、和平稳定

① 陈能端. 新加坡加强中学生品格与公民教育[J]. 课程教材教学研究（中教研究），2011，（5）.

续表

课程标准范畴		德目要求
领域	认知目标	①认同对于建构自身品德人格具有重要意义的价值观念和道德品质，诸如诚实、尊重、责任、勇气等；②明辨基本的是非对错，建立正确的道德判断标准；③了解家庭的传统，关心、尊重家庭成员，明白维系家庭团结所需要的品德并用心经营；④明白团队协作的重要性，在学校、社会学会与他人合作、友好相处；⑤关心社区，为社区做力所能及的事情，贡献自己的力量；⑥了解新加坡不同种族的文化、宗教、风俗习惯，明白种族和谐对于增强国家凝聚力的重要性；⑦了解国家的志向，了解作为一个合格公民所应具备的品质，并为实现国家志向履行公民应尽的责任和义务
	情感目标	①自己有信心，相信自己的潜能和能力；②具有道德勇气和个人责任感；③面对困难和挑战，积极应对，勇于挑战；④尊重长辈、父母；⑤关心他人，帮助他人，乐于分享；⑥承认他人，接纳他人，支持他人，祝贺他人；⑦对于不同族群及不同族群的文化、信仰、习俗表示理解、尊重，持有包容的心态；⑧做有责任感的公民，有清晰的公民意识，明白公民的责任和义务，服务社会，贡献社会；⑨归属新加坡，热爱新加坡
	行为目标	①形成良好的品德习惯，保持良好品德行为；②面对道德抉择和两难问题时，能够多角度看待道德问题，选择正确的品德评价标准，权衡多项选择，预测行为结果，并最终选择行动方案落实行动；③具有良好的交际能力，能与不同文化的族群和不同能力层次的人和谐相处，建立良好的人际关系；④团队协作能力；⑤在意见出现分歧时，能够协商一致，避免冲突；⑥举止文明，合乎礼仪；⑦孝顺长辈、父母；⑧力所能及地服务他人，奉献社会

资料来源：王学风. 新加坡基础教育[M]. 广州：广东教育出版社，2003：156-167

2. 新加坡中学道德教育的目标

新加坡中学道德教育在小学道德教育的基础上做了一定的优化和创新，其目标内容同样包括自我、家庭、社区、民族、国家等多个主题，在德目要求上有所深化，提出了更高的标准。主要表现为：第一，侧重于对青少年健全人格的塑造，强调健全人格的塑造对适应未来社会变化的重要意义，倡导青少年将个人发展融入社会发展的环境和潮流中。第二，深入了解新加坡国情、历史、发展和成就，包容多元种族、多元宗教、多元文化间的差异。第三，建立对国家未来发展和安全稳定的信心，无惧未来的时代变化和风险挑战。新加坡的"八德"和"共同价值观"意识（强调忠孝，家庭为根，国家为先；强调共识，种族、宗教和谐；强调社会为本，尊重个人）贯穿融入新加坡中学道德教育体系中。详情如表 5-2 所示。

表 5-2   新加坡中学《公民与道德教育课程标准》道德教育目标

课程标准范畴		德目要求
五大主题	性格品质塑造	塑造公民忠诚、老实的人格，强调健全人格的塑造对未来社会变化的重要性
	家庭关系	家庭是社会的基本单位
	集体精神	集体支持并尊重个人
	我们的国家和我们的传统	认同新加坡的独特和优秀，了解自己国家的历史、国情、成就和局限性，以自己的国家为荣
	未来的挑战	应对未来社会变化和挑战的勇气，对国家未来和安全的信心
领域	认知目标	①明白什么是是非对错，知道怎样做一个正直的人；②明白什么是正确的道德原则，了解道德决策时选择正确合理的道德原则；③了解家庭对于个人和社会的重要性，了解自己在家庭中扮演的角色和地位；④了解新加坡的过去及其与现在社会的联系，知道新加坡国家建立的相关因素；⑤知道新加坡的局限性、脆弱性，并知道政府是怎样克服这些问题的，明白瞬息万变的未来世界对国家的影响和挑战；⑥理解族群和谐、宗教和谐对提升国家凝聚力和促进国家繁荣昌盛的重要性；⑦理解八德、共同价值观、家庭价值观等促进新加坡民族福祉的基本价值观念；⑧明白自己作为新加坡公民在社会中所扮演的角色，明白作为一个合格公民所应尽的责任和义务
	情感目标	①形成真诚的信念，将诚实正直作为指导自身言行的基本准则；②面对变化和挑战，积极接受适应，并化为己用；③有自省其身，为自己的言行负责的态度；④同情他人，关怀他人；⑤维护家庭和睦、社区和谐、国家团结的责任感；⑥忠于国家，保卫国家，对国家的未来和安全有信心，以国家为荣
	行为目标	①坚持良好的道德行为习惯；把正确的价值观念付诸行动；②掌握良好的交际能力和沟通技巧，善于与家庭、学校及其他集体交往；③同情他人，关怀他人，并付诸行动；④团队协作能力；⑤为自己的言行负责；⑥致力于促进新加坡多元社会的和谐，增强新加坡的国家凝聚力

资料来源：王学风. 新加坡基础教育[M]. 广州：广东教育出版社，2003：168-171

3. 新加坡《公民与道德教育课程标准》的推行方式①

（1）全校参与式

价值观教育需要全校的参与和推行，才能取得成效。除了公民与道德教育的正课外，全校性的活动提供了学生实践学习的机会，让他们融会贯通，把价值观付诸行动。此外，学校的行政人员和教师在引导学生人格发展方面扮演了重要的角色。

（2）社区服务计划

社区服务计划是可以在学校课程时间以内或以外进行的。该计划要求每个学生积极参与有意义的社区服务，每学年至少达到六小时。这个计划提供

---

① 王定功. 青少年生命教育国际观察[M]. 上海：上海交通大学出版社，2011：190-191.

学生实践学习的机会，发展他们的人格、能力和毅力，培养他们成为有责任感的公民和未来的领袖。

（3）其他计划和活动

在推动价值观教育时，新加坡有一些辅助全校性的计划与活动。如课程辅助活动、生活辅导课程、性教育、国民教育。

（4）跨课程联系

在公民与道德教育课程的教学中，一个可取的做法是联系其他科目和计划，以便让学习更有意义。学生能够在不同的知识领域里搭起桥梁，发掘新知识。跨课程的联系能够辅助学生的品格发展和创意思维，便于他们把在公民与道德教育课程中所学到的价值观应用到其他方面的学习中。

4. 公民与道德教育课程的评估

公民与道德教育课程的评估需要综合考量道德原则、价值观等在教授、引导和学习过程中的复杂性。评估标准建立在学生是否理解这些价值观和道德原则上，以及他们是否把所学的知识应用在道德论证、抉择取舍和解决难题上。评估方式是广泛和多方面的，并且根据学生的年级和发展需要来制定。由于公民与道德教育课程注重品格的培育，所以应将循序渐进的评估方式作为重点。

循序渐进的评估方式，旨在帮助学生在发展中学习。当教师在教学的过程中持续地提供学生客观而具体的回馈，或者让学生自我反思时，学生就能从中学习。教师可以通过口头反馈、评鉴层级或核查清单进行评估。循序渐进的评估方式应该是在日常生活中持续地通过各种策略进行的。这些策略应该让学生有机会参与讨论复杂和挑战性的课题，并且给予他们适当的引导，以加强评估与学习的联系。

循序渐进的评估方式，具有很多优点：确认学生在学习方面的强处和不足；及时为教师和家长提供反馈以便尽早补救；鼓励学生独立学习，以便接下来表现得更好；帮助学生发展自我层面的认知。

一些适合循序渐进评估方式的模式包括学习档案的评估、记事簿、学生自我反思、自我和互相评估、角色扮演、专题作业、社区服务学习任务等。

5. 新加坡《公民与道德教育课程标准》的宗旨

公民与道德教育课程旨在培育有道德情操，富有爱心和责任心，并勇于接受挑战、承担责任的人。课程希望引导师生在充分理解公民与道德教育的同时厘清以下问题。①

（1）我是谁？我有怎样的价值观和信念？它们能否塑造我成为有高尚品德的人？我应怎样实践我的价值观和信念？我的目标有哪些？具有什么意义？我怎样为将来做好准备？如何与他人沟通联系？

（2）我在这些层面中扮演什么角色？能为家庭、社区、国家做哪些贡献。

（3）作为一个国家，我们如何定位？哪些元素构成了我们的国家意识？国家对我们的意义是什么？在国际社会上，我们如何扮演好我们的角色？

6. 培养良好的道德价值观

公民与道德教育课程标准以培养青少年良好的道德价值观为根本遵循。青少年的情感态度、意志品质都根植于其价值观。对青少年良好价值观的培养，首先，需要青少年明辨价值观的是非曲直，以良好的价值观为引领；其次，需要深刻理解价值观的深刻意蕴，明白为什么要构建良好的价值观，并付诸实践。关于这一点，我们可以通过分析道德认知、道德情感和道德行为等道德价值观构成要素的相互关系来进一步理解（图 5-1）。

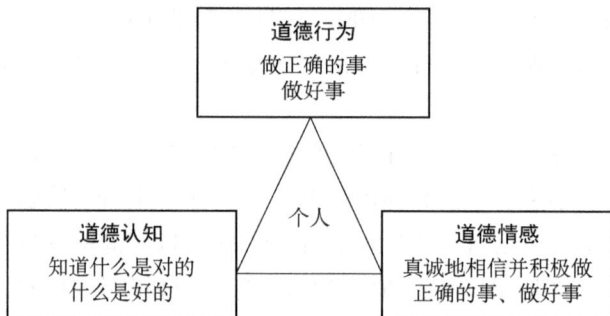

图 5-1 道德认知、道德情感和道德行为的关系②

（1）道德认知

道德认知是指道德在认知方面的价值取向，即分辨是非曲直的能力。具备了道德认知的能力，青少年便可以自我辨别价值观的正确与否，哪些品格、行为值得倡导和发扬，进而形成正确的道德标准。同时，道德论证、批判性思维、负责任的决策与问题解决能力，以及良好的沟通等相关技能也是道德认知的重要构成。

① 王定功. 青少年生命教育国际观察[M]. 上海：上海交通大学出版社，2011：183.
② 王定功. 青少年生命教育国际观察[M]. 上海：上海交通大学出版社，2011：184.

（2）道德情感

道德情感是指道德在情感方面的价值导向。它是联结道德认知和道德情感的桥梁和纽带，蕴含着维护正确价值观的坚定决心和执着信念，有助于引导青少年践行正确价值观，抵制不良价值观。与此同时，道德情感也鼓励青少年在道德问题上，兼顾行为结果以及他人感受，推动青少年更高层次自我省思等意识的构建。

（3）道德行为

道德行为是道德认知和道德情感综合作用的结果，为道德行为提供了根本遵循。道德行为不仅包含社交沟通技能、目标管理能力、解决纠纷能力和践行道德行为的品质和能力，还蕴含着道德行为实践所培养的良好习惯，这体现了道德行为实践对良好价值观塑造的必要性。当青少年个体行为能够有效遵循道德认知和道德情感，并符合道德规范时，青少年个体将塑造形成健康良好的价值观。如图 5-1 所示，个人之所以处于中心，也表明高尚品德的培育必须由内而外，联动协同，培育的重心应转向青少年内驱力的激发上，驱动青少年在为人处世上遵循信念和价值观，而尽量减少通过外在奖励进行驱动。

（4）价值观的实践

正确价值观的培养和实践需要青少年置身于家庭、学校、社区、国家和世界等现实情境中。如图 5-2 所示，向外拓展的同心圆诠释了个体与周围环境交互时所担任的社会角色。青少年置身其中，能够充分思考自身角色并兼顾自身行为与外界交互（他人、家庭、学校、社会）所产生的结果。我们倡导青少年群体在思考、决策时，能够充分考虑他人立场，保持行为和价值观的正确和稳定。

（5）道德目标

为了促进道德目标的培养，强化对道德认知、道德情感和道德行为相关知识、技能和态度的掌握。公民与道德教育课程标准在道德认知、道德情感和道德行为方面所定下的目标如下。[①]

首先，道德认知的目标。完成公民与道德教育课程学习后，青少年可以辨别是非善恶；构建正确的道德标准；依据标准做出正确的道德判断；明晰个体在家庭、社会、国家和世界等外部环境中所处的角色，深化家庭重要性的认同；站在不同角度看待事物，做出道德决定；充分考虑他人立场，秉持

---

① 王定功. 青少年生命教育国际观察[M]. 上海：上海交通大学出版社，2011：185.

道德行为

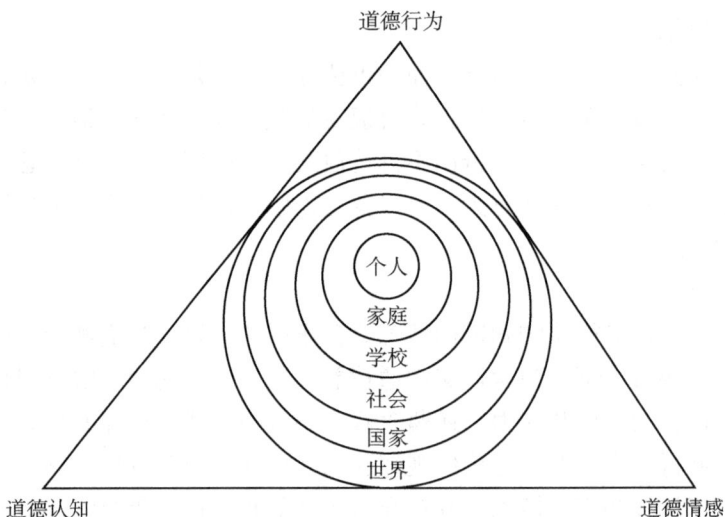

图 5-2　个人的社会角色①

客观、友好、开明的态度；学会运用道德论证和批判性思维独立思考；了解社会凝聚力的现实需要，理解种族团结与宗教和谐的重要意义；践行国家的核心价值观，包括颁布的"共同价值观"和新加坡家庭价值观。

其次，道德情感的目标。完成公民与道德教育课程学习后，青少年能够深刻认同并维护和实践道德价值观；意识到通过审视自身情绪，梳理价值观和行为，坚定道德立场的必要性；面对道德问题时，能设身处地兼顾他人感受；强化个人内在修养，修炼各项能力。

最后，道德行为的目标。完成公民与道德教育课程学习后，青少年能够将道德认知和道德情感作为道德行为的基础和遵循；努力践行正确良好的价值观；通过良好价值观的持续践行培养良好的行为习惯；具备良好的社交与沟通技能；对自身行为负责；倡导多元种族、宗教的团结和谐，激发社会凝聚力。

二、新加坡青少年生命教育的内容

新加坡青少年生命教育的内容随着历史发展和时代进步，也在逐步丰富、充实和完善，主要包括以下四个方面。

---

① 王定功. 青少年生命教育国际观察[M]. 上海：上海交通大学出版社，2011：185.

（一）培养青少年国家意识，深化国家身份认同

新加坡的学校教育举世闻名，新加坡的特殊历史进程是其学校教育得以闻名的重要原因。新加坡地处马六甲海峡要塞，具有特殊的地理位置，同时新加坡曾属于英国殖民地，具有非常复杂的历史背景，伴随着长期的社会动荡，国民对国家和政府充满不信任。20世纪后期，移民潮来袭，大量移民来到新加坡，导致新加坡国内有大量的华人、印度人、马来人等，呈现多样化的种族分布特点。不同种族之间相互交融，在新加坡形成了文化多样化、宗教信仰多样化的社会局面，东西方文化相互交织、共同存在。正是因为这种独特的历史背景和复杂的人口、文化、宗教关系，导致新加坡在完成独立后仍有很长一段时间未能建立起国家意识，民众的国家认同感也有待提升。

良好的教育是深化身份认同的重要抓手，新加坡政府致力于培养学生的国家意识，并将其放在青少年德育工作的首要位置。自国家独立之初，便对青少年的道德教育倾注大量关注，在课程设置、教育目标、教学方法等方面都进行专业规划，以确保学校德育的时效性。作为德育工作之首，爱国意识教育旨在培养学生的国家意识和社会责任感，帮助学生树立正确的价值观。青少年正处于人生观、世界观、价值观养成的关键阶段，因此需要加强对青少年德育的教育。新加坡政府从自身实际情况出发，不断调整青少年德育课程，提高中小学生对新加坡基本国情的认识，提升中小学生道德判断能力，加强对国家意识的教育，引导中小学生深刻理解将国家利益放在首位的必要性和重要性，以国家利益为出发点，努力建设国家，增强中小学生的责任感和主人翁意识，促进各种族的和谐共处。新加坡加强青少年国家意识培养的主要措施有：一是与时俱进，不断完善中小学德育课程体系；二是加强对中小学生的历史教育和国情教育，培养青少年的国家意识；三是开展社区服务，提高中小学生的责任感，培养青少年对国家的归属感。

（二）弘扬儒家传统文化，促进东西方文化交融

新加坡人口中，华人占据70%以上，充斥着大量的东方文化元素，且新加坡与我国的文化背景具有相通之处，文化底蕴一脉相承，都具有明显的东方文化特点。从这个角度来讲，中国的文化，尤其是传统的儒家文化对新加坡影响颇深。长期居住在新加坡的华人，世世代代都受儒家文化影响，遵循儒家思想，儒家思想在新加坡具有很强的影响力，并逐渐成为新加坡华人的精神支柱和思想指引。新加坡首任总理李光耀提出，儒家文化是中华民族传

统文化的精髓，一直强调要加强对中小学生的儒家传统文化教育，借鉴和吸收儒家思想精髓。① "儒家并不是一种宗教，而是一套实际和有理性的原则，目的是维护世俗人生的秩序和发展。"②在儒家文化的加成下，新加坡经济和社会得到快速发展。在实践中，新加坡结合本国实际，为儒家文化中的传统八德"忠孝仁爱礼义廉耻"赋予了新加坡阐释，使之成为新加坡德育的基本内容，呈现出鲜明的新加坡特色。③随后，新加坡以此为基础，将儒家优秀文化与国民精神和国民性格的培养有机融合，在中小学课程中融入传统儒家文化，尝试多样化的教学方法，开展儒家理论教育。新加坡中小学在进行课程设置时，充分考虑自身国情特点、国家教育体系、儒家思想特点，三位一体地将思想道德教育融入到国家课程教学中，彰显了新加坡德育特点。

新加坡因其特殊的历史背景和地理位置，成为东西方文化的集中地，不可避免会面临东西方文化的冲突。在这种社会背景下，新加坡政府尝试借鉴和吸收东西方文化的精髓，以平衡东西方文化冲突。鉴于此，新加坡政府构建了独具特色的德育教育体系，在中小学阶段便开设德育理论课程，课程内容覆盖东西方文化中的理论优点，并借鉴东西方德育的先进方法，与东西方文化中的精髓有机融合，从而提高公民的国家意识，增加公民对国家的忠诚度，提高公民的自主判断能力，提升公民对国家的荣誉感和归属感。新加坡通过借鉴传统儒家文化的精髓，加强对公民个人的内心修养，培养具有东方文化特色的传统价值观，同时与西方文化中民主、科学、理性的价值观念相互融合，塑造出优秀的国民性格。新加坡在经济发展和社会进步的过程中，不断总结和学习，从东西方文化中取其精华、去其糟粕，充分融合和发挥东西方文化的优势和长处，加强对国民价值观和道德思想的培养，构建起独具新加坡特色的德育教育体系，将东西方文化中的特点和长处发挥得淋漓尽致。

（三）倡导共同价值观，凝聚多元民族团结合力

新加坡早期属于殖民地国家，英国殖民政府对新加坡采取"分而治之"的殖民政策，导致新加坡内部有多个种族、多种文化共存。即便是新加坡获得独立的初期，也继续沿用"分而治之"政策，这种"分而治之"对维护各民族、各种族的传统文化具有积极的作用，但对国家统一极为不利，甚至可

---

① 刘刚. 新加坡公民教育及对我国的启示[D]. 牡丹江师范学院，2015：8.
② 王学风. 新加坡基础教育[M]. 广州：广东教育出版社，2003：155.
③ 杨松. 新加坡、中国德育的几点比较[J]. 辽宁教育研究，2001，（07）.

能会导致社会分裂。为维护国家统一和国民团结，新加坡政府迫切需要加强各种族和谐、消除多元文化隔阂，构建各种族共同繁荣、多元文化和谐发展的德育教育体系成为必然选择。

基于此，新加坡政府提出了"共同价值观"的概念。共同价值观的内涵既包含了东方文化的传统价值观，也包括了新加坡作为一个独立国家应具备的基本价值观，集各种族价值观的精华于一体。华人在新加坡总人口中占据绝对数量，因此，新加坡政府也对传统的儒家文化思想给予了高度重视，在学校开设儒家传统文化理论教育课程，但新加坡作为一个多民族、多种族的移民国家，共同价值观不应只采用其中某一个民族的单一文化，而应充分考虑各种族的文化背景。如果新加坡只以一个民族的单一文化为共同价值观，必然会引起其他种族的反对，不利于国家的统一和稳定，因此，新加坡在学校开设儒家理论教育课程的同时，也设立了其他种族的宗教课程，通过这种多元化的德育课程设置，推动新加坡公民德育的有效发展。1988 年 10 月，新加坡总理吴作栋提出培养"国家意识"教育，并把国家意识定义为"各种族和全部信仰的新加坡人都赞同，并赖以生存的共同价值观"①。1989 年 1月，新加坡总统黄金辉进一步丰富和完善了"共同价值观"的内涵。1991年 1 月，新加坡政府发表了《共同价值观白皮书》，并将其上升到国家高度，正式确立为国家意识。《共同价值观白皮书》中明确了能够被各个种族接受的五大价值观，分别是"国家至上，社会为先；家庭为根，社会为本；关怀扶持，尊重个人；求同存异，协商共识；种族和谐，宗教宽容。"②《共同价值观白皮书》中提出的国家、社会、家庭、容忍精神，为各种族提供了共同价值观，有效推动了新加坡的公民德育教育。新加坡教育系统将这"五大价值观"作为指导方针，对中小学生开展道德教育。

（四）注重法制教育，坚持德法兼施

新加坡注重法制教育，素以法律严明闻名于世，在各类调查中，新加坡公民素质也在全球排名中位居前列，多种族、多文化的社会模式与新加坡法制建设和道德建设息息相关。新加坡通过各项法规对人们的行为加以规范，为德育工作的开展提供良好的社会环境。政府十分重视司法建设和执法管理，将许多日常行为纳入法制管理范围，通过强有力的法律法规，对人们行

---

① 邵龙宝，李晓菲. 儒家伦理与公民道德教育体系的构建[M]. 上海：同济大学出版社，2005，227.

② 马誉峰. 感受新加坡：一个中国人的观察与思考[M]. 新加坡：创意圈出版社，2004：44.

为进行约束。如乱扔垃圾、随地吐痰，公共场合的行为举止、乱涂乱画等都以法律条文的形式做出规定，这些内容在绝大部分国家并未引起足够重视，但在新加坡却以法律形式加以约束。新加坡通过法律规范德育内容，有效引导人们的日常行为，起到了良好效果。

新加坡是全世界首个将道德规范法律化的国家，新加坡小学德育最鲜明的特点便是对小学生开展严格的法纪教育。据统计，新加坡现行法律类别多达400余种，法律内容广泛，涉及人们生活的方方面面。在这种法律严明的社会环境中，新加坡公民从小便养成了遵纪守法的良好行为习惯，这种注重法制教育、德法兼施的教育措施，为新加坡的德育建设提供了强有力的制度保障。

第三节　新加坡青少年生命教育的实施路径

一、新加坡青少年生命教育的教学方法

德育方法是师生在德育过程中为实现既定德育目标而实施的有秩序的、相互联系的活动方式和手段的整合。德育方法以德育规律和德育原则为基础，与德育目标和德育任务相关联，是促进德育取得实效的关键一环。在实际的德育活动中，可以结合德育内容和开展形式灵活采用一种或多种德育方法，充分发挥不同德育方法的优点，实现既定德育目标，促进德育取得实效。在新加坡青少年德育课程中，课程以学生为主体，引导学生积极思考"为什么"和"怎么做"的问题，而不仅局限于课程"学什么""做什么"的单一维度。这一课程教学策略旨在帮助学习者在习得技能、丰富知识的同时，加深对课程内容和问题的理解和思考。在德育方法上，新加坡面向世界，更多地吸收了西方较为先进的德育理论和方法，并在此基础上创新，构建了适合本国青少年发展需要的教学方法。[①]

（一）文化传递法

文化传递法是指将理想的价值观传授给学生的德育方法，理想的价值观

---

① 王定功. 青少年生命教育国际观察[M]. 上海：上海交通大学出版社，2011：188-189.

是重要的文化遗产，值得全社会继承和发扬。文化传递法注重文化的多样性传播，强化了学生的参与程度。主要的传授方式有树立榜样、分享不同文化习俗、加强法制教育等。文化传递法还包括校风的建设，良好的校风能够传递文化，鼓励和帮助学生正面发展。此外，教师还可以引导学生反思学习，巩固理想的价值观念。

（二）叙述法

叙述法是指通过故事等方式，帮助认清世界以及个人经历的方法。学生通过讲故事或反思的方式，对自身的价值观进行认识、深化或澄清。通过教师的引导，学生在叙述个人经历、讲述故事、思考的过程中能够加深对价值观念的认识和理解。叙述法是开放式的方法，通过提问、澄清、总结学生观点，鼓励学生们深入沟通和交流。

（三）设身处地考虑法

设身处地考虑法的目标是将学生培养成有爱心的人，在实践过程中倾向于培养学生的怜悯之心。在使用设身处地考虑法时，最核心的问题在于"如果你处在当时的情况，或者是当事人，你会有什么感受？"学生在做决定时，需要考虑这个决定对他人的影响。通过设身处地为别人考虑，换位思考，尝试了解别人的想法和需求，从而对整个事件保持客观全面的认识。

（四）行动学习法

行动学习法是指学生通过参加各类校内活动和社会活动，加强亲身体验的学习方法。采用行动学习法时，学生能够运用理论知识和习得技能，参与到社会实践中，进而深化学生的价值观。学生展开反复思考，经认真评估后做出抉择，并与同学分享个人的心得体会，从而不断强化道德意识。

（五）道德认知发展法

道德认知发展法最早由美国学者劳伦斯·科尔伯格（Lawrence Kohlberg）提出，是德育教学的一种方法。科尔伯格将人的道德认知发展过程分为三水平六阶段，由低层次到高层次循序渐进，每个阶段对应着不同的观点，对道德的判断也随之不同。道德认知发展法通过对道德两难问题展开讨论，在讨论的过程中了解学生的道德认知发展情况，帮助学生完善道德发展，提升学生的道德认知层次，整体提高社会道德水平。

（六）价值澄清法

价值澄清法是美国心理学家、教育家路易斯·拉斯（Louis Raths）教授在对传统的价值观教育法进行研究分析的基础上，提出的一种新的价值观教育法。①该方法分选择、反省和行动三阶段七个步骤，重视公民道德或价值观的形成过程。价值澄清法旨在通过教师的引导，学生进行理性思考和感性认知，对自己的行为和感受进行反思，以此进一步澄清个人价值观念，通过价值澄清法，引导学生选择以社会核心价值观为主导的价值观念，持续建立健全的价值观。

除此之外，还可以通过角色扮演、体验式学习等方法，帮助学生掌握德育内容②。通过批判性思维模式，理论结合实际，强化与他人的合作交流，促进学生道德品质的发展。

二、新加坡青少年生命教育的开展形式

德育教育是教育者对学生开展思想品德教育的重要渠道。新加坡教育部要求各学校应在学生的品德教育中发挥指导全局的决定性作用，须为学生提供良好的校园环境，加强与家庭教育和社会实践的结合，充分发挥各组织的功能和职责，形成学校、家庭与社会的合力，共建道德网络体系，达成对学生进行品德教育的目标。

（一）以学校为主阵地进行品德教育

学校是教育的主阵地，学校品德教育是新加坡品德教育的重要渠道。学校品德教育是指教育者按照一定的社会要求，对受教育者开展一系列有目的、有计划的系统教育，对受教育者的思想、品德等施加影响的教育方式，同时受教育者经过认知的发展和实践的历练，最终形成与社会需求相匹配的品德。简言之，学校品德教育是指教育者有目的地培养受教育者品德的活动。学校品德教育具有很强的规范性，新加坡政府始终将学校作为品德教育的主阵地，将品德教育设置为中小学的必学科目，根据不同的学龄段特征，

---

① 沈春梅. 运用"价值澄清法"培养幼儿正确的价值观[J]. 成功（教育），2007，（9）.

② 王琳琳. 新加坡颁布 2014 年《小学品格与公民教育课程标准》[J]. 课程·教材·教法，2014，34（4）.

在各个年级和班级中开设德育课程。新加坡通过多种途径和多种方式开展学校品德教育。一方面，开展正规课堂教学，传授道德伦理知识，构建系统性价值观体系；另一方面，加强品德教育时效性，通过大量的课后辅导，理论结合实践，深化学生对品德理论的认识，帮助学生养成良好的行为习惯。

新加坡将品德教育确定为学校的正式科目，这种做法在世界范围内也颇为少见。早在20世纪60年代，新加坡便已正式颁布《学校德育与公民训练综合大纲》，将伦理课更名为公民课并开始在全国中小学课程中开设，公民课强调对公民品质、民族精神和爱国主义的培养，强化了公民的道德建设。1974年，新加坡进一步深化课程改革，打破传统学科的界限，将传统的历史、地理等学科内容融入品德教育中，形成一门新的课程——生活教育。生活教育课程使用母语教学，内容涵盖了历史、地理、品德三门学科的知识。1979年，在新加坡总理李光耀的指示下，文化部门会同教育部门共同开展新加坡品德教育研究，完成了《道德教育报告书》。《道德教育报告书》于1981年正式实施，并以此为契机，成立了专门的品德教育教材编写小组，结合不同学龄段特征编写了《生活与成长》和《好公民》两套教材，在新加坡学校的品德教育课堂上使用。1982年，新加坡政府出台新政策，在中学三、四年级开设宗教选修课，要求学生必须选择一门课程进行学习。新加坡坚持弘扬东方传统文化，积极开设儒家伦理课堂，并正式出版《儒家伦理》教材供学校使用。1986年1月，英文版《儒家伦理》正式发行且在新加坡中学推广应用。新加坡是全球首个由政府主导并在学校中开设儒家伦理课程的国家，由新加坡政府主导编制的《儒家伦理》也是世界首部儒家伦理教材。直至1989年10月，新加坡政府宣布停止宗教课程和儒家伦理课程，并于1991年颁布《共同价值观白皮书》，倡议构建共同价值观，推行国民品德教育。以五大共同价值观为指导，对原有的《好公民》教材进行修订，融入品德教育的内容，将二者合并为一个新的《公民与道德教育》教材，并在新加坡中小学品德教育课程中使用。2000年，新加坡中小学正式启用《公民与道德教育》作为品德教育教材。除此之外，新加坡还在其他科目中融入品德教育的内容，在历史、地理、语言等课程中都体现了品德教育内容，共同完成品德教育目标。全方位、多层次开展品德教育，将品德教育融于不同的学科课程中，是新加坡品德教育取得卓越成效的一个重要原因。

新加坡注重寓教于乐，通过开展多种形式的课外活动，提高学生的参与程度，在课外活动中锻炼体魄、增强自律性，加强学生的团队协作能力和沟通能力，提高学生对事情的自主判断能力，增强自信心，培养学生正确的价值观。新加坡学校的课外活动种类很多，除田径、体操、游泳、足球、篮球、乒乓球等体育类活动外，还有舞蹈、美术、手工、乐团等文艺类活动，也有数学、物理、编程、象棋等社团活动，除此之外，露营、郊游等也是新加坡学校常见的课外活动类型。除日常的课外活动外，新加坡政府还对学生必须参加的大型实践活动做出详细规定，学生必须参加每天早晨的升旗仪式，唱国歌并背诵誓约，下午则参加降旗仪式。通过每日的升旗和降旗仪式，增强学生的民族自豪感，提高爱国意识。每逢国庆日、全民防卫日等纪念日，新加坡学校也会举行各种庆祝活动，提高学生的防卫意识和爱国意识，弘扬保家卫国的无畏精神。此外，新加坡还设立了种族和谐日，通过开展活动促进多民族的和谐与交流，维护国家的团结和安定。综上所述，新加坡通过开展丰富多彩的课外活动，向公民进行潜移默化的文化渗透，传递共同价值观念，深化了学生对品德和法制的认识，提高了学生的思想道德品质和身体素质，促进学生全面发展。

（二）以家庭为纽带开展家庭伦理教育

家庭是社会的基本组成单位，在社会中的作用不容小觑。家庭伦理教育是德育教育的一个重要途径，同时也是新加坡德育教育的根本。家庭是学生的第一课堂，父母是学生的第一任老师，家庭在学生的成长中起到至关重要的作用，家长对青少年的成长负有直接责任。家庭伦理教育对青少年的价值观和品德、行为习惯的养成具有重要意义。新加坡政府以儒家思想为指导，秉承"修身齐家治国平天下"的理念，将家庭放在德育教育的重要位置。政府与家庭的作用不同，家庭在个人品格塑造、社会凝聚力提升等方面的作用举足轻重，在自力更生、勤俭节约等方面更是核心和关键，政府无法替代家庭的这些作用，更无法发挥家庭在东方传统文化传承中的作用。因此，新加坡政府对家庭品德和伦理教育尤为关注，大力弘扬东方文化中的传统美德，推崇家庭教育，构建家庭价值观。1993 年，新加坡成立了由严世良博士带队的家庭委员会，大范围收集公民意见，初步拟定家庭价值观，随后经多次民主讨论与修订，最终颁布实行。新加坡发布的家庭价值观分为五个方面的内容，分别为亲爱关怀、互敬互重、孝顺尊长、忠诚承诺、和谐沟通。2000 年 9 月，新加坡家庭教育民众委员会正式成立。2001 年，首次家庭教育年度报告《重亲情，享人伦》由家庭教育民众委员会编写并发布。2004 年，新加坡家庭教育民众委员会启动学校家庭教育计划，加强学校与家庭的配合力度，形成合力协同促进学生全面发展。

（三）以社会为主要场所践行道德行为规范

良好品德行为的养成不仅需要理论上的积极倡导，还需要社会实践的积淀和养成。新加坡政府通过在社会上开展形式各样、内容丰富的社会活动，为学校品德教育和家庭伦理教育提供补充。新加坡的品德教育在社会的方方面面都有体现，已深深融入到社会生活的各个领域，成为公民日常生活中不可或缺的内容。自 1979 年起，新加坡便开始举办每年一次的"礼貌运动"。在"礼貌运动"潜移默化的影响下，新加坡公民受到品德教育的滋养和引领，逐步成长为全球国民素质最高的国家之一。除此之外，新加坡还经常开展敬老周、国民意识周、各民族文化周、文化月等品德教育活动，加强民族文化的交融。新加坡政府在表彰先进、树立榜样方面的做法也可圈可点，新加坡设立了各种荣誉勋章，由国家总统亲自颁发，期望能够借此弘扬社会正气，鼓励公民积极向上，加强公民的国家归属感，提高爱国意识。在国庆及一些公共节假日，新加坡电视台等新闻媒体会进行大量的宣传活动，渲染节日氛围，让公民体验到国家的强大和社会环境的温馨，增强公民的国家荣誉感和民族自豪感。此外，新加坡政府还非常重视打造社区环境，经过几十年的努力，成功将新加坡建设成全球著名的花园城市。通过优美的社区环境对公民进行潜移默化的熏陶，提高公民品德素质。新加坡通过多样化的社会活动丰富品德教育途径和内容，发扬东西方文化中的优点和长处，提高公民品德素质，增强公民爱国意识。

（四）以法律为监督手段约束道德行为

新加坡十分注重法制教育，素以法律严明闻名于世。新加坡的法律中包含了大量的品德内容，许多日常生活行为都被制定成专门的法律条文。例如，新加坡的法律中明确规定，在非吸烟区吸烟、不按规定过马路等都会面临处罚；乱丢垃圾则会被判强制劳役；新加坡的法律中还对人们的生活习惯、日常行为、品德作风做出规定，这些内容在其他国家的法律体系中鲜有提及，而在新加坡，不仅被制定成法律条文，还在实践中得到严格执行，无一遗漏。在新加坡的公园、地铁、公交等公共场所，"禁止乱扔垃圾""禁止吸烟"等警示牌醒目可见，时刻提醒人们要遵纪守法。这种严苛的道德约束和管理模式，将法律与品德教育相结合，为新加坡营造了良好的社会风气，为提高公民的道德品质提供了法制保证。

第四节　新加坡青少年生命教育的启示

一、家校社相结合，汇聚教育合力

新加坡高度重视学校道德教育与家庭和社会教育的有机结合，政府部门通过加强家庭教育引导、创设良好社会氛围等举措，为学校道德教育的有效推进创设了良好的外部环境，持续稳固学校道德教育成果，构建了学校、家庭和社会三位一体的道德教育体系，这种社会配合主要表现在四个方面：开展形式多样的文明礼貌周活动，如敬老周、睦邻周、同心周、文明礼貌周等；创立互助合作、共同活动的社区；在社会上推行与道德教育内容要求相一致的社会奖惩标准，使善行者得益，恶行者受罚；借助法律杠杆，对各种新闻机构和大众传媒进行严格管理，从而保证各种媒体在舆论引导方面发挥积极作用。此外，还采取了"七结合"的策略。一是学校与家庭、社会相结合；二是德育与生活结合；三是正面教育与反面警告相结合；四是共性教育与特殊教育结合；五是无形教育与有形教育结合；六是大节教育与小节教育结合；七是物质奖励与荣誉感教育结合。①由于新加坡较好地实现了家庭、学校、社会三者的有机结合，因此在德育方面取得了显著的成效。

在我国，习近平总书记多次强调德育的重要性，指出"学校要把德育放在更加重要的位置，全面加强校风、师德建设，坚持教书育人，根据少年儿童特点和成长规律，循循善诱，春风化雨，努力做到每一堂课不仅传播知识、而且传授美德，每一次活动不仅健康身心、而且陶冶性情，让同学们都得到倾心关爱和真诚帮助，让社会主义核心价值观的种子在学生们心中生根发芽"②。《中共中央 国务院关于进一步加强和改进未成年人思想道德建设的若干意见》中提出："要建立健全学校、家庭、社会相结合的未成年人思想道德教育体系，使学校教育、家庭教育和社会教育相互配合，相互促进。"③由此可见，青少年的茁壮成长离不开家庭、学校和社会，就如同植物

①　王定功. 青少年生命教育国际观察[M]. 上海：上海交通大学出版社，2011：194-195.

②　人民网. 习近平在北京市海淀区民族小学主持召开座谈会时的讲话[EB/OL]. http://jhsjk.people.cn/article/25088947，[2014-05-30].

③　中共中央 国务院关于进一步加强和改进未成年人思想道德建设的若干意见[EB/OL]. http://www.gov.cn/gongbao/content/2004/content_62719.htm，[2004-02-26].

生长离不开土壤水分、阳光雨露的滋养。受此启发，我国青少年德育工作也应在坚定文化自信，继承发扬民族优良传统的基础上，统整学校、家庭、社会教育三方资源，形成教育合力，协同构建生命教育的系统工程，持续推进青少年生命教育。

二、坚定文化自信，弘扬民族精神

新加坡曾历经殖民统治长达百年之久，加之国内多元种族、多元文化、多元宗教并存的特殊国情，导致在建国之初，新加坡国民意识淡薄，对国家和政府的拥护度和认同度不高，移民风气在社会层面广泛盛行。在这一特定历史背景下，新加坡为了扭转这一不利局面，开始实行国家意识教育，并以深化文化认同，强化文化滋养为抓手，提高国民的凝聚力、向心力，助推国家经济繁荣发展。同样，在中国崛起的道路上，大量西方思潮随着西方先进的科学技术一并涌入中国，诸如拜金主义、贪图享受等西方资本主义腐朽思想冲击着我国社会主义核心价值观以及勤俭节约、吃苦耐劳等传统美德。习近平总书记指出，"文化自信是一个国家、一个民族发展中最基本、最深沉、最持久的力量。向上向善的文化是一个国家、一个民族休戚与共、血脉相连的重要纽带"①。

我国是一个由 56 个民族组成的多民族的大家庭。56 个民族在源远流长的历史进程中，同心协力，共生共荣，其乐融融，形成了强大的民族凝聚力。在历史发展的长河中，民族团结与和谐共存是中华民族发展的主题，但是个别民族间依然存在一些矛盾和纷争，一些国际敌对势力大肆渗透到新疆、西藏等边疆地区煽动人心，大搞分裂活动，企图破坏中国团结和谐的民族关系。例如，2014 年 4 月 30 日，境外"东伊运"成员指挥并策划实施了震惊中外的乌鲁木齐"4·30"暴恐袭击案。②这一暴恐事件凸显了民族工作、民族团结的重要作用和重大意义，进一步坚定了人民群众捍卫社会稳定的决心。只有民族团结才能维护社会的长治久安和繁荣稳定，快速发展。习近平总书记始终高度重视民族工作，反复强调要努力促进各民族大团结，铸牢中华民族共同体意识，促进各民族交往交流交融。2022 年 7 月 12 日至 15

① 人民网. 习近平在全国抗击新冠肺炎疫情表彰大会上的讲话[EB/OL]. http://jhsjk.people.cn/article/31854333, [2020-09-09].

② 人民网. 乌鲁木齐"4·30"暴恐案："东伊运"成员境外指挥[EB/OL]. http://politics.people.com.cn/n/2014/1209/c70731-26173022.html, [2014-12-09].

日，习近平在新疆考察时强调，"要铸牢中华民族共同体意识，促进各民族交往交流交融。中华文明是新疆各民族文化的根脉所在。要教育引导广大干部群众正确认识新疆历史特别是民族发展史，树牢中华民族历史观，铸牢中国心、中华魂，特别是要深入推进青少年'筑基'工程，构筑中华民族共有精神家园。……文化认同是最深层次的认同。要端正历史文化认知，突出中华文化特征和中华民族视觉形象。要多角度全方位构建展现中华文化共同性、新疆同内地各民族交往交流交融历史事实的话语体系和有效载体，让中华文化通过实物实景实事得到充分展现、直抵人心，教育引导各族群众树立正确的国家观、历史观、民族观、文化观、宗教观，增进对伟大祖国、中华民族、中华文化、中国共产党、中国特色社会主义的认同"①。

因此，立足青少年生命教育的视角，贯彻落实习近平总书记关于文化自信的重要论述，能够为我国青少年生命教育指明方向，筑牢文化之基，凝聚精神伟力。在中华优秀传统文化和伟大民族精神的感召和鼓舞下，一代代中华儿女团结奋进、踔厉奋发、勇毅前行，为实现中华民族伟大复兴的中国梦贡献智慧和力量。大力弘扬民族精神，传承中华文明，坚定文化自信，为我国实施青少年生命教育提供了强大精神动力。

三、坚持德育首位，发挥学校主导

学校是学习者受教育的主阵地，是德育的主课堂和实践场。党的二十大报告指出，"全面贯彻党的教育方针，落实立德树人根本任务，培养德智体美劳全面发展的社会主义建设者和接班人"②。人才培养是学校的首要职能，广大青少年在学校里接受系统的道德教育，塑造正确的人生观、世界观和价值观，因此我国青少年生命教育要坚持德育首位，发挥学校主导作用。

（一）转变教育观念，全面贯彻党的教育方针

新加坡德育建设能够取得卓越成效，其政策引领以及学校的深入贯彻是重要原因。我国一贯高度重视教育工作，党的二十大报告指出要"坚持教育优先发展……培养什么人、怎样培养人、为谁培养人是教育的根本问题。育

① 习近平. 习近平在新疆考察时强调 完整准确贯彻新时代党的治疆方略 建设团结和谐繁荣富裕文明进步安居乐业生态良好的美好新疆[EB/OL]. http://jhsjk.people.cn/article/32476939，[2022-07-15].

② 习近平. 高举中国特色社会主义伟大旗帜 为全面建设社会主义现代化国家而团结奋斗——在中国共产党第二十次全国代表大会上的报告[EB/OL]. https://www.12371.cn/2022/10/25/ARTI166670 5047474465.shtml，[2022-10-25].

人的根本在于立德"①。围绕落实立德树人根本任务，全国自上而下，群策群力，制定政策，完善制度，深入实践，取得了显著成效。然而在教育教学实践中，仍有部分学校以应试教育为主导，重智育、轻德育，未能把道德教育摆在优先发展的战略地位。因此，我国青少年德育工作仍然征途漫漫，任重道远，还需进一步转变观念，全面贯彻党的教育方针政策，建议从以下几个方面着手实施：一是大力实施目标管理，在目标管理体系中突出德育目标。将德育目标作为评价各级各类学校育人质量的重要指标；二是发挥环境育人的主体功能，强化校园文化建设，丰富校园文化载体，共建文明和谐校园；三是以"双减"政策为抓手，进一步减轻中小学生的课业负担，结合校情校史开展丰富多样的社会实践、公益劳动等课外活动；四是强化青少年的心理健康教育与法制教育；五是根据中小学生身心成长规律，进一步落实教育部《中小学生守则（2015 年修订）》的相关内容；六是通过开展优秀共青团员、少先队组织、少先队员等评优评先活动，健全完善共青团和少先队的组织建设，发挥共青团和少先队在道德教育中的示范引领作用。

（二）提高师德修养，切实增强教书育人主体责任

新加坡高度重视对教师的教育，要求教师不仅要有广博的学识，还要有高尚的道德素养，成为引领青少年成长的模范和标杆。

在我国，习近平总书记指出："教师是立教之本、兴教之源。……一个人遇到好老师是人生的幸运，一个学校拥有好老师是学校的光荣，一个民族源源不断涌现出一批又一批好老师则是民族的希望。"②习近平总书记的讲话强调了教师工作的重要意义和深远影响。持续推动师德师风建设是我国各级各类学校贯彻落实党的教育方针的重要保证，是进一步强化青少年思想道德培养、优化青少年思想政治教育的现实要求。教师是人类灵魂的工程师，是青少年成长路上的照明灯，是教学改革的先锋队，是素质教育全面施行的主力军。教师的道德修养和政治素养不仅与学校德育工作成效一脉相连，还与民族未来发展和国家前途命运息息相关。因此，各级各类学校应高度重视师德师风建设，强化组织保障，健全运行机制，以各类活动为载体，全面统筹

---

① 习近平. 高举中国特色社会主义伟大旗帜 为全面建设社会主义现代化国家而团结奋斗——在中国共产党第二十次全国代表大会上的报告[EB/OL]. https://www.12371.cn/2022/10/25/ARTI166670 5047474465.shtml，[2022-10-25].

② 人民网. 习总书记为何强调尊师重教：教师是立教之本、兴教之源[EB/OL]. http://cpc.people. com.cn/xuexi/n1/2017/0910/c385474-29525639-2.html，[2017-09-10].

和深化师德师风建设工作。强化师德教育，多渠道、全方位、分层次地组织形式多样的师德教育活动。强化师德宣传，以教师节表彰或优秀教师评选为契机，组织开展师德师风宣传教育活动，表扬先进，树立典型，广泛宣传，通过各类宣传活动发挥优秀教师的示范引领和辐射带动作用，大力褒奖优秀教师事迹，激励和引导广大教师争做技术能手、岗位标兵、劳动模范。

（三）加强班级建设，为学校德育工作注入活力和动力

班级是学校教育教学和教育管理的基本单元，是教师施展才华的主阵地，也是家庭、学校、社会协同促进教育发展的联结点。因此，学校应将班级建设作为夯实学校德育工作的有力抓手，将班级建设与管理落到实处。首先，应强化目标管理，制定班级共同目标，选拔任命学生干部，构建师生联动，齐抓共管的班级体系，引领积极进取，团结和谐的风气，凝练形成良好的班风班貌，锻炼学生自治、自理和自我教育的能力。然后，面向中小学校组织开展优秀德育工作者、优秀班主任、优秀班级的评选表彰活动，发挥先进典型的示范引领作用。最后，强化科学研究，将德育工作、班级建设作为选题方向，深入开展相关研究，优化班级管理全流程，为学校德育工作注入活力和动力。

（四）遵循教育规律，科学制定、动态优化德育内容

新加坡小学开设的好公民课程遵循青少年身心成长规律，考虑到不同年级青少年的年龄差异，分年级制定了不同主题的德育内容。小学一至六年级，分别以"个人""家庭""学校""邻居""国家""世界"为主题内容，开展道德教育。各个主题主旨鲜明，逐层递进，德育的针对性强，契合青少年身心成长。受此启发，我国学校在德育内容体系的编排上，也应遵循教育规律，兼顾青少年的年龄特点和思维认知水平科学设置，由浅入深，层层递进，系统开展道德教育。

学校德育内容的制定与时代发展、国家教育制度、教育方针政策等息息相关，有着鲜明的时代特征。新加坡的学校德育内容聚焦不同的历史时期，不同的发展阶段，进行了针对性的调整和优化。受此启发，随着时代的发展，教育的进步，我国德育内容也需随之做出调整，动态优化，确保德育内容能够契合我国国情，永葆生命力，为全面建设社会主义现代化国家贡献教育力量。

四、推动家校互联，共筑德育之基

家庭是青少年身心成长的主阵地，家庭教育对青少年性格的塑造以及价值观的培养密切相关。新加坡政府高度重视家庭教育对公民道德的影响和作用，积极推动学校道德教育与家庭教育的有机结合。

在青少年阶段，其性格养成、价值观塑造与原生家庭密不可分。因此，家长在青少年身心成长、品德养成的关键阶段，理应在言行举止、待人接物、品德修养等方面给予青少年正向的引导，正面的示范和积极的帮助。然而聚焦现实，我们也发现存在着诸多不尽如人意的现象，引起社会广泛关注。例如，部分家庭中的父母教育意识缺失，在家庭教育中缺位，对孩子的关心不够，教育不足，缺乏必要的亲情关爱和教育引导。尤其在我国农村地区，留守儿童现象较为普遍。父母迫于生计外出打工，孩子跟随年长的爷爷奶奶生活成长。父母除提供必要的经济支持外，所给予的亲情关爱十分匮乏，教育引导更是乏善可陈，致使道德教育在家庭环境中缺位。这一现象更为凸显了家校互联，协同开展德育的重要意义。

各中小学校应积极推动家校互联，强化家庭和学校的沟通联系，构筑家校联动，齐抓共管的协同育人格局，夯实德育之基，建议可从以下几个方面予以实施：一是强化组织保障，制定相关方案，建立科学的家校沟通机制，线上线下多渠道、常态化召开教师家长联席会议，组建家校互联专职队伍，助力家校互联落地实施，取得成效。二是邀请知名教师、权威专家、模范典型等举办家教讲座，引导家长群体转变教育观念，构建形成家庭教育观，分析青少年身心成长问题的症结所在，为家长群体答疑解惑。三是策划"教师家访""教学开放日""亲子趣味运动会""教学成果表彰会"等家校互动活动，增进教师和家长的相互了解，引导家长深度融入学校，见证孩子的每一份成长。四是开展"示范性家长学校"活动，树典型，立标杆，倡新风，发挥模范家长学校的标杆引领作用。五是对优秀家长予以表彰，并策划家长群体喜闻乐见的家庭教育经验分享活动，分享德育的先进经验和正确观念，传授德育的科学方法和实施路径。

五、强化社会实践，激发实践实效

为保障学校道德教育与家庭弘扬、社会发扬的道德教育进行有机结合，并取得实效，新加坡政府积极调动社会资源，营造利于德育开展的社会环境，以社会实践活动为载体，协同推动道德教育的实施。新加坡教育学家认为，学生道德行为的养成在实践活动中，而非书本教材中。新加坡政府面向全社会开展丰富多样的道德教育活动，这些活动均指向实践，并以其特有的实践性成为学校教育的有益补充。相比于显性课程，新加坡注重发挥"隐性课程"在道德教育中的作用，引导学生投身社会实践活动，丰富实践感知，在切身体验中感悟人生，汲取智慧。

1989 年，新加坡教育部面向全国中小学发布了中小学生社区服务计划。该计划与课外活动联动，将道德教育内容吸纳融入其中，构建了青少年道德教育新模式，该模式旨在引导学生树立正确的价值观，塑造乐于助人、与人为善、团结协作的高尚品德。中小学生社区服务计划涵盖了"关怀与分享"计划、"好朋友"计划、儿童福利院志愿服务、卫生清洁计划等多个益于身心的计划活动。广大青少年通过社区工作实践，在丰富实践感知的同时还可收获纪念徽章或课外活动学分。

新加坡学校也定期开展不同主题的校外实践活动。比如组织学生研学旅行、参观各类主题展览活动等。此外，教育部将学生必须参加校外实践活动这一要求纳入明文规定，全面推行。在这一规定下，学生可以选择加入感兴趣的社团协会、参加多场景的社会服务。新加坡政府还定期举办"睦邻周""礼貌周"等各类社会活动，以塑造公民乐于助人、与人为善、团结互助的高尚品德。

综上，道德实践不但利于道德情感和道德意志的滋养，还利于道德观念的内化和道德素质的沉淀。受此启发，我国各级各类学校应深化实践认同，注重激发社会实践的实效，结合我国丰厚的历史文化积淀，将中华传统文化融入实践活动中，进而陶冶情操，锻造精神，培养学生良好的道德品性。建议可从以下几个方面予以实施：一是利用承载精神文化的德育场所实施道德教育，可因地制宜组织学生到毛主席纪念堂、中国人民革命军事博物馆、红旗渠、焦裕禄纪念馆、雷锋纪念馆等红色教育基地以及学校周边的福利院、少管所、戒毒所及敬老院等地区开展活动，激发学生的爱国热情。二是组织学生深入基层社区、街道，开展如消防知识、法律常识等知识讲座，提升青少年的社会服务意识，充实社会知识，强化责任意识。

六、总结

综上所述，学校、家庭、社会是进行未成年人思想道德建设的三个重要环节，文化传承则一以贯之融入到三个环节之中。实践表明，学校是青少年德育开展的龙头，需要以学校为主导，构建和巩固家庭、学校、社会"三结合"的教育网络，整合、动员家校社多方资源，形成教育合力，进一步推动青少年道德教育落实到位，取得实效。

首先，我国德育工作在广泛继承优良传统文化的基础上，还需要适应时代发展和社会变化，在体现时代性上下功夫。坚定文化自信，把发扬中华优秀传统文化同培育时代精神结合起来，既发扬中华民族的优良传统，继承共产党人的精神谱系，又使其与时代发展相适应，凝练新思想、新道德、新观念，在德育工作的理念、内容、形式方法和体制机制等方面做优化调整，改进创新，从而强化青少年道德教育工作的科学性、系统性和针对性。

其次，还要考虑青少年身心成长的规律，在把握规律性上下功夫。准确把握德育过程规律，依据青少年身心特点，紧扣影响思想道德观念形成和发展的关键环节，根据不同年龄、不同学段科学制定德育的重点内容，由浅入深，层层递进，系统开展道德教育，培育有理想、有道德、有文化、有纪律的时代新人。

再次，要聚焦青少年德育工作中存在的重点问题，以问题为导向在提高实效性上下功夫。要思考如何将教学知识性、科学性、娱乐性、趣味性融入德育工作中，因势利导，深入浅出，寓教于乐。再者，要坚持以人为本，把全心全意为青少年健康成长服务作为德育工作的根本遵循和最终目的，统筹教育和服务，齐头并进，双向提升德育工作成效。

最后，要切实维护青少年合法权益，悉心引导青少年克服成长路上的艰难险阻，持续推进青少年思想道德建设，不断巩固完善学校、家庭、社会"三位一体"的德育体系。

日本青少年生命教育

  生命教育有广义与狭义之分。狭义的生命教育指的是对生命本身的关注，包括个人与他人的生命，进而扩展到一切自然生命；广义的生命教育是一种全人的教育，它不仅包括对生命的关注，而且包括对生存能力的培养和生命价值的提升。通过审视日本生命教育，可以明晰其概念指向的是广义的生命教育。日本生命教育探讨了身心健康教育、道德观教育、生死观教育、安全观教育、职业教育等多个范畴的内容，与教育学、心理学、社会学、伦理学等多个学科领域交叉融合，内涵丰富，价值深厚，有诸多值得我国借鉴的成功经验。

第一节 日本青少年生命教育的背景

日本是世界上较早开展生命教育的国家。尽管没有明确的"生命教育"用语，但"生命教育"的理念却鲜明地贯穿于日本国民教育和道德教育之中，日本的学校道德教育"以尊重人的精神、对生命的敬畏为核心，培养具有身心健康和独立思考判断行动能力、具有丰富的个性和创造力、能生存于国际的人"为目标，以"活出生命力"为教育理念。这表明日本的生命教育是实然存在的，且受到重视并不断得到发展和完善。①日本青少年生命教育的产生有其独特社会背景。自二战以来，日本在经过经济的高速增长之后，进入了先进资本主义国家行列，但现代经济与科技的迅猛发展并没有带来人性的适应性发展，反而使日本陷入了"物质丰富而精神空虚"的局面。在教育领域表现为"教育荒废"现象——自杀、欺侮、杀人、破坏环境、浪费、辍学等。②"教育荒废"现象映射出日本青少年在心理健康方面出现预警，预警主要体现在以下三个方面。

一、行为规范缺失

当代日本青少年缺乏行为规范意识的构建和约束，致使整体行为规范缺失。例如，当出现欺凌同学的现象，欺凌者缺少对欺凌事件作为一件坏事的基本认知，不以为耻，反以为荣，觉得"有趣"或"好玩"，旁观者漠不关心，袖手旁观，不去加以阻拦。同时，抽烟、酗酒、辍学、涉毒、援交等不良生活作风自20世纪90年代开始，已渗透且蔓延至日本广大青少年群体中。

二、人际关系淡薄

信任、关心和爱的匮乏是日本青少年群体人际关系淡薄的突出表现，体现了日本青少年内心道德情感的荒芜。如前文所述，抽烟、酗酒、辍学等不

① 余伟芳. 日本学校生命教育及其借鉴[D]. 北京：首都师范大学，2014：2.
② 虞花荣. 日本生命教育初探[J]. 学习月刊，2013，（8）.

良行为集中体现了日本青少年在给予他人关心、信任和爱等方面的不足和缺失。面对被欺凌者的惨痛境遇，旁观者缺少制止欺凌的爱和勇气，欺凌者丧失自我谴责，且毫无怜悯之心和愧疚之感。

三、目标意识匮乏

行为规范的缺失和道德情感的荒芜是心理健康预警的信号，但深层次的预警还包括目标意识的匮乏，即缺少人生的奋斗目标。种种不良作风和行为反映了日本青少年因人生目标的缺失，而出现心灵空虚、内心压抑、无所事事等问题。例如，不以欺凌同伴为耻，反以为荣；对师生同伴、公共基础设施甚至陌生人恶语相向，施加暴力，这些均是青少年内心空虚、压抑的真实写照，亟待予以纠正和引导。

如何解决这些问题，保证青少年的身心健康，这关系到日本的发展和未来。20 世纪 70 年代，日本开始出现生命教育的萌芽，学者东井义雄在其成名作《学童的臣民感觉》中谈道："教师的职责是给予学生生命的温暖，学校是让臣民对生命有所理解的场所。"①他认为，教育者应该思考如何将生命教育理念与实践结合起来，形成完整的学习体系。日本文部省于 1989 年修订新的《教学大纲》，增加了"敬畏生命的理念"②。1998 年对小学阶段的道德课程进行修订，伦理课程开设在高中阶段，大学阶段开设教养课③。20 世纪末，教育审议会提出"生存教育"的思想。至此，生命教育纳入国家中小学教育体系，基本框架得以建立。④日本政府推出系列规划与支持政策，大力推动青少年生命教育。进入 21 世纪，日本更加强调尊重每个孩子的个性，发挥其潜能，培养他们对生命、对他人的尊重之心，形成正确的伦理观，激发其创造性，以使他们能适应新形势，在终身学习社会中发挥其能力。⑤在生命教育演变发展过程中，日本采取了一系列强有力的政策大力推进生命教育，无论其内容、方法和途径等都表现出了鲜明的特色。

---

① 转引自余伟芳. 日本学校生命教育及其借鉴[D]. 北京：首都师范大学，2014：2.
② 郑晓华，李晓培. 日本中小学生命教育探析及其启示[J]. 基础教育课程，2020，（Z1）.
③ 虞花荣. 日本生命教育的特点及启示[J]. 贵州社会科学，2013，（7）.
④ 宿永倩，王慧春，杨疆英，等. 国外生命教育研究现状与启示[J]. 中学生物教学，2022，（14）.
⑤ 虞花荣. 日本生命教育探析[J]. 江西教育学院学报，2013，34（5）.

第二节　日本青少年生命教育的目标与内容

一、日本青少年生命教育的主要目标

（一）学龄前阶段德育目标

日本《教育基本法》关于幼儿期教育部分第二十二条规定，幼儿园是以为义务教育及其后的教育打下良好基础，保育幼儿，为幼儿的健康成长提供适当环境并促进幼儿身心发育为目的的。并为达成这些目的订立了以下目标：①通过集体生活在培养幼儿乐于参与集体生活态度的同时使其加深对家人及身边的人的信赖感、培养其萌生自主、自律及协同精神与规范意识；②培养幼儿对身边的社会生活、生命及自然产生兴趣，并培养其萌生对上述部分正确的理解、态度及思考能力；③在通过日常会话、接触图书及童话等引导幼儿正确使用语言的同时，培养幼儿自发进行对话交流的态度。①

（二）小学阶段德育目标

日本文部科学省于 2008 年颁布的《学习指导要领》（相当于我国的课程标准）第 3 章"道德"中明确提出了小学德育目标。具体为："通过学校教育活动，培养学生的道德情感、道德判断力、道德实践的意愿和态度等道德性。在道德时间里，根据以上道德教育目标，与各学科、特别活动及综合学习时间保持紧密的联系，对学生进行有计划、发展性的指导，并加以补充、深化、统合其他的道德教育，使儿童加深对道德的价值和人的生活方式的认识，养成道德的实践能力。"②

（三）中学阶段德育目标

中学阶段的德育目标主要包括：培养学生的自主、自律、责任意识，重视自律精神，自主思考判断，诚实行事并能为自己的行为结果负责；培养学生节度、节制的行为习惯，养成良好的生活习惯；塑造学生的进取心，关注

---

① 廉成. 日本学校德育研究及其启示[D]. 牡丹江：牡丹江师范学院，2013：20.
② 转引自石烨，刘长海. 日本小学"部编本"德育教材研究[J]. 上海教育科研，2019，（1）.

自己，努力进取，追求发挥个性及充实的生活；培养克己与坚强的意志，设定高目标并为之实现而努力，怀抱希望和勇气，跨越困难和失败，坚实地努力到最后；激发探索精神，尊重事实，探求真理，为创造新的事物努力等目标。①

（四）大学阶段德育目标

因在高中阶段打下了良好的德育基础，大学阶段已不再设立类似中小学的具体德育目标，而是以《教育基本法》的教育目标为总目标结合大学教育活动，分散在各门课程中进行。日本政府遵照《教育基本法》和《学校教育法》的基本精神，主要以"培养尊重人（权）、敬畏生命，致力于构建充满个性的、文化的民主社会、民主国家，并主动为营造和平的国际社会而努力作出贡献的日本人"为总目标。②

二、日本青少年生命教育的主要内容

日本生命教育内容丰富，包括生死观教育、健康教育、安全教育、道德教育、环境教育等内容。本部分尝试从人与自身关系、人与社会关系、人与自然关系三个层次来阐明日本生命教育的内容。

（一）人与自身关系的层次：生死观教育、健康教育、安全教育

在人与自身关系这一层次，生命教育的意蕴所指便是思考如何看待生死、守护生命、延续生命。通过对这些命题的深入思考，凝练形成生死观教育、健康教育、安全教育的内容。

1. 生死观教育

（1）敬畏生命，构建"生死观"

生死观教育，指的是教育学生对生死有正确的认识，懂得生死的真谛，接受生死的自然规律，接纳生死的变化，把握生死的本质，从而形成正确的生死观。"生死观"从概念上来说，是人们对生与死这一现象以及两者辩证关系的看法。日本"生死观"教育起源于对生死的认识和理解，最早可追溯至 20 世纪初。1904 年，加藤咄堂的《生死观》一文引起了巨大的社会反

---

① 转引自刘桂萍. 日本中小学道德教育变革新动向——基于 2017 年日本中小学道德教学大纲修订案的考察[J]. 外国问题研究，2019，（1）.

② 廉成. 日本学校德育研究及其启示[D]. 牡丹江：牡丹江师范学院，2013：21.

响，从此生死观用语被沿用至今，加藤咄堂之后撰写的《增补生死观》《大生死观》等相关文章为生死观的研究奠定了扎实基础。①日本人的彼世观念和循环观念是"生死观"教育的基础。顾名思义，彼世的概念可基于现世概念来理解，是相对于现世的另一个世界，彼世里没有纷纷扰扰，是一片祥和安宁的世界。彼世观念认为，包含人类在内的万物生灵在离世时，其灵魂不会就此消散。灵魂飘向远方，安居彼世。循环观念认为，人的生命是循环往复的过程，一段生命旅程结束后，会循环至下一段生命旅程，在新的生命中重生。

（2）理解生命，领略生命的意义

如上文所述，日本的"生死观"认为生死并非二元对立，生与死之间存在相互延续和依附的关系。为了引导广大日本民众深入理解生命，领略生命的意义，日本通过文学艺术、影视作品等多元形式表达生命主张，探究生命意义。正如影片《入殓师》火葬场老者的经典台词所述："死亡正如一道门，离世并不意味着结束，而是一种超越。意味着又走向了下一个旅程。"日本通过这样的文学艺术、影视作品将"生死观"教育与伦理学、哲学深度融合，生动阐释生命的意蕴，深刻表达生命的内涵，引导国民深入理解生命的真谛，领略生命应有之义，坦然地面对生离死别，减少因亲人朋友离世带来的痛苦。

（3）正视生命，延伸生命的广度

日本的"生死观"强调正视生命，无畏生死。正如印度诗人泰戈尔所述："生如春花般绚烂，死如秋叶般静美。"有学者认为："'死亡美学'以死亡现象作为自己的研究对象，主要以美学的观念和方法研究艺术文本中的死亡意象。"②在日本人看来，生死宛如烂漫的樱花花开花落，死是一种"落花之美"，能够留住生命的美好。人的一生，由生到死构建了一段绚烂的生命旅程，生是生命的本源，死是生命的归宿，生死相通，彼此依附。"生命诚可贵，死亡亦美丽"的观念深入日本民众内心，融入日本社会的方方面面。

在正视生命的同时，日本学校组织开展临终关怀机构调研、动植物饲养等活动，引领学生在有限的生命历程中，彰显生命价值，延伸生命的广度。活动目的包含以下三个方面：一是教育学生无畏死亡或病痛，勇敢面对亲人朋友的离世。二是引导学生积极向上，乐观开朗，健康成长，避免因挫折、变故、打击等因素出现自杀自残行为。三是鼓励学生"向死而生"，理性面

① 吴跃俊. 日本关于生死学研究述评[J]. 日本研究，2009，（2）.
② 颜翔林. 死亡美学[M]. 上海：上海人民出版社，2008：6-7.

对生离死别，明确人生目标并不懈追求。①

2. 健康教育

健康教育旨在教育学生树立健康的价值观，养成良好的生活习惯，形成健康的生活方式，把身体健康放在首位。日本学校将健康教育作为基础教育中的重要一环，根据不同年龄层次的身心成长规律，实施精准指导。在实践应用中，日本学校将保健体育的特色优势融入体育教学，构建"保健体育模式"，将健康知识和理念与体育教学深度融合，出版专业的保健领域教材，以体育教育推动健康教育，其主要内容包括良好饮食习惯的养成、性教育、预防艾滋病教育等。②

（1）防止药物滥用引领健康教育

违禁药物滥用是影响身心健康的恶劣行为，极大地阻碍了健康教育的发展。自20世纪90年代起，日本民众滥用兴奋剂等违禁药物的比例逐年升高，且药物滥用群体呈现低龄化的趋势，引发一系列社会问题。据有关研究对4171名日本学生的调查显示，高中生乱用违禁药物的比例高达6.1%，初中生为1.9%。③可见已经有相当一部分中学生存在违禁药物滥用的行为，亟待引起重视。为此，日本政府专门成立了以内阁总理为主席的"药物滥用推进本部"，就强化违禁药物滥用进行官方指导和监督。日本文部省于1989年出台《保健体育学习指导要领》，完善了有关药物滥用和健康教育的内容，严令禁止滥用违禁药品，强调了滥用违禁药品的危害，为防止药物滥用提供制度保障，带动健康教育的实施。④

（2）性教育引领健康教育

违禁药物的滥用还间接导致艾滋病防控形势不容乐观。由于日本未成年人过早的性行为以及对违禁药物的危害了解不足，预防不足，综合导致艾滋病感染比例显著增长。针对这一现象，文部省自1995年起便面向全国启动艾滋病预防及危害普及活动，实施"艾滋病教育情报网络整备工程"。学校为此出台了用于提高学生艾滋病防范能力、消除对艾滋病患者的偏见和歧视的指导对策，通过保健体育、特别活动和道德教育等形式对学生进行教育与指导。⑤

---

① 徐培艺，王克婴. 日本中小学生命教育探微[J]. 当代教育实践与教学研究，2020，（14）.
② 虞花荣. 日本生命教育的三个维度[J]. 当代教育理论与实践，2013，5（6）.
③ 和田清. 药物乱用[J]. 学校保健研究，2005，（5）.
④ 毛丽红. 日本学校健康教育的现状及未来[J]. 现代预防医学，2007，34（21）.
⑤ 日本情报教育研究会. 日本白皮书[M]. 东京：清文社，2000：14.

除了对艾滋病的防治，日本的性教育一般通过以下三类活动展开。第一是由隶属文部省的教育系统广泛吸收医疗保健领域的专业知识，组织开展保健课程、道德教育、性知识科普等活动。第二是在"日本性教育协会""人与性教育研究协会"等民间组织的策动下，面向社会开展一系列性教育活动。第三是由学术组织或团体开展的性教育科研活动。这其中，由教育系统所主导的第一类性教育活动居于首要地位。教育系统主导开展的性教育活动主要分为"性的学习"和"性的指导"两类。"性的学习"以知识科普为主，旨在向学生科普两性知识，引导学生深入理解生命价值，强化自身道德意识，建立良好的两性观。"性的学习"通常以保健科目、生活科、社会科、"道德时间"等形式开展。"性的指导"以规范行为为主，旨在培养学生面对两性问题所需要的各种能力，引导学生端正态度，养成良好生活习惯，规避不良性行为。"性的指导"活动一般基于学校组织的班级活动、学生会活动和学校例行活动开展。

（3）学校供餐教育引领健康教育

日本中小学的供餐制度历时多年，发展已久。日本中小学校高度重视供餐教育，持续优化供餐制度，将学生日常的营养供给和饮食安排作为日常工作的重点常态化开展，并以此为抓手引领学校健康教育，促进学生身心健康发展。据 1995 年统计，在小学，接近 100% 的学生接受学校供应的食物；在初中，接受学校供应食物的学生比例也接近 82%。①

文部省通过大力施行学校供餐制度，首先能够保障日本青少年成长所需营养的摄入，强化身体素质，助力青少年茁壮成长；其次，青少年正值各类生活习惯养成之际。通过定时供餐，能够规范青少年饮食习惯；最后，通过集体就餐，能够滋养青少年群体的集体意识，构筑良好的人际关系。日本学校供餐制度已实施多年，成效显著，切实达到了以供餐教育引领健康教育的目的。

3. 安全教育

安全教育旨在教育学生注重安全，学会保护自身，懂得预防和处理突发事件，通过组织开展各类安全活动，能够培养学生的安全意识，提高学生的安全素质。安全教育也是生命教育的重要组成部分。日本的安全教育发轫于应对自然灾害，消除对自然灾害的惧怕心理，其起源与其地缘关系密切相关，其内容包括防灾安全、生活安全和交通安全等多个方面，其中防灾教育是重中之重。作为一个岛国，日本国土面积虽然不大，但却饱受自然灾害的

---

① 日本内阁府. 青少年白皮书[M]. 东京：国立印刷局，2004：10.

侵袭，包括暴雨、地震、台风、海啸等自然灾害频发。自然灾害犹如一把悬在头顶的"达摩克利斯之剑"，频繁侵袭日本民众。因此，强化防灾教育成为应对自然灾害侵袭的首要任务。在防灾教育的实践推动下，日本的应急管理机制和防灾管理体系在长期发展中久经考验，持续迭代优化，已日臻完善，各类应急管理和防灾演练也越发成熟。日本政府部门以及学校管理部门都会统筹制定相关政策，出台指导意见，出版专著教材用以提高学校的应急管理能力、风险化解能力，指导学校科学开展防灾应急管理工作。聚焦到个人，教育日本民众在自然灾害中求生存也是日本安全教育的重要内容。日本政府为纪念 1923 年 9 月 1 日发生的关东大地震，于 1960 年起将每年的 9 月 1 日定为"防灾日"。每年的"防灾日"，全国各地都要开展防灾演练，从而提升全民的防灾意识和应急能力。报纸、电视等媒体平台借助自身传播优势，广泛普及灾害常识，传授防灾知识、避险方法和逃生技能。日本民众在政府的号召和引领下，不断增强灾害防范意识，强化防灾知识的学习和防灾技能的掌握，同时踊跃参加防灾宣传等公益活动，积极履行社会服务职能。此外，政府经常组织防灾指导人员进驻学校开展防灾教育，组织地震、水灾、火灾等灾害的防灾模拟演练活动，精准指导防灾应急，系统提高师生的防灾能力。[①]日本通过各类安全教育，引导学生深入理解生死、健康和安全的关系，逐步建立自信心和安全感，进而积极面对生活，参与社会活动，实现自我价值的提升。

（二）人与社会关系的层次：道德教育

社会的演变发展离不开人的发展，人是社会系统的子细胞，每个人都具有一定社会属性，在科技迅猛发展的信息时代，在工业化、城市化持续推进的现代社会，作为生命体的个人不能脱离社会单独存在。道德性作为人的第一属性，在社会发展和个人成长的时代洪流中显得越发重要。人与社会关系这一层次上的生命教育便主要表现为道德教育。

日本的道德教育主要通过四种方式进行[②]：

第一，开设专门的道德课。日本自 1958 年起，便着手道德教育，面向中小学开设道德课。考虑到不同学龄段学生认知发展不尽相同，道德课在不同学龄段的课程设置也存在差异。例如，在小学低年级称为生活科；小学高年级称为社会科；初中一二年级设置有道德科和社会科；初中三年级又增设

---

① 虞花荣. 日本生命教育探析[J]. 江西教育学院学报，2013，34（5）.
② 虞花荣. 论日本生命教育的三个层次[J]. 牡丹江教育学院学报，2013，（4）.

了公民科；高中阶段设置伦理课；大学阶段则开办教养课。在道德课上，教师运用多元教学方法，组织师生对话、师生研讨、角色扮演、应用视听教材等多种活动，聚焦"与他人的关系""个人与社会的关系""自然与人类的关系"等内容开展道德教育。

第二，将道德教育融入学科教学。日本倡导将道德教育融入各个学科教学中，在传授学科知识的同时兼顾道德引领。如国语科在传授语言知识的同时，通过语言文字的内涵意蕴深化学生对生命的认知；数理学科在培养学生逻辑思维能力的同时，强化道德约束力，提高学生辨别是非的能力；音乐和图画科在提升学生艺术素养，推动美育教育的同时，能够培养学生的文雅气质，提高学生的艺术鉴赏力，培养学生积极向上的生活态度。

第三，在"道德时间""特别活动"中开展道德教育。日本的道德课被称为"道德时间"[①]，是日本用于开展道德实践，推动道德教育所开设的一类教育实践课程，于1958年开设。"道德时间"一般由班主任组织开展，相比于学科教学，"道德时间"不设置专门教材，学生评价也不拘泥于常规分数。"特别活动"于1966年开设，是日本中小学教育体系中的重要环节，包含运动会、文化节日活动、郊游研学以及各类庆典等全校性集体活动，同时班会、学生会、社团组织、俱乐部等小范围的学生活动也包含在内，"特别活动"旨在培养学生的社会实践能力，发展学生个性，培养面向社会所需的独立性和自主性。文部省对"特别活动"的课时量也做了一定要求，规定每年课时量不少于35课时，每周至少进行1次活动。

第四，以社会实践为抓手，协同家庭和社区开展道德教育。日本高度重视家庭、学校、社区的协同联动，先后创建了社区儿童医院、综合性社区运动俱乐部和运动少年团等组织，大力开展各类文体活动，以此为契机，创造青少年与社区居民交流的机会。为深化家校之间的互动和联系，家长教师协会应运而生，该协会以"家庭教育手账"和"家庭教育记事本"为抓手，推动家校互联互通，合作共育。此外，为培育青少年的奉献精神，涵养高尚的道德品质，日本还积极组织志愿服务活动，例如旧书旧物的回收利用、养老院爱心活动、无偿献血活动、慈善募捐、道路安全与防火宣传等公益性的社会志愿活动。除了志愿服务活动，劳动体验活动也是日本开展道德教育的有力抓手。日本中小学规定每学年均要组织中小学生深入田间地头，从事基础的农业生产劳动。农业体验活动包括耕地、播种、插秧、养护施肥等环节。

[①] 李晓红. 日本中小学德育水平评价的实践探析[J]. 河南师范大学学报（哲学社会科学版），2016，43（3）.

依托劳动实践，锻炼学生的动手操作能力和吃苦耐劳品质。

（三）人与自然关系的层次：环境教育

人与自然相伴相生，自然界蕴含着巨大生机和能量，人的生存和进化离不了自然万物的滋养。而工业文明的发展在推动人类社会迈入现代化的同时，也消耗了大量生态资源，带来了诸多环境污染、生态破坏等问题，这些问题制约了人类文明永续发展的伟大构想，危害极大，影响深远。人与自然的和谐共生离不开对自然环境的保护、尊重和顺应，人与自然关系层次的生命教育主要体现为环境教育。

日本的环境教育由来已久，最早可追溯至 20 世纪 60 年代的公害教育。事件起因是日本发生了四起严重的环境污染事件，分别是水俣病事件、四日市废气事件、爱知糠油事件、富山"痛痛病"事件，引发了日本民众的强烈愤慨。以该四大公害事件公诉为标志，日本民众对公害事件的反对情绪达到了顶点，由此推动了日本环境教育向纵深发展。紧接着 20 世纪 70 年代，日本政府高度重视环境保护问题，将环境教育纳入日本教育体系。进入 80 年代后，文部省进一步深化环境教育的普及，将环境保护内容全面融入学校的国语、音乐、美术、道德等课程教学中，并遵循教育发展规律，根据不同年龄段学生的身心发展特点设置不同的环境教育实践活动。"自然教室"活动便是其中的典型代表。顾名思义，"自然教室"即以大自然作为教学实践场，支持学生走进自然、感受自然、融入自然。广大学生通过与自然界的交互，探索人类活动与自然环境的密切联系，深入理解人与自然和谐共处的价值意蕴，培养保护环境、善待环境的意识。日本中学生则基于课程所学对自然环境进行科学调查。例如，通过检测市域河流中的化学微量元素，探索垃圾对环境水源的污染情况。通过科学调查和实地勘测，中学生不仅能够掌握科学研究的技能和方法，还能够切身体察到垃圾的泛滥，环境的污染，进而深切理解环境保护的紧迫性。

除了学校环境教育，企业和社会环境教育也为环境保护做出了卓越贡献。企业环境教育主要表现为积极倡导环保理念，开发"生态设计"产品等方面。例如，靶向环保问题，针对性地研制、开发、推广环保产品，强化社会大众的环保意识，鼓励社会大众选用环保产品；编撰环境报告书，面向社会公开自身的环境经营状况，接受社会大众的监督；组织企业内部环境教育宣讲、培训，号召、动员企业职工踊跃参加环保活动。社会环境教育包括两个方面：一方面是在社区建立环保教育中心，在社区宣传栏刊发环保题材的专栏，并面向社区居民免费发放环保宣传页；另一方面是通过媒体平台开展环境教育。线上的广播、电视与线下的杂志、报纸相结合，多平台分发，多平台宣传，协同开展环保教育宣传。

第三节 日本青少年生命教育的实施路径

一、学校教育途径

（一）专门德育课程

顾名思义，专门德育课程是专以德育为目标，专用于德育教育的课堂教学、课外实践等一系列课程活动的总称。该课程设置有各类德育课堂教学和德育实践活动，课堂教学涵盖社会科、道德生命科、修身科、公民科等多个范畴的内容，德育实践教学指"特设道德与生命实践"。专门德育课程是日本开展德育教育的主要渠道，有利于系统、规范、集中地对青少年进行德育教育。专门德育课程的特点体现在管理上有强硬的要求和一致的标准，在教学方法上较为灵活、多元。日本政府出台相关政策措施，严格要求各类学校深入贯彻执行专门德育课程。

日本政府还多次提出，德育课程开展要基于教育目标、教育主体、教学对象实际，灵活动态地制定教学方案，选择教学方法。政府在拟定德育课程标准过程中，精心遴选了学生访谈、故事讲解、学生研讨、话剧表演、阅读材料、视听教材等各类教学方法案例，并强调可基于课程实际灵活选用案例，课程教学不必拘泥、局限于某种形式。

日本各学校广泛重视德育课程中的实践教学活动。不同年级均会基于课程内容设置实践活动，并将活动的相关要素（时间、地点、形式）等融入课程表。活动多以实地调研考察为主，例如考察当地人文古迹、大型企业工厂、高级别墅、普通住宅以及法院、议会、各地资料馆、历史建筑等，引导学生们通过实地游览，切身观察，感受实践教学的内在意蕴和外在形式。

除此之外，引发学生主动思考，启迪学生智慧，也是日本德育教育的重要举措。德育课程不是既有知识和现成结论的强加灌注，也不是单一的"活动"，而是师生荡涤思想，启迪智慧，共同探寻人生真谛的过程。对学生德育课程学习的评价不拘泥于分数，而是通过观察记录学生的道德和生命行为，探析个性化特征来开展。

（二）各科教学中的德育和生命教育

二战后，日本制定了全新的教育方针政策，倡导日本各学校将德育深度融入各科课程教学中。日本教育决策部门通过多方政策导向，号召各学校在充分发挥各学科课程知识传授和技能培育职能的同时，还要充分履行德育职责。这一倡导行之有效，各学科分别从教学目标、教学内容和教师师德师风建设三个方面融入德育。

首先，将德育融入教学目标中。例如，《学习指导要领》明确指出，国语科教学目标旨在"培育对国语正确的理解，清晰的表达，激发对国语的兴趣和热爱，塑造语言实感，养成尊重国语的态度"。数理学科教学目标提出"培养对未知事物的预测、推理能力"。教学指导书进一步强调"培育学生对美好事物的认知，陶冶美的品性和修养，培养知、情、意兼备的人"。

其次，将德育融入教学内容中。如国语课既是语言教学的使能场，又是德育教学的实践场。国语课上，老师不仅需要阐明课文的背景意义，剖析字词句的内在含义，还需要将课文所表达的深厚情感予以提炼，将思想引领、道德引领融入其中。在数理课上，老师在传授数理知识的同时还需引领学生有意识地领会科学思维方式，培育科学态度，发扬攻坚克难的科学精神。

最后，将德育融入教师的师德师风建设中。学高为师，身正为范，教师的言行举止，道德品性对学生影响深远。因此需要教师严格约束自己，坚持育人者先受教育，言传身教相统一，恪守师德底线，大力弘扬教师高尚的道德品行，充分发挥教师的示范引领作用，将德育融入教师的师德师风建设中，潜心浇灌，育人育才。

（三）"特别活动"中的德育和生命教育

日本学校的"特别活动"种类多样，是实施德育和生命教育的重要途径。其主要表现为学校活动、学生会活动、协会俱乐部活动、学习工作坊等。各类"特别活动"组织开展具体项目，如协会俱乐部活动会结合俱乐部实际，开展文娱艺术、体育竞技、社会实践等活动。"特别活动"以娱乐、劳动、指导、管理为抓手，将教育融入其中。

寓教于娱乐，体现在通过各类文娱活动培育学生乐观向上，豁达开朗的性格，提升学生融入集体，团结协作的能力。

寓教于指导，体现在全方位指导学生的思想品德、课程学习、生活常识、卫生保健、心理健康、行为规范等方面，以期引领学生塑造正确的思想观念，养成良好的学习态度和生活习惯。指导主要通过课外学习工作坊、班级教学、日常辅导等形式进行。

寓教于管理，体现在强化对学生言行举止等行为规范、行为习惯的管理和约束上，通过规章制度的科学管理和"特别活动"的组织实施，协同推进管理育人。在"特别活动"的组织上，民俗节日纪念活动、社区志愿活动等助力学生生活经验的习得，道德情操的启迪和综合素质的培育，引领学生感悟道德与生命的意蕴，滋生民族自豪感。

寓教于劳动，体现在开展教育与生产劳动相融合的"特别活动"，引领学生深化劳动认同，培养劳动习惯，习得劳动技能，在劳动中收获成长，得到锻炼。《学习指导要领》总则中，提出要引导学生塑造良好的职业观和劳动观，切实在劳动中领略劳动和创造的获得感。

日本教育观念倡导"人之成德在于力行"。各类"特别活动"为学生创设了"力行"的便利条件，是学校德育和生命教育中不可或缺的重要环节。

（四）校园文化

具有特色的校园文化有利于优化学校德育环境，对学生道德与生命品质的培养具有潜移默化的作用。例如，通过培植学校特色（有的学校定位音乐陶冶，有的学校定位体育锻炼，有的学校定位社区服务等）培养学生的荣誉感；通过组织摔跤、柔道、剑道等传统体育活动，培养学生竞争、拼搏、不怕苦、不怕累的精神；通过对学生进行书法、茶道、花道、雕刻、古典音乐、交响音乐等传统艺术和古典文化的熏陶，培养学生认真、严谨、细致等良好的道德与生命品质。

二、社会教育途径

日本政府认为，过分信赖学校教育，会导致家庭和社会教育功能的下降。从教育范围来看，社会教育比学校教育更广泛，它不仅担负着对成年人进行终身教育的任务，而且有助于配合学校对青少年的品德培养。因此，日本政府主张对青少年进行大德育。大德育是对学校传统道德与生命教育的扩充，指包括学校、家庭、社会等多方主体协同开展的道德与生命教育的总称。

青少年的大德育，是日本的政府行为，是政府的职责之一，在政府机关内有明确的分工。例如，总理府负责制定青少年德育基本思路，调整各省厅对青少年德育的措施；警察厅负责预防青少年违法犯罪及取缔危害青少年的犯罪事物；环境厅负责整建青少年的社会公益设施；法务省负责对违法青少年的检查、矫正等事宜。

社会教育在日本广受推崇，日本将其界定为"有组织的校外教育活动"。相比于学校教育，社会教育所涵盖的教育范围更趋广泛，不仅包含对校外社会大众的继续教育，还兼具对校内学生的培养教育。日本高度重视对社会现有场所、基建、人力、物力等资源的利用和整合，依托社会资源，结合本国国情开展品德教育和生命教育。当代日本社会教育主要通过四大举措开展德育和生命教育。①

（一）定期开展宏观调查，针对性制定优化策略

日本政府高度关注德育重大问题，定期组织相关部门开展调查研究和数据分析，并面向社会发布调查分析报告，制定针对性的优化策略。宏观调查主要面向产生了较大社会影响的品德教育问题，诸如校园欺凌、未成年人违法、家庭暴力、辍学厌学、自杀抑郁等问题。

社会教育优化措施从教育硬环境和软环境两个方面予以实施。教育硬环境建设旨在推动体育设施、青少年福利设施、图书馆、博物馆、公民馆以及城市公园等一系列青少年教育场所和设施的建设。教育软环境旨在通过强化职工群众的培训教育，提高社会群体的整体素质，进而优化社会不良习气。为进一步推动国民参与青少年教育活动的积极性，日本设有国家专项补贴，对青少年学习班予以补贴，对有益于青少年教育的俱乐部活动予以补贴。

（二）强化家庭教育指导，注重家庭教育研究

家庭是青少年受教育的第一课堂。日本高度重视家庭教育，将家庭教育作为青少年教育的重要实践场。面向社会设置有家庭教育指导和研究的专门机构，如家庭儿童教育顾问所、家庭教育学习班、幼儿教育大学等。政府设置专款专用于家庭教育的研究、指导。日本家庭教育研究的内容和方法主要包括②：

第一，儿童到成人期各阶段家庭教育

根据道德与生命发展周期来看，幼儿和小学低年级的儿童尚处于身心发

---

① 张爱平. 日本注重青少年道德教育的启示[J]. 中国党政干部论坛，2006，（12）.

② 余伟芳. 日本学校生命教育及其借鉴[D]. 北京：首都师范大学，2014：29.

展、认知构建的初级阶段，尚不能以道德和生命判断为基础，儿童迈向成人的各阶段是其身心发展、认知构建的重要阶段。在这一阶段，家长在家庭教育中充当引领示范的重要角色，能够为幼儿和小学低年级的儿童树立标准、标杆和标尺。在家庭教育中，家长应以身作则，尊重孩子，遵循成长规律，为孩子身心健康发展奠定良好基础，创设认知建构的家庭环境。

第二，规避违法不良行为

青少年正值身心发展完善的关键时期，各类青少年的违法不良行为是社会广泛关注的热点问题。为防范青少年走上违法犯罪的歧途，家长应全方位把控孩子在不同成长阶段的言行举止、衣食住行、心理动态、人际交往等情况。日本家庭教育的相关研究成果梳理凝练了青少年可能出现不良行为的一些典型表现，为家长防范青少年不良行为提供了指导和遵循。

第三，独生子女的心理行为及其教育研究

当前家庭教育的各类实证研究成果站在不同的立场，基于不同的视角阐明了家庭环境、社会环境、地域差异、民族习气等多方因素均与独生子女的心理特征有一定关联和影响。研究进一步指出，独生子女对家庭教育和社会教育的依赖程度更高，对良好家庭教育和社会教育的需求更为迫切。这些研究成果对独生子女教育具有指导意义。

（三）集聚各类社会设施和各方力量形成合力，开展不同层次的品德教育

日本社会教育推行的品德教育可划分为两类，一类从整体的角度面向社会大众进行普遍性道德与生命教育；另一类聚焦不良道德与生命行为，针对性进行道德与生命转化教育。

普遍性道德与生命教育重点通过集聚各类社会设施和各界力量形成合力，协同开展丰富多样的教育活动。在各方力量的联合上，日本具有独到的经验。例如，面向全国，广泛推动家长教师协会的成立和运营，该协会由教师等教育系统工作人员和来自社会各界关心教育发展的热心人士组建而成，成员遍布社会的各个阶层，各个行业。他们将下一代的教育视为己任，对教育事业满腔热忱，甘于奉献，积极投身于各类教育活动中，在慈善捐赠、资金募捐、调和矛盾、统合学校、家庭和社会教育各方力量等方面做出了杰出贡献，推动了青少年品德教育的贯彻和实施。

转化性道德与生命教育聚焦社会中存在的不良道德与生命行为，设置专门机构，汇聚专业人员，组织开展不良德行者的转化教育行动。"青少年辅

导中心"作为辅导教育不良行为少年的专门机构,便在这样的社会背景下应运而生。区别于各级各类学校和少管所,辅导中心的教育对象聚焦出现不良行为但尚未构成犯罪的青少年。辅导中心工作人员由部门专职人员和兼职辅导员组成,兼职辅导员队伍由广大教师和家长教师协会成员组成。他们的工作职能涉及两个方面:一是对问题青少年进行思想引领和教育辅导,帮助其厘清问题,改正错误。经过辅导中心的教育,青少年若端正了思想,纠正了不良行为,便实现了对青少年道德和生命教育的转化,可送回学校继续完成学业。二是开展青少年犯罪的预防宣传工作,工作人员深入各个社会场所,通过线上线下多种渠道,面向青少年及其家长开展形式多样的宣传教育工作。综合来看,"青少年辅导中心"为青少年犯罪问题的规避预防和问题青少年的转化教育做出了突出贡献。

(四)广泛利用大众媒介和社会文化生活,加强宣传教育

进入 21 世纪,搭乘信息技术高速发展的快车道,以数字技术和计算机网络为载体的新媒体技术高速发展,已逐渐成为社会宣传的主流媒体,与传统纸媒协同引领大众媒体的发展和变革。在数字全球化浪潮下,日本充分利用大众媒介的传播优势,将德育内容融入社会文化生活,面向社会广泛宣传。在此基础上,还通过组织开展"座谈会""宣传日""读书会"等各类活动强化受教育者对德育内容的学习和理解。在社会舆论和文化建设方面,日本也高度重视,通过大众媒体,多措并举,联合把控社会舆论的走向和文化建设的导向,营造社会舆论声势,持续扩大舆论的感染力和影响力。

第四节　日本青少年生命教育的启示

一、对日本青少年生命教育鲜明特点的借鉴

(一)生命教育与心灵教育、道德教育相结合丰富教育内容

聚焦社会发展,时代进步所衍生出的行为规范缺失、人际关系淡薄、目标意识匮乏、身体素质下降等问题,日本文部科学省大力倡导"活出生命

力"这一生命教育目标，该目标包含"富有人性""健康的身体""确实的学力"三大要素。"活出生命力"的"心"与"身"两者紧密相连，共同作用于"活出生命力"的目标。"心"是"活出生命力"的基础，"身"是"活出生命力"的原动力。①日本在 1996 年召开的第 15 届中央教育审议会发表的咨询报告《展望 21 世纪的我国教育的应有状态》中对"丰富的人性"进行了深入阐释，指出："丰富的人性"包括严于律己、与他人协调配合、同情他人之心、感动之心等丰富的人性，认为今后的孩子们所需要的，是无论社会怎样变化，都能够独自学习、独立思考、自主创新，持续推动问题解决的素质和能力。②1998 年召开的第 16 届中央教育审议会"关于从幼儿期开始的心灵教育的应有状态"，鲜明地提出了"心灵教育"的概念，报告指出，青少年需要从小培养生存能力，而"心灵教育"是生存能力培养的核心，其内在意蕴包含以下几个方面：对美好事物和自然的感动之心；内心充满正义感；热爱生命、尊重生命、形成正确人权观；同情他人、善待他人、积极奉献的品质；自立心、自制力和责任感；与他人共生和对异质事物的宽容精神。③

1998 年出台的《学习指导纲要》明确定义了"道德教育"的概念：所谓道德教育，就是根据《基本教育法》和《学校教育法》等文件基本精神，为培养拥有丰富心灵和独立人格，能够在家庭、学校、社会环境中贯彻敬畏生命、热爱生命、尊重人性的精神，能够为民族发展和社会进步而努力，能够为国际社会的和平做贡献，能够与时俱进，开拓未来，具有创造力和主体性的日本人。④基于以上分析，不难发现日本政府在相关文件和政策中，将生命教育贯穿融于心灵教育和道德教育之中，以心灵教育和道德教育促进生命教育发展，深化生命教育内涵，实现生命教育目标。

由此可见，日本政府对生命教育非常重视，采取各种方式，确保生命教育顺利实施：日本政府出版各种有关生命教育的政策、教材、指导纲要等，供政界、学界等各领域参考；出台各种实施计划，协调各方关系，促成学生各种体验活动的开展；建设相应的设施，开展各种活动，营造生命教育的环境。我国生命教育研究自 21 世纪初起步，现已取得了一定的研究成效，产

①　虞花荣. 日本生命教育的特点及启示[J]. 贵州社会科学，2013，(7).

②　第 15 届中央教育审议会. 展望 21 世纪的我国教育的应有状态（第一次咨询报告）[EB/OL]. http://www.mext.go.jp/b_menu/shingi/chuuou/toushin/960701.htm，[1996-07-19].

③　第 16 届中央教育审议会.关于从幼儿期开始的心灵教育的应有状态 [EB/OL]. http://www.mext.go.jp/b_menu/shingi/chuuou/toushin/980601.htm#TOP，[1998-06-30].

④　李春香. 窥探当代日本中小学道德教育[J]. 思想政治课教学，2009，(7).

出一批丰厚的研究成果，未来仍需结合我国实情持续深入地开展。

（二）课堂教育与实践体验活动相结合优化教育方式

虽然在日本的教育体系中没有"生命教育"的具体术语，但"生命教育"的内容却鲜明地贯穿融于多种教学活动中，例如课堂教育、学科课程、特殊活动、体验活动等。整体来看，日本生命教育在教育方式上，呈现出课堂教育和实践体验活动相结合的特点。课堂教育方面，日本学校充分把握学生的身心发展规律，聚焦不同年龄层次开设针对性的道德课程，在日本小学低年级设置生活科，高年级设置社会科，初中一二年级设置道德科和社会科，初中三年级增设了公民科，高中开设伦理课，大学开设教养课，同时还特设"道德时间"教育实践课程作为深化道德教育的有益补充。除了以上专门课程，学科课程是课堂教学的主阵地，也是开展生命教育的有力抓手。

为了切实促进生命教育取得实效，日本给予了实践体验活动较高的关注度。将实践体验活动作为延伸生命教育广度和深度的有力支撑。随着时代发展和社会进步，日本民众的生活方式、生活环境、价值观念、行为理念也随之动态变化。工业化进程的快速推进导致青少年亲身感受自然、融入自然的机会越发稀有，间接的教育引导较多，直接的切身体验，直观感知较少。为了优化这一现象，日本文部科学省自 20 世纪 80 年代起，大力倡导并推广实践体验活动计划[1]，该计划强调"孩子们能在与自然、社会的交互中，通过开展多样的实践体验活动，体会感动、惊奇、挫折、克服等多种情绪，滋养苗壮的生命力"。其具体包括以下几个方面：

1. 开展"特别活动"："特别活动"于 1966 年开设，是日本中小学教育体系中的重要环节，包含运动会、文化节日活动、郊游研学以及各类庆典等全校性集体活动，同时班会、学生会、社团组织、俱乐部等小范围的学生活动也包含在内，"特别活动"能够培养学生团结协作、互帮互助、互敬互爱的品质。

2. 社区体验活动：日本社区体验活动种类多样，涉及面广，参与度高，不仅包括由社区开展的传统花道、茶道等体验活动，还包含与环境厅、建设厅、科学技术厅等多部门联动协同，联袂推出的"儿童之水边再发现计划""儿童长期自然体验村""儿童自由空间创造计划""触摸自然科学计划"等。通过以上各类社区体验活动引导广大中小学生感知自然，体悟生

---

[1] 余伟芳. 日本学校生命教育及其借鉴[D]. 北京：首都师范大学，2014：9-10.

命，丰富其生活体验，提升实践能力。

3. 设立"自然教室"："自然教室"活动开始于 1984 年，即将自然环境作为"教室"，创设天然的教学环境，引领学生切身感知大自然，领略自然之美。通过与自然界的对话和交互，指引广大学生独立探寻人类活动与自然环境的紧密联系，进而养成保护环境的意识和习惯。

4. 组织开展志愿服务活动：涵盖旧书旧物的回收利用、养老院爱心活动、无偿献血活动、慈善募捐、道路安全与防火宣传等公益性的社会志愿活动。通过志愿服务活动，培养青少年乐于奉献的高尚品德。

5. 劳动体验活动：即组织中小学生走进自然，深入田间，从事基础的农业生产劳动。农业体验活动包括耕地、播种、插秧、养护施肥等农业生产的多个环节。依托劳动实践，锻炼学生的动手操作能力和吃苦耐劳品质。

6. 开展心理健康教育：开设"心理相谈室"，设置"心灵教育教员"，编发"心灵教育指导"丛书，推出"心灵小册子"活动。为学生创造更多心灵体验的机会，促进学生的道德内化，提高其自我教育的能力。①

日本生命教育颇为重视学生的实践体验，以自然体验和社会体验为抓手，齐抓共管，协同推进"身"与"心"的健康和发展。青少年得以在与自然和社会的交互中，在感动、惊喜、受挫、克服、坚持等各类情绪的体验锻造中，培育出坚韧的生命力。日本以体验为着力点，以自然体验、社会体验等多元体验活动为立足点，构筑了系统完备的体验体系，推动生命教育发展。不难发现，实践体验活动对生命教育成效有重要促进作用，我国生命教育也应高度重视实践体验活动。学习和借鉴日本的经验，组织开展多元活动，丰富多元体验，无疑是提高生命教育成效的有效路径。

（三）坚持以预防教育为引领抢抓教育时机"先手棋"

作为一个岛屿国家，日本生存空间有限，且频繁受到自然灾害的侵袭。在日本历史上，火山爆发和地震灾害都曾对日本造成严重打击，致使日本民族存在着悲观宿命论以及世事无常等悲观观念。面对频发的自然灾害，日本高度重视对生命的守护和珍重，对生命的捍卫有着强烈的紧迫感，因此，在教育时机上，日本居安思危，坚持以预防教育为引领，统筹推动安全预防教育和生命教育实践。一方面实施各类预防措施，开展各类安全预防教育，预防安全事故，规避自杀事件，守护宝贵生命。另一方面贯彻生命教育理念，

---

① 刘亭亭. 日本道德教育改革的核心——"心灵教育"探析[J]. 牡丹江大学学报，2011，20（8）.

推进生命教育实践，深化民众对生命的理解，激发民众对生命的热爱，焕发强劲的"生命力"。

　　日本预防教育集中体现在自杀预防教育和安全预防教育两个方面。为了预防自杀事件，日本学校开展了一系列自杀预防教育。自杀预防教育包含三个层级：第一层级预防：增进精神卫生健康与自杀预防教育；第二层级预防：潜在自杀状态的早期发现、早期应对与自杀实施前的危机干预；第三层级预防：自杀未遂者的再发生预防、自杀连锁反应预防。[①]三层预防，互为联动，层层递进，构建起坚实的自杀预防体系。安全预防教育主要包括生活安全教育、交通安全教育和灾害安全教育等方面。通过各类安全教育，能够引导学生深入理解生死、健康和安全的关系，强化安全意识，做好应对突发安全事故的心理准备、知识准备和技能准备。

　　日本生命教育的内容非常丰富，包括生死观教育、健康安全教育、道德教育、心灵教育、环境教育等，旨在引导学生通过对生命知识的学习，实践体验的感悟，深化对生命问题的思考和理解，进而敬畏生命，珍惜生命。在我国，德育教育的开展已有丰富历史，生命教育虽有所研究和发展，但其发展仍存在与学生实际诉求不相契合的情况。因此我们应进一步深化生命教育与德育的融合，结合时代背景和学生实际，挖掘我国传统文化中的生命教育资源，设置内容丰富、层次合理、符合学生年龄特征的具有我国特色的生命教育课程，组织相关学者组成专家组编写教材，通过教育引导青少年正确看待"生"与"死"，树立正确的生命价值观，激发学生通过自身的努力提升生命品质的潜能。

（四）集聚政府、学校、社会、家庭多方合力拓展教育途径

　　进入 21 世纪，科技腾飞，工业化进程加速演进，人们的生活方式、思想观念、价值取向越趋多元化、个性化。教育的使命越发任重道远，仅依赖学校教育单一主体难以取得最佳成效。日本社会普遍认为，要培养青少年的茁壮"生命力"，推动青少年身心协同健康发展，在教育途径上，需要集聚政府、家庭、学校、社区多方资源，以政府为统领，以学校为主导，充分挖掘家庭、社区的潜在教育能量，构建"家校社"三位一体协同育人机制，形成多方教育合力，助推生命教育提质增效。

　　建立家长教师协会是"家校社"三位一体协同育人机制的突出表现。家

---

① 张天舒，樊富珉. 日本中小学自杀预防教育的实践与启示[J]. 外国中小学教育，2010，（2）.

长教师协会是一个由学校、家庭、社会联合建立，用于凝聚三方共识，集聚三方合力，协同优化教育教学效果的常设组织。该协会定期组织各方人员参加会议，研讨磋商教育问题，综合了解学生课上课下、课外课内的表现和问题，各方互通有无，协同联动，立体化，综合性地深化学校教育成效，强化课外生活的监督和引领。家长教师协会在日本生命教育实践中发挥了重要作用，成为推动学校、家庭和社会互联互通，合作共育的桥梁和纽带。除家长教师协会外，政府、学校、社会、家庭多元主体也会协作配合，共同开展各类教育实践活动。

因此，我国也应积极拓展教育途径，多样化开展生命教育。日本的生命教育在实施路径上集中体现为一主一辅三结合。以课堂教学为主，以学科渗透为辅，专门课程与辅助课程相结合，理论学习与实际体验相结合，显性传授与隐性渗透相结合。在日本学校之外，社会组织、民间团体、社区家庭等各种机构与组织也是开展生命教育的重要力量。在此我们可以借鉴日本的一些有效做法，将生命教育的内容扩展到不同年级的不同学科和课程之中。同时还要争取发挥生命教育的合力，除开设生命教育课程外，还要争取学校与社区医院等单位机构合作，并引导家长对青少年进行生命教育，利用各种媒体向青少年进行相关知识的宣传和教育，吸引社会资金，设立专门的生命教育中心和基地，积极推行生命教育。

二、对日本青少年生命教育先进经验的凝练

尽管中日两国的历史背景、文化传统不同，教育理念、价值观念、行为习惯方面也有很多差异，但关注生命是教育的基点，在各国的教育实践中都举足轻重，不容忽视。日本青少年生命教育开展了一系列有益探索，积累了比较丰富的经验。分析凝练日本青少年生命教育中的先进经验，对我国开展生命教育具有重要的借鉴意义。

（一）突出道德与生命教育的主导地位

道德和生命教育对青少年的价值观形成和身心健康成长具有重要作用。日本社会广泛号召要加强日本青少年的道德和生命教育。早在1984年，日本临时教育审议会便在所刊发的教育改革报告中表示，21世纪的日本青年与国家的前途命运息息相关，其道德教育、生命教育的实施成效是关键，学校的道德与生命教育亟待加强。

日本专家学者认为，校园欺凌、辍学、犯罪、自杀等"教育荒废"现象频发，与青少年道德和生命教育的不足有一定关联。从前瞻的视角来看，这类现象频发致使日本可持续发展，保持国际地位的前景态势并不明朗。作为发达国家，日本社会对未来人才提出了更高的要求，既要拥有博学知识，创新能力和健康身心，还要具备崇高的理想信念和道德情操以及与个体团队同向同行的协作意识。否则，往昔辉煌将难以为继。

受此启发，日本第三次教育改革浪潮席卷全国，将青少年道德和生命教育作为改革的重点，日本政府肩负使命，统筹谋划，夯实责任，开展了一系列改革创新举措。例如，政府遵循"德为先"的生命教育导向，将教育体系"智、德、体"的顺序调整为"德、智、体"，构建德育为先的育人体系。日本前首相中曾根康弘推出的教育改革七大构想中有三大构想均指向道德与生命教育。临时教育审议会于 1987 年刊发的咨询报告中制定了日本面向新世纪的教育目标为："培育广阔的心胸、强健的体魄、丰富的创造力、自由、自律和公共精神，成为世界之中的日本人。"[1]这一目标彰显了德育在日本教育中的突出地位。

（二）树立东、西融合的道德与生命教育意识

日本一向有着学习融合各方先进文化的传统。回溯历史我们发现，日本结合本国国情，引进外部先进文化并加以改良，以适应本国发展，每一次融合创新都推动了日本社会的发展和进步。

自明治维新后，日本积极借鉴中国儒家思想，结合本土国情，形成日本道德与生命教育观。中国儒家思想强调仁、义、礼、智、信五大美德，日本道德与生命教育观以中国儒家思想为基础，强调忠诚、礼仪、勇敢、信义、节俭五大美德。

日本对西方国家德育与生命教育的融合，同样依托本国实际加以改造。二战结束后，日本经济遭受重创，岌岌可危。值此紧要关头，怎样恢复经济发展，重振民众士气，是日本亟待解决的首要问题。此时，引领先进的西方文化成为日本追逐的先进文明。日本对西方文化的引进，不止于先进的科学技术，还包括政治、制度、教育、思想等多个层面。作为资本主义国家，日本资本主义机制的构建和运转需要以与之适配的政治、经济制度为依托。在教育领域，日本立足资本主义发展的现实要求，吸纳学习西方民主主义思

---

① 余伟芳. 日本学校生命教育及其借鉴[D]. 北京：首都师范大学，2014：28.

想。同时，日本倡导个性教育要从集体发展的大局出发，将个人价值的实现融入集体发展的进程中。

现代日本面向青少年实施的个性教育，既包含个人价值的尊重，个性的培养，独立意识的建构，又包含融入集体发展大局的教育内容。这样的个性教育与西方所推崇的个人中心主义、个人自由主义形成了鲜明的对比。不难发现，日本道德和生命教育具有东西融合，兼容并包的显著特征。

（三）深化全社会对道德与生命教育观念的认同

20 世纪 60 年代，日本青少年道德与生命教育水平出现了较大程度的震荡，究其原因，道德与生命教育意识的淡薄是关键所在，值得我国警惕和关注。在第三次教育改革中，日本以深化道德和生命教育意识认同为抓手，凸显德育的重要作用，由此拉开了德育改革的大幕。

日本在明治维新后，积极借鉴中国儒家思想，结合本土国情，形成日本道德与生命教育观，强调忠诚、礼仪、勇敢、信义、节俭五大美德。近些年来，亚洲和欧美国家深化对德育的高度认同，陆续开展德育改革。多个国家对道德与生命教育加以重视，表明这一举措绝非偶然，也凸显了 21 世纪全球化趋势下的商品经济对道德与生命教育的时代要求。

商品经济形势下，道德与生命教育的形式和内容越趋多元化，社会大众在物质需求和精神享受上的矛盾问题越发凸显，这样的发展形式对道德与生命教育提出了更高的标准，唯有进一步深化内涵，丰富职能，持续改良道德与生命教育中与社会发展不相适配的内容，方能适应全球化浪潮发展的趋势，契合商品经济发展的形势。

百年大计，教育为本。德育是未来人才培养的重要内容，是我国实施新时代人才强国战略的重要支持。2018 年，在全国教育大会上，习近平总书记强调，"要把立德树人融入思想道德教育、文化知识教育、社会实践教育各环节，贯穿基础教育、职业教育、高等教育各领域，学科体系、教学体系、教材体系、管理体系要围绕这个目标来设计，教师要围绕这个目标来教，学生要围绕这个目标来学"[①]。因此，我们要把生命教育与道德教育结合起来，以德育为统领，将德育贯彻融入教育的各个环节、各个体系中，促进学生全面发展。

---

① 习近平. 坚持中国特色社会主义教育发展道路 培养德智体美劳全面发展的社会主义建设者和接班人 [EB/OL]. http://www.moe.gov.cn/jyb_xwfb/s6052/moe_838/201809/t20180910_348145.html，[2018-09-10].

（四）道德与生命教育必须与经济发展协调，服务经济发展大局

日本的历史经验能够给予我们一些启发。二战后，日本道德与生命教育的深入开展为日本的政治建设，经济复苏做出了突出贡献，日本经济得以快速发展，成为世界经济大国。

在我国，自 20 世纪 80 年代以来，商品经济环境下的一些特征逐渐在思想道德与生命教育活动中凸显出来，主要体现在现实与信仰、功利主义与理想主义、个人主义与集体主义、精神追求与物质追求的矛盾越发突出。我们在思考道德与生命教育何以契合现代社会生活、融入道德与生命教育现代化的时候，不可回避道德与生命教育在现代社会中的功能作用，不可忽视它对经济发展的重要意义。道德与生命教育的经济特征也是传统教育与现代道德与生命教育的主要区别。

在中日比较研究中，我们理应立足本国实情，凸显中国特色。坚持以习近平新时代中国特色社会主义思想为指导，提高全民族思想道德水平，为实现中华民族伟大复兴的中国梦提供精神力量。习近平总书记指出，"实现中国梦，是物质文明和精神文明均衡发展、相互促进的结果。没有文明的继承和发展，没有文化的弘扬和繁荣，就没有中国梦的实现。……实现中国梦，是物质文明和精神文明比翼双飞的发展过程"[1]。改革开放以来，我们党始终强调"两手抓、两手都要硬"，在推动经济快速发展的同时，大力加强社会主义精神文明建设。开启新征程，物质文明建设和精神文明建设要统筹规划、齐头并进。因此，我国思想道德与生命教育的发展也需围绕社会主义现代化建设，与经济发展同步，与物质文明同向同行。

（五）适应社会发展不断进行道德与生命教育反思和改革

20 世纪 60 年代，日本社会出现了道德与生命教育滑坡现象，青少年道德与生命教育水平出现了较大程度的震荡，主要体现在广大青少年群体追求享乐主义，学习积极性消退，缺少老一辈吃苦耐劳，勤俭朴素的精神品德，过度贪图享乐，追求安逸，不求上进，甚至走上暴力、吸毒、不良性行为等违法犯罪的道路，严重影响了社会的安定。

造成上述结果的主要原因在于，战后日本学校教育存在重科学教育、轻伦理道德和生命教育的倾向。学生深陷应试泥潭，耗费巨大精力应对考试，

---

① 习近平在联合国教科文组织总部的演讲（全文）[EB/OL]. http://www.gov.cn/xinwen/2014-03/28/content_2648480.htm，[2014-03-28].

鲜有时间和精力思考成人的道德和生命教育问题。20 世纪 70 年代后，日本政府充分意识到道德与生命教育滑坡造成的不良影响，开始着手优化道德与生命教育的内容与形式，重新审议并制定学校道德与生命教育的目标，将学生的道德与生命情感、生命判断力、生命实践热情、生命态度、生命性格作为培养目标并融入道德与生命教育内容中。以这一目标为导向，面向广大学生实施与日本政治体制、经济发展、文化体系相适配的道德与生命教育。

道德与生命教育并非一成不变，而是要根据不同社会时期的时代特征动态调整，不断丰富内容，优化结构，以契合社会发展的需要。例如，生命意识淡薄这一问题在 20 世纪 80 年代末的日本社会十分突出。聚焦该问题，日本各大中小学校将"敬畏生命的理念"和"有主体意识、能为国际和平社会做奉献的日本人"等内容融入道德与生命教育体系。1997 年后，聚焦青少年因生命意识淡薄造成的社会危害等问题，日本道德与生命教育界提出"心灵教育"这一构想。以此为遵循，在学校道德与生命教育中充实了志愿实践活动、社会生活规则、基本道德与生命习惯等内容模块。同时，为了规避和纠正青少年不良性行为，日本学校以强化保健保育教育、性道德与生命教育、传统道德与生命教育为路径予以实施。以上这些举措将日本的道德与生命教育导向由传授生活知识、生存技能为主要内容的生活主义的道德与生命教育转化为以道德与生命规范、道德与生命人格培养为主要内容的价值主义的道德与生命教育。

在我国，道德与生命教育在思想、内容、形式、方法等方面还有可进一步优化的空间。例如，一些中小学校的生命教育存在着对中华优秀传统文化精神内核认识流于表面，内涵把握不够深入；在教学上存在生命教育的内容过于分散、缺乏规划等问题，日本道德和生命教育中出现的校园欺凌、校园暴力、享乐之风等突出问题在中国也偶有发生。

综上，笔者建议，以上问题的根本性解决需要从教育体系着手，实施系统性变革和创新。在我国道德与生命教育的优化和创新上，应扎根中国大地，立足我国国情，从以下三个方面展开：首先，构建中国特色生命教育理论体系；其次，加强中华优秀传统文化教育系统规划；最后，借鉴其他国家生命教育的有益经验。三个方面一以贯之，应统筹兼顾。道德与生命教育的改革要在坚持党性原则的基础上，以科学性、现实性、针对性和生动性为统领，力求教育形式的创新，教育方法的恰当，执行操作的便捷。如此方能实现预期的目标。

───────────────────────────────── 第七章 ─────

韩国青少年生命教育

　　韩国教育中未正式提出和使用"生命教育"的概念，其对青少年的生命教育主要是通过公民道德教育来实现的。

　　二战后，韩国的经济迅速发展，教育之力功不可没。"韩国教育不仅为本国的经济发展培养了大批合格的专业人才，而且形成了体现韩国公民强烈民族自豪感和责任心的'国民精神'"。①事实证明，韩国政府对其国民进行了卓有成效的公民道德教育，值得我国公民道德教育及生命教育借鉴。

────────────────

① 郭良春. 对我国道德教育几个问题的思考——中韩道德教育观之比较[J]. 当代韩国，2005，（4）.

第一节　韩国青少年生命教育的背景

一、韩国青少年生命教育的思想渊源

（一）儒家文化为韩国青少年生命教育打上伦理底色

韩国的儒家文化起源于中国，在韩国文化史上起着重要作用。儒家伦理对韩国的影响，在不同历史时期也有着不同的表现。

第一，光复时期（1945—1961 年）。1945 年 8 月 15 日，日本投降，朝鲜半岛从日本殖民统治下获得解放。1948 年，大韩民国政府成立。以此为起点，韩国教育从原先由日本主导的殖民主义教育中迅速摆脱出来，新的教育制度得以建立。韩国教育重新倡导"弘益人间"，并将其作为整个教育的基本理念之一。"弘益人间"是指"帮助人们提升、完善个人素质、培养自理能力和作为一国公民所具备的要求，使其成为一个对国家发展有贡献的人，并怀有实现全人类和平、富强的理想"[①]。该教育理念既是对韩国传统民族精神的继承与发扬，又与中国传统的儒家文化中强调的"仁义、博爱"的思想相通。这一教育理念一直持续至今，随时代增益，其内核却一以贯之。

第二，经济腾飞时期（1962—1978 年）。二战以后，韩国传统道德教育受到西方文化的严重冲击，许多社会问题随之涌现。因此，韩国政府和民众意识到，必须将传统的道德教育同西方的价值观以及先进的科学技术和管理手段相结合，把儒家思想中的"诚、信、忠"的理念运用到企业管理与经营中，从而有效地推动了韩国的现代化进程。韩国教育部[②]于 1968 年颁布《国民教育宪章》，提出培育"诚实之心与健康之体，继承敬爱、信义与相互帮助的文化传统，发扬合作精神，做有信念、自信勤勉的国民，汇集民族智慧，创造崭新历史"[③]。民众受儒家文化的影响，普遍认同政府采用的主导

---

① 胡虹霞. 韩国道德教育的战后演变及现行改革[J]. 北京青年政治学院学报，2007，16（4）.

② 1948 年以来，韩国的教育行政管理部门多次更换名称。为了行文简便，除文献外，本章用韩国教育部统一指称韩国的教育行政管理部门。

③ 檀传宝. 当代东西方德育发展要览[M]. 北京：人民教育出版社，2013：239.

型经济发展模式，合理有效地配置有限的资源。韩国政府在经济发展取得成效的同时，着重强化国民精神，把儒家伦理的重视道德修养与西方崇尚理性科学的精神相结合，重塑韩国公民的国民性。

第三，经济转轨时期（1979—1999 年）。进入 20 世纪 80 年代以后，韩国的公民道德教育有了新的变化。韩国提出了"做健康、独立、道德的韩国人"口号，其主要理念是弘扬传统儒家的优秀价值理念，并融合了西方自由主义价值观。1997 年，韩国政府试图从儒家思想中探索执政理念，发挥儒家伦理的人本思想，寻找国民精神的价值导向作用，提出了以传统道德文化为根基，用儒家文化中的忠、孝、礼等价值理念培养韩国公民的民族主义、爱国主义，又以开放的姿态吸收现代文明成果，把民主、法治、人权、正义等价值理念作为社会共同的道德标准。这些举措对于树立韩国民众的民族自信心和自立、自强的民主意识起到了积极作用，由此韩国的国民精神、民族的主体性、民族复兴的责任感得到了强化。1999 年，韩国正式颁布《终身教育法》，实行依法治教，是世界上第三个为终身教育专门立法的国家。

第四，经济发达时期（2000 年至今）。韩国大力扶持文化产业的发展，儒学文化也在其中。据韩国文化体育观光部统计，2018 年，韩国有 230 多所传统乡校，580 多所书院，它们以"仁义礼智信"等儒学理念担负着民众的儒学教育工作。2019 年，在第 43 届联合国教科文组织世界遗产委员会会议上，朝鲜王朝时期的九座书院（荣州绍修书院、安东陶山书院、安东屏山书院、庆州玉山书院、达成道东书院、咸阳蓝溪书院、井邑武城书院、长城笔岩书院、论山遁岩书院），以"韩国书院"之名列入世界文化遗产名录。这些书院反映了来自中国的新儒家思想与韩国当地实际相适应和契合的历史过程，最终形成的书院从功能、规划和建筑等各方面见证了这一变革性和本地化的过程。

韩国还将儒学文化贴近现实社会生活，进行了很多实用的儒学推广。如儒家文化中的"五行"思想，对韩国饮食文化产生了深远的影响。韩国特色食物颇多，石锅拌饭就是典型的一例。

儒学文化中的孝道也影响着韩国人日常生活的方方面面、点点滴滴。韩国把这些由儒家"孝道"而产生的文化产业通称为"孝子产业"。韩国还成立了"孝道委员会""韩国文化产业振兴院""孝子产业振兴基金"等相关组织，以推进"孝子产业"的快速发展。以韩国政府引领民众尊崇儒家传统文化中的孝文化为例，韩国民众认为家庭道德教育的根基是"孝"的教育。

儒家文化随着韩国时代的变迁而不断发展，并深刻影响着韩国的民族精神，也深刻影响着韩国的教育面貌。在中小学，儒家伦理成为了德育的主要内容；在社会上，儒家伦理是公民教育的思想基础；在家庭中，儒家伦理也体现在时时处处。尤其是儒家的"忠国孝亲一体化"成为全民共识，兼济天下、服务民众思想贯穿于韩国社会的各个层面。同时，韩国教育界与全社会也试图解决东西方文化的融通问题，推动儒家文化的"现代化"。

（二）美日教育思想为韩国青少年生命教育提供多方借鉴

1. 美国德育思想的影响

二战后，韩国政府在政治、经济方面实行"仿美政策"，教育尤其是公民道德教育也不例外。美国公民道德教育对韩国公民道德教育的影响集中体现在三个方面：一是在德育目标上强调个人主义及人类中心主义；二是在德育内容上主张公民道德教育的民族统一功能；三是在德育方法上注重启发、渗透、引导。尤其是韩国开始注重中小学公民道德教育与各相关学科的整合与渗透，通过德育实践、大众传媒和社会环境建设来强化青少年公民道德教育的效果。

2. 日本德育思想的影响

20 世纪 90 年代，韩国在借鉴日本工业、金融、贸易和科技等方面发展模式的同时，主动吸纳日本青少年相关德育经验。他们认为，日本的历次教育改革都是以对西方科学技术的改进、模仿、吸收和创新为目标和路径的，但历次教育改革又为日本的民族传统文化保留了足够空间。于是，韩国的公民道德教育改革的着力点，不仅放在学习西方先进教育思想上，还要防范西方价值观对韩国传统道德观念的过度冲击，继承弘扬韩国传统美德。如此，始终注意在坚持民族文化传统的基础上积极吸收外来文化的合理因素，成为韩国公民道德教育的重要特色。

（三）独特的家庭文化思想为韩国青少年生命教育提供坚实基础

韩国素来重视家风家教建设，其对青少年人格成长起着至关重要的作用。韩国一贯视家庭教育为道德灌输、知识传授和技能训练的重要载体，家庭教育对青少年道德人格的形成会产生不可估量的影响。

1. 尊敬长辈，重孝道

尊敬长辈、孝敬老人一贯是东方人的传统美德，这一点在韩国家庭文化中表现得更丰富、更全面、更具体。

2007 年，韩国国会通过了世界首部关于"孝"的法规——《孝行奖励资助法》，这是官方和民间共同努力的结果，在韩国家庭传统道德文化弘扬上，其意义非凡。《孝行奖励资助法》旨在"扬善"，即以政府名义奖励孝行实践，鼓励宣传传统家庭道德文化，倡导家庭内部赡养老人。韩国《孝行奖励资助法》的制定虽然有为应对老龄化等社会现实问题的背景，但其作为一部推进孝行和使其制度化的法律，与传统家庭道德有机融合，在国家层面和社会层面共同践行孝道。此外，针对韩国家庭在现代所产生的家庭规模缩小、核心家庭剧增等变化，韩国政府制定了《健康家庭基本法》《家庭暴力犯罪处罚等相关特例法》等法律来维护家庭的和谐。

2. 崇尚文明，重礼仪

韩国的家庭文化内容丰富多彩，且独具特色。这也正是韩国当代德育的主要手段之一。很多韩国教育学者认为，懂得基本的礼仪规范是孩子成人成才的基础。家庭教育要把德育放在最基础的地位，这不仅是培养自己的孩子，更为国家培养合格公民。

二、韩国生命教育的社会背景

从 19 世纪后半期开始，日本侵略使韩国的社会基础和精神文明遭到了严重破坏。光复以后的韩国急速地被卷入西欧文化的浪潮中，思考和生活方式虽然没有完全被西化，但在西方国家价值观和生活方式的注入之下，思考与行为的差异以及价值观的二重性开始显现。自 1960 年后，韩国经济步入高速发展阶段，随着韩国历届政府对教育的重视，各个年级的教育体制和制度也都逐步完善。步入 21 世纪之后，韩国的基础教育质量位居世界前列。然而随着经济全球化的影响，韩国的父母普遍认为只有出国学习或者进入各种补习班，孩子才能考上好学校、找到好工作，大部分家庭的教育支出在家庭总支出中占比很大。这样的教育观念给一般家庭造成很大的精神压力和经济压力。韩国的教育体制是以考试为主的入学竞争体制，学生学业压力大，家长只重视孩子的学习成绩，极大地压制了其兴趣爱好的发展和创新性。学生和家长的幸福感普遍较低。

在这种环境下，学生成了只会学习的机器，体会不到自己的生命价值。社会中追求物质享受的"拜金主义""极端利己主义"泛滥，人们伦理意识低下和价值观念混乱。传统的"孝"观念日趋淡薄，轻视生命的状况也愈演愈烈，遵纪守法的公民意识也变得虚无。此时，为了应对道德危机，韩国政府高度重视思想品德教育，这也正是学校强调公民道德教育的原因。

第二节 韩国青少年生命教育的目标与内容

一、韩国公民道德教育的变迁与发展

公民道德教育是韩国学校教育的重点之一，韩国学校在生活教育上明显强调公民道德教育的重要性。1945 年光复以来，韩国已历经八次教育课程改革，公民道德教育正式列入教育课目始于"第三次教育课程"。事实上，韩国的公民道德教育经过"教授要目"（Course of Study）到"第七次教育课程"的改定，才逐渐确立了它的理论基础。

（一）"教授要目"中的公民道德教育（1945—1954 年）

1945 年光复后，韩国确立了"教授要目"。首先指定"公民科"（1946年改称为"社会生活科"），然后在小学、高级中学（依照当时教育法，初中与高中合称为高级中学）普及公民道德教育。高级中学"公民科"的教学内容见表 7-1。

表 7-1 高级中学"公民科"教学内容

课程	教学内容		
道德论	1.生活与道德 3.道德意识	2.道德判断的对象 4.道德判断的原理	
社会论	1.社会与个人 3.社会情报与社会正义 5.男女之间的伦理	2.社会之成长和进化 4.国家之本质和目的	
文化论	1.文化的意义 4.人生与学识	2.人生与艺术 5.人生与教育	3.人生与宗教 6.人生与历史

资料来源：韩国教育部. 道德科教育课程解说. 汉城：大韩教科书株式会社，1994

1950 年，朝鲜战争爆发后，韩国学校进一步强调公民道德教育，并在之前的基础上，新加入了"反共"思想与国防教育等。具体变化如表 7-2 所示。

表 7-2 文教部奖学方针

年份	具体内容
1951 年	学行—致教育、一人—技教育、道义教育、国防教育

续表

年份	具体内容
1952 年	培养自治人、培养自由人、培养爱护和平之人
1953 年	强化道义教育与生活改善、国防教育等
1954 年	培养"反共"思想、科学技术、健康卫生等

资料来源：韩国教育部. 道德科教育课程解说. 汉城：大韩教科书株式会社，1994

（二）第一次教育课程的公民道德教育（1954—1963 年）

1954 年 4 月，韩国"教育课程表之时间安排基准令"规定，小学、初中、高中和师范类学校的"社会生活科"再次开展公民道德教育。第 14 条明确规定每周一小时的公民道德教育。

1955 年 10 月，为加强学校的公民道德教育，文教部又设立附属机关"道义教育委员会"。依照此机构在 1956 年颁布的"道义教育案"，小学、初中、高中以及师范类学校的教育范围分成五大领域，即自我实现的道德，人际关系中的道德，经济、职业的道德，作为公民的道德，"反共"与反日的道德等。公民道德教育的目标也从个人生活、公民生活、人际关系、经济生活四个方面来制定（表 7-3）。

表 7-3 公民道德教育的目标（1956 年）

目标	具体内容
个人生活	培养宽厚高洁的人格
公民生活	"反共"与反日生活、爱国爱族
人际关系	培养同心协力协调精神和责任感
经济生活	培养勤劳力行之生活态度

资料来源：李永春：道德科教授·学习. 汉城：教学研究社，1994：84

（三）第二次教育课程的公民道德教育（1963—1973 年）

1963 年 2 月，第二次教育课程对第一次教育课程的内容进行了修订。小学和初中的教育范围分为授课活动、"反共"与道德生活、特别活动三大领域。小学各年级道义教育的教学内容如表 7-4 所示。

表 7-4　小学各年级道义教育的教学内容（1963 年）

年级	范围			
	个人生活	人际关系	公民生活	经济生活
一年级	适应学校、个人卫生等	孝顺父母、尊敬老师等	培养公众生活之公德心	培养节省精神
二年级	个人卫生与爱护小动物	了解个人信用之重要性	培养慈善精神	劳动生活之重要性
三年级	生活与规律、生活与迷信	培养同心协力协调精神	牺牲小我完成大我精神	日常生活与节省精神
四年级	培养好习惯、改善坏习惯	家庭生活、学校生活	公众生活与公德心	养成储蓄习惯
五年级	学习与真理探究之生活	友情之重要性	社会成员与改善社会	产业发展与生活改善
六年级	培养使命感与重要性	培养男女平等精神	国法与法治社会	个人与职业之重要性

资料来源：李永春．道德科教授·学习．汉城：教学研究社，1994：85

　　1969 年，韩国教育部门对"教育课程"的内容做了一定的修改，特别是在"'反共'与道德生活科"的授课时间上，由原来的一周一小时调整为一周两小时，以强化公民道德和"反共"教育。

（四）第三次教育课程之公民道德教育（1973—1982 年）

　　1973 年 2 月，第三次教育课程将"'反共'与道德生活科"的名称统一调整为"道德科"。在"道德科"的具体学时上，小学和初中为每周两个小时，高中为每周一小时。

　　可见，直到第三次教育课程调整之后，公民道德教育才被正式纳入到统一的教育科目体系中，以此来进一步强化学校的公民道德教育。在学科范围和教学内容上，无论是在小学、初中还是高中都包括礼节生活、个人生活、社会生活、国家生活等领域。

（五）第四次教育课程的公民道德教育（1982—1987 年）

　　1981 年 12 月，第四次教育课程修订了小学、初中和高中的教育课程，并探讨"道德科"的理论、体系，以强化其理论基础和教育课程改革的基本方向。在实施路径上，第四次教育课程特别强调实践行动和理解认知，同步推进，相互渗透（表 7-5）。也就是说，在理论上，行动的途径和认知的途径两者并重。认知的途径比较适合用于低年级，行动的途径比较适合于高年级。因此，当时的"道德科"，基本上采取从认知的途径出发到行动的途径的教育进程。

表 7-5 "道德科"教育的两个途径

比较项	途径	
	行动的途径（实践）	认知的途径（理解）
授科之必要性	生活上的必要性	学识上的必要性
道德性之定义	道德的行动	道德的知识
道德科之目标	依规范的行动习惯化	对规范的理解
道德科之内容	规范	关于规范之道德上的争论
学习原理	强化规范的行动	对规范的自律选择正当化
价值原理	行动态度	正当化的合理性与适合性
使用语	行的用语	知的用语

资料来源: 李永春. 道德科教授·学习. 汉城: 教学研究社, 1994: 86

第四次教育课程的"道德科"对以下方面做了比较大的改动（表 7-6）。

第一，对各年级的教学目标做了体系化的梳理和规范，符合学生的道德认知、行为发展特点，切实培养符合国家需要的公民。

第二，在教育方式上，把学生的道德认知和道德实践行动结合起来，让认知来指导行动。

第三，强调从学生的生活经验出发，引导学生在道德行动中提升道德认知，理解相关概念和理论。

第四，注重在道德教育中开展环境化教育，以帮助学生解决日常的来自个人或社会中的现实问题，帮助学生树立正确的道德观，加强对道德生活的重视。

表 7-6 初中"道德科"教育课程之各年级教学内容（1982 年）

比较项	一年级	二年级	三年级
个人生活	（诚实的生活） 互相依存与协助 礼节的根本精神 计划性的生活 反省的生活	（幸福的生活） 人的欲望与幸福 善行与服务 追求幸福之方法 社会连带意识	（有意的生活） 修养人格 尊重他人与宽容 苦难与克服 职业生活与服务
社会生活	（互相信任的社会） 敬爱与尊敬 正直与信义 准法精神与秩序 民主的生活态度	（富有的社会） 社会生活与礼节 家庭的生活原理 邻居之间的道理 建设福利社会	（互相协助的社会） 父母的爱与孝顺 爱护乡土与意识 社会的协助与公益 相辅成成与社会发展

续表

比较项	一年级	二年级	三年级
国家生活	（骄傲的我国） 国家与个人关系 大韩民族的传统 自助、勤谨、协同精神	（繁荣中的我国） 国家的当前问题 经济发展与国民 开发国土与保护自然 培养国力与国防	（世界化的我国） 民族意识 对民族文化的骄傲 国际情势与协力 国家与国民的协助

资料来源：韩国教育部. 道德科教育课程解说. 汉城：大韩教科书株式会社，1994

（六）第五次教育课程的公民道德教育（1987—1992年）

1987年3月，第五次教育课程延续了第四次教育课程的主要思想与理念。在"道德科"的教育内容上，提出了以下几点建议。

第一，突出伦理主题，引导学生提高道德认知与判断能力。

第二，不回避性别平等、宗教信仰、社会道德伦理等现实问题，引导学生积极思考，积极投身解决社会问题的行动。

第三，重新界定统一与安保之间的关系。站在大韩民族共同发展的基础上，期待与朝鲜构建发展共同体，淡化"反共"意识，不再提及"反共"话语。

以初中一年级"家庭与邻居生活"和"市民生活"的教学内容为例，如表7-7所示。

表7-7　初中一年级"家庭与邻居生活"和"市民生活"的教学内容（1987年）

比较项	家庭与邻居生活	市民生活
教学目标	使学生了解家庭生活之意义，以学习与指导家族成员之间的伦理、现代社会和家庭之角色等	使学生思考共同体生活之真正意义、市民社会的特性以及市民社会必要的伦理
教学内容	● 个人与家庭生活 ● 传统与孝顺 ● 崇拜祖先的传统 ● 敬老思想 ● 现代社会与家庭的角色 ● 家庭中心主义与生活共同体之间的对立	● 市民社会的特性 ● 契约的人际关系 ● 不相信风潮与信用 ● 规则存在之根据与守法精神 ● 利己主义、个人主义之问题与追求公益的重要性

资料来源：韩国教育部. 道德科教育课程解说. 汉城：大韩教科书株式会社，1994

（七）第六次教育课程的公民道德教育（1992—1999年）

1992年，第六次教育课程（1997年3月1日开始完全实施）提出了

"道德科"更详细的特性、目标、内容、教学方法、教育评估等（表7-8）。

第一，强调"道德科"的重要任务是引导学生遵守社会规范，提升道德认知、道德判断力，培养符合韩国需要的道德公民。

第二，强调民族发展共同体意识，坚定公民统一的决心和意志。

第三，教学方法多样化。强化讨论技巧、行动逻辑，强调在生活实践中理解和掌握基本的规范和礼节。

第四，采用多维度评估方式。综合认知、观察、讨论、互动、自我评估等。

表7-8　初中各年级"道德科"新增的内容体系表（1992—1999年）

领域	一年级	二年级	三年级
个人生活	新增：中学校时期之青少年生活	新增：价值判断与道德判断	补充：人本的人生态度
家庭、邻居、学校生活	新增：学校生活 补充：礼节的重要性	新增：学校生活 补充：家庭、邻居、学校生活上必要的道德问题	新增：学校生活 补充：求学与就业
社会生活	新增：传统道德之内容和重要性	新增：环保问题、青少年问题 补充：社会问题与道德	补充：福利社会、经济伦理
国家与民族生活	补充：国家体系、国家统一、安保生活、民族发展、爱国爱族	新增：民族分裂的原因和时代背景	补充：民族共同体意识、统一意志

资料来源：韩国教育部. 道德科教育课程解说. 汉城：大韩教科书株式会社，1994

（八）第七次教育课程的公民道德教育（2000—2008年）

1997年12月30日，韩国教育部开始了第七次教育课程改革，其规定自2000年起，小学每两个年级为一组，逐年实施新课程。初中于2001年开始实施新课程，高中则于2002年开始实施。较之于第六次教育课程，第七次教育课程有个显著的特点：在高中阶段，学生可以选择自己喜欢的科目。这和小学一年级到初中三年级统一的国民通识课程不同，给高中生带来了选择的自由，拓宽了他们的知识面，优化了学生的知识结构，十分有利于培养符合社会需要的多元化的人才。

为了实现道德生活和民主市民意识，在公民道德教育课程的编纂中，以强化人性教育、建立合适的科目、确立系统的教育课程为重点。第七次教育课程中的公民道德教育课程还特别强调了以下内容的连续性（图7-1）。

```
┌─────────────────────────────────────────────────────────┐
│ "正直的生活"（小学一至二年级：道德科改称为正直的生活）        │
└─────────────────────────────────────────────────────────┘
                            ↓
┌─────────────────────────────────────────────────────────┐
│ "道德"（小学三至六年级，初中一至三年级，高中一年级）           │
└─────────────────────────────────────────────────────────┘
                            ↓
┌─────────────────────────────────────────────────────────┐
│ "市民伦理"（高中二年级：道德科改称为市民伦理）                │
└─────────────────────────────────────────────────────────┘
                            ↓
┌─────────────────────────────────────────────────────────┐
│ "伦理与思想"、"传统伦理"                                    │
│ （高中三年级：道德科改称为伦理与思想、传统伦理）              │
└─────────────────────────────────────────────────────────┘
```

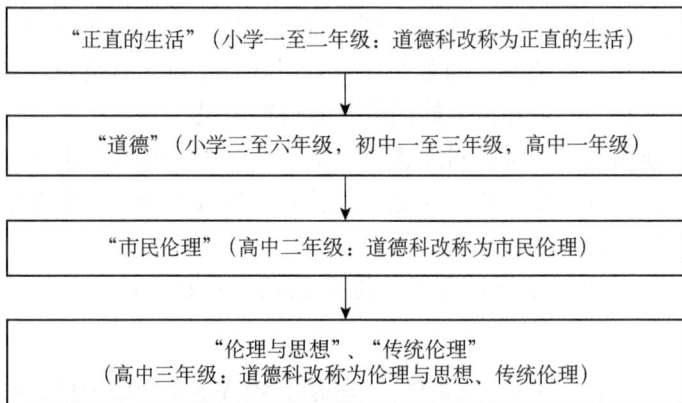

图 7-1　"第七次教育课程"中公民道德教育的连续性

资料来源：韩国教育部. 道德科教育课程解说. 汉城：大韩教科书株式会社，1997

第七次教育课程作为学术研究的教育科目，其中包含了规范科学和社会科学思想。因此，它不仅能引导学生正确地生活，树立正确的价值观，还能用以探究社会秩序维持、国家民族发展的国民意识形成问题。

第七次教育课程对公民道德教育课程作了重点修正（表 7-9）。一是强化了教育的实践性和人性教育；二是提高了教育科目的真实性；三是确立了教育过程的体系性。

表 7-9　第七次教育课程中公民道德教育的四个生活领域

领域	教学内容
个人生活领域	让学生理解道德生活之必要性，提高道德价值判断能力，重视人本和人性教育
家庭、邻居、学校生活领域	让学生理解在家庭、邻居、学校生活上必要的规范和礼节，培养正确的生活态度和实践意志
社会生活领域	让学生理解在现代民主社会上存在的传统道德和市民伦理，今后在社会上可能遇到的道德问题以及正确合理的解决方法
国家与民族生活领域	培养学生自觉养成爱国爱族意识，理解国家分裂的事实与统一问题，掌握作为国家、民族及世界社会一员应尽的责任

资料来源：韩国教育部. 道德科教育课程解说. 汉城：大韩教科书株式会社，1997

（九）2009 年新课程改革（2009 年迄今）

2007 年 2 月 28 日，韩国教育部公布了《2007 年修订教育课程》，将中学的课程改革划为重点。2009 年 12 月颁布了《初、中等学校教育课程总论》，该课程改革自 2011 年起开始实施。

2009 年新课程改革将原有的 10 个科目整合成 8 个科目，通过相近科目的整合来减少科目之间不必要的重复。同时关注学生的基本素养、能力、兴趣、态度等方面，使学生兼顾必修与选修，实现学生的全面发展。新课程改革更加重视学生道德教育课程，按照年级特点安排具体的教学内容。这一阶段的道德教育课程主要是培养学生的基本道德习惯和道德判断能力。在中学阶段，道德教育课程要求学生能够理解道德的原则，并形成由内而外的道德心。高中阶段开设三门选修课，分别是公民道德、伦理学与思想以及传统伦理学。除此之外，新课程改革还开设了"创新型体验活动课程"，规定小学和初中每周三个课时，高中每周四个课时；要求教育回到培养学生创造能力和基本道德素养的核心任务上来，造就企业和社会所需的兼备创新能力、专业水平、挑战精神以及良好品德的优秀人才。[1]

2013 年，韩国教育部发布了《国情课题实践规划》，提出了教育政策的目标为"幸福教育，培养创造性人才"，并制定了具体的任务细则（表 7-10）。

表 7-10　《国情课题实践规划》（2013 年）

学校类型	学校教育正常化							教育福利
	教育课程运营正常化	职业教育及探索	激活学校体育教育	减轻全国平均负担	减轻入学考试负担	安全校园建设	减轻教师负担	教育福利
初等学校	● 制定特殊法律促进公共教育正常化		安排专职体育教师	废除		● 学校暴力对策成效分析 ● 制定学校现场中心暴力根除方案	● 减少每班学生数和教师人均学生人数 ● 扩充教务行政管理人力 ● 改善各种评价体系	强化每天对于初等学生的看护功能
中等学校		自由学期制	教师安排课程与学习资料，制定课程教育法	增派体育教师	减少学习科目			
高等学校	● 禁止为诱发事先学习而进行的各种考试			存续	简化高考制度			引进无偿教育

资料来源：韩国教育部. 国情课题实践规划. https://www.moe.go.kr/newsearch/searchTst.jsp

二、韩国中小学道德课程的教育目标

公民道德教育的目标因时代需要而产生，也因时代变迁而变化，与韩国的政治、经济、文化相互影响。韩国的公民道德教育迄今已历经八次重大改革，其教育目标的内容和表述根据国家和民族发展的利益需要屡有改进。

---

[1]　李协京. 韩国基础教育改革着力推进创新与人性教育[J]. 中国德育，2019，14（1）.

　　1997 年，韩国颁布的《教育基本法》指出，国民在弘益人间的理念陶冶下，形成自主的生活能力和民主的社会素质，倡导国民为发展民主的国家和实现人类共同繁荣的理想而献身。在此理念下，韩国第六次教育课程对培养目标进行了明确的规定——培养身心健康的人、有自主意识的人、有创新创造的人、有道德有文化的人。

　　2011 年，韩国教育部重新修订了中小学的道德课程标准，设定了道德课程的新方向和总目标，规定了道德课程的新内容和评价标准（表 7-11）。

表 7-11　正确生活课程与道德课程目标

目标	正确生活课程	道德课程
总目标	理解并习惯于日常生活中所需要的基本生活习惯、理解孩子及其规范，形成具备健全人性的民主市民意识	作为一个道德主体的自身，在与他人、社会、国家、民族及自然等关系中，对所遇到的许多道德问题能够及时合理地得到解决，培养出解决道德问题所必需的思考力和价值判断能力、实践动机及能力，要形成自律、健全的人格
分目标	● 理解日常生活必要的基本礼节和道德规范的意义的重要性，并具备使之实践的能力及态度 ● 通过基本生活习惯、礼节及规范的实践，使之具备健全的人性及民主市民的资质	● 在正确认识自己作为道德主体的基础上，可培养经营良好的生活的道德能力与态度 ● 以自己在家族、学校、社会里所遇见的人之间的关系的正确理解为基础，培养与其他人和睦相处的道德能力和态度 ● 以自己与国家、民族共同体以及地球共同体的关系的正确理解为基础，培养能够为国家发展、民族统一及人类共荣作出贡献的道德能力和态度

资料来源：教育科学技术部. 道德科教教育课程. 2012

　　综上，中小学道德课程的教育目标，即引导和帮助学生掌握基本的公民道德规范，学会在日常生活中遵守基本礼仪和规范，提高道德认知和道德判断、抉择能力，切实解决生活中的各种道德矛盾，帮助学生养成良好的行为习惯，做到自我管理，自我发展。

　　2015 年，韩国教育部在"实现所有人的幸福教育、培养创新型人才"的口号下围绕创新与人性主题修订了《中小学教育课程标准》。2016 年度计划中提出"为培养创新复合型未来人才"而推进课程改革，同时强调促进学生全面发展的人性教育；2017 年度计划提出搞活数学、科学、STEAM 教育，以培养智能信息化社会所要求的能力，同时强调通过人性、体育、艺术教育促进学生的全面发展；2018 年度计划强调中小学阶段注重培养创造力和问题解决能力的软件教育以及整合型的 STEAM 教育，同时推进艺术、体育教育以培养协同合作能力。

三、韩国公民道德教育的基本内容

（一）幼儿教育中的"仁性教育"

韩国从幼儿园开始就渗透"仁性教育"的内容。1997年12月制定的《初、中等教育法》提出了"幼儿园教育是以给幼儿提供适当的环境，促进身心发育为目的"[①]的教育目标。围绕这个目标，韩国教育部门分别从探究、言语、社会、表现、健康等生活领域开展教学设计，在教学内容上强调贴近生活、接近实际，重点培养幼儿基本生活技能，养成良好生活习惯，学会与人交往。

教师的施教行为根据《初、中等教育法》来设计教育课程领域的教育目标，在遵循幼儿身心发展规律的基础上，进行指导和规范，尊重幼儿个性特点，鼓励幼儿的兴趣爱好，促进幼儿全面健康发展，主要内容有：

1）培养基本技能和素养，养成良好的生活习惯；

2）注重培养学生自我探索、自我管理的能力；

3）引导学生学会与他人交往，与人为善；

4）提高学生的环境保护意识，引导学生认识自然，关爱自然。

（二）初、中等教育中的"仁性教育"

《初、中等教育法》中"仁性教育"的目标为：

1）引导学生从生活点滴做起，学会帮助他人；

2）帮助学生提高自我认识，学会自尊、自爱、自信；

3）培养学生热爱集体，热爱生活，成为一个受欢迎的人。

为实现以上教育目标，根据教育课程的编制方针，韩国提出了教育课程所追求的人间偶像是"健康的人、自由的人、创意的人、道德的人"[②]，并为此制定了相应的教育方针。

（三）"民主的市民教育"

韩国实施的"民主的市民教育"，以作为民主市民的青少年应具有的权利和义务为起点，使青少年获得自由民主的社会价值观和规范，排除自我中

---

① 王余幸，袁爱玲. 美、日、韩三国文化视野下的学前教育课程特色[J]. 教育导刊·幼儿教育，2006，（5）.

② 纪元. 上海市中学生物学教学实施生命教育的思考与探索[D]. 上海：上海师范大学，2006：7.

心的价值观和暴力文化，并通过学校生活，掌握民主的生活态度。为此，它的对象不仅限于学生，还包括教师。

韩国为推进"民主的市民教育"而制定的新的教育规划的主要内容如下：

第一，保障学生的合法权益，创设符合学生成长的校园环境，拓展学生的学习生活空间，塑造符合未来社会需要的有素质的合格公民。在校内建立学生裁判所、学生咨询机构、模拟国会等，以期在校内能合理解决发生的各种问题，建立彼此相互了解和民主化的协作体制。

第二，尊重人的尊严。学生指导方法规定，严禁教师体罚学生，因为体罚会带来学生身体和心灵上的双重伤害，易导致学生产生暴力倾向。倡导教师要尊重学生，爱护学生，注重正向语言，预防学校欺凌，营造学生身心健康发展的良好氛围。教育部门还会结合学校的实际情况，推出"暴力被害认识计划"。该计划是通过对欺侮、暴力等加害者和被害者的双方带来身体的痛苦和精神的伤害等的认识，提高学生对暴力的危险性和恶劣影响的重视程度。

在教育部门为青少年实施的"民主的市民教育计划"过程中，加强地区社会之间的协作是必不可少的。韩国社会团体中的志愿者都积极提供各种现场体验的机会，家庭、地区社会共同配合，并通过公共媒介发挥民主的市民教育的机能。社会团体、大学、企业等积极协助，支持和鼓励教师开办"民主的市民教育"的相关讲座。

（四）小学公民道德教育课程的主要内容和体系

以社会教育和学校教育为教学目标的第七次教育课程改革强调把学校教育和社会教育相结合，双管齐下，帮助学生养成良好的行为习惯，培育符合社会需要的未来公民。同时第七次教育课程改革还特别注重引导学生认同本国本民族的传统文化，一并纳入道德教育的指导理论和教学内容。以下是修正后的小学公民道德教育科目（"正直的生活"和"道德科"）的内容和教学目标。

第一，让学生熟悉作为一个韩国人应具备的基本生活习惯、礼节和道理。

第二，提高学生道德修养和道德判断能力。

第三，提升学生的国际理解素养，关心世界，关爱人类。

第四，帮助学生热爱生活，热爱生命，拥有理想信念，奋斗精神。

第七次教育课程规定，小学公民道德教育课程的学习指导方法为：

第一，要符合公民道德教育本质特性的指导方法，以及适用于教室外的学习活动课程等多样化的指导方法。

第二，积极地运用以直接性实践和体验为中心的指导方法。

第三，为了强化人性教育，依据第七次教育课程中新设的教师裁量权的规定，让学生们获得道德体验应给予一定活用时间的指导方法。

根据韩国教育部门公布的《道德学科教育课程》，韩国小学教育阶段学校德育课程内容见表 7-12。

表 7-12 韩国小学教育阶段学校德育课程

领域	一般性的知识	内容要素		技能
		三至四年级	五至六年级	
与自己的关系	作为人，为了正直的生活，要对自己保持诚实、自我约束	● 道德时间学习什么？（勤勉、诚实） ● 为什么要节约？（时间管理和节约） ● 为什么要全力以赴？（忍耐）	● 怎样能更好地调节感情？（感情表达和简单调节） ● 自主性生活是什么？（自主、自由） ● 正直的生活是怎样的？（正直的生活）	● 道德性自我认同感：自我认识和尊重/调节自我感情/表达自我情感 ● 道德习惯化：制定生活计划/重复最佳实践/战胜诱惑
与他人的关系	为了与家人和周边的人共同生活，相互尊重、遵守礼仪、服务与协作	● 为了家人的幸福应该怎么做？（孝、友爱） ● 怎样维持与朋友的良好关系？（友情） ● 没有礼仪会变成什么样？（礼仪） ● 一起做事有什么好处？（协作）	● 在网络上应遵守哪些？（网络礼仪、守法） ● 彼此想法不同的时候应该怎么做？（共感、尊重） ● 我们为什么要帮助别人？（奉献）	● 道德性对待他人关系的能力：倾听·道德性对话/理解他人的立场·认证/遵守约定/感恩 ● 道德情绪能力：具有道德敏感性/培养同感能力/接纳多样性
与社会·共同体的关系	为打造公正的世界，应遵守法律、尊重人权，有适当的统一观、人类之爱	● 我在公共场所应该怎么做？（公益、守法） ● 与我不一样，有差别也可以吗？（公正性、尊重） ● 为什么需要统一？（统一意志、爱国心）	● 为什么要尊重彼此的权利？（尊重人权） ● 为了社会的公正应该怎么做？（公正性） ● 正确的统一方式是什么？（统一意志） ● 全世界的人民是如何生活的？（尊重、爱人类）	● 共同体意识：采纳观点的方式/公益奉献/服务活动 ● 道德判断能力：理解道德价值和品德/正确决策/想象行为的结果
与自然·超然的关系	为履行作为人的道德责任，对生命、自然保有真正的喜爱和积极态度	● 生命为什么珍贵？（尊重生命、自然爱） ● 美满的生活的人是什么样的？（对美的喜爱）	● 在经历困难的时候为什么需要积极的态度？（尊重自我、积极的态度） ● 我生活得很正直吗？（伦理性反思）	● 实践能力：培养实践意识/有责任感地做事 ● 伦理性反思能力：培养审美能力/建立与自然的纽带/反思和心理管理

资料来源：韩国教育部. 道德与教育课程，2015

（五）初中公民道德教育课程的主要内容和体系

韩国初中公民道德教育基本上包含学生道德人格的形成以及为达成人性教育和民主市民教育的目标而指导和直接体验的过程。

根据韩国教育部公布的《道德学科教育课程》，韩国初中教育阶段学校德育课程内容见表 7-13。

表 7-13　韩国初中教育阶段学校德育课程

领域	一般性的知识	内容要素	技能 （*表示共同技能）
与自己的关系	学习作为人在生活中所需要的核心要素——道德，追求真正的幸福；形成对自我的正确认同	● 为什么要过道德的生活？（道德的人生） ● 为了能道德的行动需要些什么？（道德的行为） ● 我会成为什么样的人？（自我认同） ● 生活的目标是什么？（生活的目标） ● 为了幸福应该如何生活？（幸福的人生）	● 确立道德认同感的能力：道德性自我认知·尊重·调节能力/模仿 ● 道德保健能力：培养心理弹性/保持健康的心灵 ● 高层次的思考能力*：批判性思考能力/创意性思考能力/关怀性思考能力/提出道德性依据和理由
与他人的关系	为了养成在家庭·邻里·学校以及网络等空间中都能正直的关系，需要能够尊重和关怀他人的态度，发生冲突时能通过合理的沟通平和地解决问题	● 如何解决家庭中的矛盾？（家庭伦理） ● 真正的友情是怎样的？（友谊） ● 性的道德意义是什么？（性伦理） ● 如何处理邻里关系？（邻里生活） ● 信息化时代我们应该如何沟通？（信息通信伦理） ● 如何和平解决冲突？（和平解决冲突） ● 如何对待暴力？（暴力的问题）	● 建立道德性成人关系的能力：采纳他人意见/解决道德冲突 ● 道德沟通能力：共感和倾听/运用多种方法进行沟通 ● 道德情感能力*：理解·表达·调节道德性情绪 ● 避免危害的能力*：考虑行为结果/有责任感的行为
与社会·共同体的关系	对人的尊严和文化多样性的尊重是一般伦理道德的保障；作为一个国家共同体的公民，要为社会正义、实现和平统一做贡献；作为世界公民，要为解决地球共同体面对的道德问题作出努力	● 人权的道德含义？（尊重人） ● 对多文化社会发生的冲突应该如何解决？（文化多样性） ● 作为世界公民，道德关系又是怎样的？（世界公民伦理） ● 作为国家的一员，正确的姿态是怎样的？（道德公民） ● 正义是什么？（社会公义） ● 对我们来说，统一的意义是什么？（统一伦理意识）	● 多文化共同体世界公民伦理意识形成能力：反映多样性/限制社会偏见/成为共同体的一员/采纳普遍性观点 ● 统一伦理意识形成能力：确立指向未来的统一观念

续表

领域	一般性的知识	内容要素	技能 （*表示共同技能）
与自然·超然的关系	通过新环境的生活和使用新环境科学技术，保障可持续的未来；通过伦理性的反思达到对生与死的平和心态	● 人与自然的和谐关系是怎样的？（自然观） ● 科学技术与道德的关系是什么？（科学伦理） ● 生与死的意义何在？（生命的珍贵） ● 怎样实现心态的平和？（心态的平和）	● 发挥生命感受性的能力：采纳亲生命性观点/熟悉亲生命性实践技术 ● 专注思考的能力：追求生态的可持续性/追求心态平和 ● 存在认识能力*：建构道德性表述/建构生命的意义 ● 实践倾向和意志*：探究实践方法/培养实践意志

资料来源：韩国教育部. 道德与教育课程，2015

　　评估方法是同初中过去的理论评估标准相脱离，通过实践使之逐步完善。事实上，经过多次修改教育课程，韩国公民道德教育科目评估的标准更向多样化方面发展，逐渐地从片面的以学习成绩为中心的测定中脱离出来。初中公民道德教育评估方法中，最重要的是对于道德的判断力、道德的价值和态度的评估、实践意志、一定程度的社会奉献。按照每个人的参与程度和实践成果来评估，可以说是一种较为客观的评估方法。

（六）高中公民道德教育课程的主要内容和体系

　　高中公民道德教育（一年级"道德"，二年级"市民伦理"，三年级"伦理与思想""传统伦理"）是在规范科学的基础上，对个人和社会关系伦理观的培养。从社会科学的角度，通过对民主、民族主义理念和共同体等理论的探究，形成正确的国家观和民族观。同时，还有对个人伦理、社会伦理、国家伦理等基本思想的探究，使学生认识到作为民族共同体中一员的使命感。因此，高中公民道德教育并不是单纯的教授伦理学的科目，而是在广泛的规范科学和社会科学领域基础上开设的强调实践的课程。

　　第六次教育课程中的小学、初中的公民道德教育科目被称为"道德"，高中被称为"伦理"。但在第七次教育课程中，高中公民道德教育被细分为"市民伦理""伦理与思想""传统伦理"等科目。经过第七次教育课程、2009年新课程改革等一系列改革，韩国的公民道德教育又进一步得到了完善。

　　根据韩国教育部《道德学科教育课程》，韩国高中教育阶段学校德育的内容可分为三个部分："生活与伦理"、"伦理与思想"和"古典与伦理"。

1. "生活与伦理"科目的特点和教育目标

　　"生活与伦理"是以高中二、三年级的学生为教育对象，使学生对市民生活具备正确的伦理观和实践的科目。因此，"生活与伦理"是为了让高中生掌握作为民主市民的资质和能力，具备解决现代社会诸多问题的能力和态度。具体内容见表7-14。

表 7-14 韩国高中教育阶段学校德育内容"生活与伦理"

领域	一般性的知识	内容要素	技能
现代生活与实践伦理	伦理学可以分为人类伦理和实践伦理，如果说人类伦理是道德原理的依据，实践伦理则是道德原理的基础，对正确解决伦理的方式进行探索的学问	1. 现代生活和实践伦理：该如何解决现代生活中各类伦理问题？ 1）现代生活与多样的伦理问题纷争 2）实践伦理学的性质和特征	● 伦理性反省和实践倾向：理解伦理学/伦理问题应用/提出伦理性实践方案
	作为处理现代社会多样伦理问题的方式，东方的儒教、佛教、道教伦理和西方的义务论、功利主义都可以使用；而如今新的处理方式，即道德科学也正在应用	2. 现代伦理问题的处理：如何运用东西方的伦理来解决现代的伦理问题？ 1）东方伦理的方式 2）西方伦理的方式	
	为应对现代社会多样的问题，可以将伦理性反思和道德性探究结合起来	3. 对伦理问题的探究和反思：为了了解开伦理争论的焦点，我们需要什么呢？ 1）道德探究的方法 2）伦理反思和实践	
生命与伦理	人的一生从出生开始到死亡都伴随着伦理问题，而争论的焦点包括人工流产、自杀、安乐死、脑死亡等	1. 生与死的伦理：关于生命的开始和终结的伦理是什么？ 1）出生的意义和生活的价值 2）与死亡关联的伦理争论焦点	● 自我尊重和管理能力：从伦理的角度进行说明
	与生命有关联的技术发展是以生命的尊严性为基础的；与生命尊严性相关的伦理性争论焦点是克隆、基因治疗、动物实验等	2. 生命伦理：因为生命科学技术发展所带来的伦理争端？ 1）克隆和基因治疗问题 2）动物实验和动物权利问题	● 伦理反思和实践倾向：通过伦理理论合理化
	性作为爱情中实现人与人人性交感的纽带具有意义，从生物科学角度来说具有生殖的意义，从社会人文的角度具有人格价值，从欲望的角度具有获得快感的价值	3. 爱情和性伦理：性的价值是什么？性与爱情的正确关系是什么？ 1）爱情和性的关系 2）结婚与家族伦理	● 道德性人际关系：以伦理的视角反思
社会与伦理	职业伦理是在工作中应该遵守的价值和规则，清廉则是防止职场生活中可能出现的各种腐败和打造公正社会的原动力	1. 职业和清廉伦理：如何通过职业获得幸福的生活？ 1）职场生活和幸福的人生 2）职业伦理和清廉	● 道德共同体意识：用伦理的观点进行说明/提出建设公正社会的方案/提出伦理实践方案
	社会正义可以分为分配正义和矫正正义两类。分配正义是指将社会利益和责任公正地分配；矫正正义则是通过国家法律纠正不正当行为	2. 社会正义和伦理：为了社会的正义发展，我们需要的正义有哪些？ 1）分配正义的意义和伦理争论焦点 2）矫正正义的意义和伦理争论焦点	
	国家对公民的义务。保护公民的生命、财产、人权的义务；增进公共福利保障的义务等。公民参与政治则是控制国家乱用权力、合理解决公共问题、更高层次民主社会建立的基础	3. 国家和公民伦理：参与是公民的义务吗？ 1）国家的权利和对公民的义务 2）民主公民的参与和公民抗命	

续表

领域	一般性的知识	内容要素	技能
科学与伦理	与科学技术有关的伦理包括剽窃、资料造假等。针对这些科学技术研究过程中可能出现的问题，以及个人和社会在现代科学技术影响力上的增强，科学技术伦理的责任越来越重要	1. 科学技术与伦理：科学技术是事实问题还是价值问题？ 1）科学技术价值中立论 2）科学技术的社会责任	● 伦理反思和实践倾向：用伦理观念合理解释/用伦理观点进行批判/提出伦理性实践方案
	随着信息技术的发达，产生了网络暴力问题、著作权问题、私生活侵害问题等，那么媒体作为批判社会问题的角色应该严格地担负起伦理的责任	2. 信息社会和伦理：网络空间伦理与现实伦理有不同吗？ 1）信息技术发展与信息伦理 2）信息社会的媒体伦理	
	对待自然，有人类中心主义、动物中心主义、生命中心主义、生态中心主义。对于当下的环境问题伦理争论的中心有气候正义问题、对未来后代的责任问题、生态可持续性问题等	3. 自然与伦理：与可持续发展相关的伦理是什么？ 1）对待自然上东西方的观点 2）关于环境问题的伦理争论焦点	● 道德共同体意识：提供伦理性实践方案
文化与伦理	对于美术和道德关系，有强调美学价值和善价值的道德主义立场；有低估美学价值和善价值的艺术至上主义的观点；当下大众文化中存在的伦理问题是暴力性和煽动性问题、文化从属于资本等问题	1. 艺术和大众文化伦理：艺术与道德之间是否一定存在冲突？ 1）美学价值和伦理价值 2）大众文化的伦理问题	● 伦理反省和实践倾向：以伦理的观点进行批判
	衣食住伦理是与衣服、饮食、住所相关的生活中必要的行动、规则。伦理性消费则是指按照伦理性价值购买物品和服务	2. 衣食住伦理和伦理性消费：为什么会出现衣食住和消费的伦理问题？ 1）衣食住的伦理 2）伦理性消费文化	● 伦理反思和实践倾向：提出伦理性实践方案
	为了在多样文化和宗教共存的社会中确立尊重和宽容的多文化公民意识，对文化的多样性和普遍伦理的问题、对多文化包容的范围和界限、宗教冲突和共存等问题需要进行反思	3. 多文化社会的伦理：是否存在超越文化的普遍价值？ 1）尊重文化多样性 2）宗教的共存和包容	● 道德共同体意识：用伦理的观点进行批判/提出伦理性实践方案
和平和共存的伦理	当下我们社会中代表性的问题冲突有理念冲突、地域冲突、时代冲突；为了真正实现社会的统一，需要以相互尊重和信任为基础的伦理性沟通和讨论	1. 解决冲突和沟通的伦理：为了克服社会中多样性的纷争需要怎样的沟通伦理？ 1）社会冲突和社会和谐 2）沟通和讨论的伦理	● 道德共同体意识：用伦理性观点进行批判/用伦理的观点合理化/提出伦理性实践方案
	地球村时代的国际正义要在国际冲突、反人道主义犯罪、国家间贫富差异、绝对贫困等问题解决后才能实现。为了地球村，需要完善制度、海外援助、肩负起伦理性责任和贡献	2. 地球村和平和伦理：实现地球村和平的方式是什么？ 1）国际冲突解决和和平 2）对国际社会的责任和贡献	

资料来源：韩国教育部. 道德与教育课程，2015

2."伦理与思想"科目的特点和教育目标

"伦理与思想"是以高中三年级的学生作为教育对象，是为了帮助学生认识在人类生活中的伦理与思想的重要性，掌握东西方伦理及现代社会思想的潮流和特征，确立韩国伦理与思想基本框架的科目。具体内容见表 7-15。

表 7-15　韩国高中教育阶段学校德育内容"伦理与思想"

领域	一般性的知识	内容要素	技能
人和伦理思想	人在与他人的关系中，通过遵守伦理实现正直的生活	1. 人在生活中为什么需要伦理思想和社会思想？ 1）对人性的多样性观点 2）生活中伦理思想和社会思想的重要性	● 伦理反思和实践倾向：理解伦理·社会思想的概要/反思伦理·社会思想与生活的关系
	韩国和东西方伦理思想、社会思想为现代的道德人性和生活提供了基础	2. 伦理思想和社会思想在我们的生活中扮演怎样的角色？ 1）韩国、东西方伦理思想和我们的生活 2）社会思想和我们的人生	
东方和韩国伦理思想	东方和韩国的伦理思想在很多方面都有渊源，为人类幸福、社会秩序的实现提供了原理和方法	1. 爱的本源：实现人类幸福和秩序的原理和方法是什么？ 1）东方伦理思想的本源 2）韩国伦理思想的本源	● 伦理反思和实践倾向：理解东方和韩国伦理思想/思想观点的对比·反思/反思生命的意义和目的/提出伦理性的实践方案/对修养方法的理解和实践
	强调人与人之间的关爱即仁思想的儒教思想，是道德确立的根据，并为道德的探索提供了方法	2. 仁：如何实现以仁为根基的社会？ 1）道德成立的依据：道德心和制度法规 2）探索道德规则的方法：查清事物的道理、恢复主体的道德性	
	韩国的儒教是在朝鲜性理学的基础上对人类善良的心灵的探索和实现方式的深层次探索，对性理学在哲学思辨上的有限性从实证性/实用性的角度进行了批判	3. 道德的性情：韩国儒教如何理解人的道德性情？ 1）道德感情：对纯道德本性的发现和一般感情的道德调节 2）道德本性：法理角度的实体和内心的喜好	
	佛教思想认为通过对万物都处在相互依存的关系中的领悟，通过战胜苦痛追求涅槃，强调对众生的慈悲，发展大乘佛教	4. 慈悲的伦理：真是能摆脱困境实践慈悲的方式是什么？ 1）醒悟：所有存在都是由无和意识创造的 2）醒悟的方法：理解经典和直观本性	
	韩国佛教是以万物皆生于心的领悟基础上，对东方的观点进行整合，进一步强调了沟通和实践性	5. 纷争与和谐：最正确处理纷争的方式是什么？ 1）韩国佛教的传统：化争思想和传教整合 2）韩国佛教的伦理特征	

续表

领域	一般性的知识	内容要素	技能
东方和韩国伦理思想	追求道的道家思想，是强调自由和万物平等的思想。道教的思想和韩国固有思想的融合形成了韩国的传统文化	6. 无为自然的伦理：怎样才能实现永远自由和平等的世界？ 1）道德思想的展开：老子和庄子 2）道德思想的影响：道教的成立和韩国固有思想的融合	
	韩国传统伦理思想为了适应近代的剧变而做了很多努力。东方伦理思想的理想人格为今天自我完成和道德社会实现提供规则和价值的原点	7. 现代社会中韩国和东方伦理思想的意义是什么？ 1）韩国传统伦理思想的近代指向性 2）东方的理想人性和公民	
西方伦理思想	西方伦理思想起源于古代古希腊思想和希伯来文化。古希腊思想克服了相对主义伦理，确立了普遍主义伦理	1. 思想的渊源：普遍伦理是从何处起源的？ 1）古希腊思想和希伯来主义 2）规范的多样性和普遍道德	• 伦理反思和实践倾向：理解西方伦理思想/比较·反思西方思想/确定生活的意义和目的/提出伦理性实践方案
	指向成熟人格和自我实现的有道德的生活本身就是获得补偿的幸福生活	2. 德：有德的生活是怎样的？ 1）灵魂的正义和幸福 2）理论和实践的卓越性和幸福	
	拥有不被肉体的苦痛、情感动摇的平常心和即使情思妨碍也毫不动摇的不动心，就能实现理想的幸福生活	3. 追求幸福的方法：通过追求快乐可以实现幸福吗？ 1）对快乐的追求和平常心 2）禁欲和不动心	
	超越对律法的遵守，以善心作为基础，用爱的行为去实现人的本性	4. 信仰：真正的信仰是什么？ 1）基督教和爱的伦理 2）永恒伦理和自然法伦理	
	能区分正确和错误的理性和对他人所处的情况产生共感的情感，是主体进行正确判断和行动的原点	5. 道德的基础：道德判断和行为的依据是什么？ 1）道德性生活的理想 2）道德性生活的感情	
	关于行为的对与错，可以分为强调始于善意的义务论和强调行为结果的结果论	6. 对与错的基准：判断对与错的标准是什么？ 1）义务论与康德主义 2）结果论与功利主义	
	通过指向实际问题解决的、强调个人责任的道德，可以促进道德的进步和改善	7. 现代的伦理生活：主体性是否存在，能否解决实际问题？ 1）主观结论和实存 2）实用主义和解决问题的有用性	

续表

领域	一般性的知识	内容要素	技能
社会思想	社会思想是以对社会的体系性说明和评价作为基础，为构建更适合人类生活的社会提供实践方案	1. 社会思想：理想社会可以实现吗？ 1）人类生存和社会理想的目标 2）东西方理想社会论的现代意义	● 道德共同体意识：理解社会思想/认识个人与共同体的关系/对社会法规的遵守和批判性接受/用伦理的观点批判·反思/用伦理的观点说明·合理化/提出构建伦理社会的方案
	与把国家认为是道德共同体构成的前近代社会不同，近代社会中，国家是为了个人存在和利益保护而存在	2. 国家：是目的还是手段？ 1）关于国家的起源和本质的观点 2）关于国家角色和正当性的东西方思想	
	现代多元主义社会保障个人自由和权利；通过共同体成员间的自由联合，追求个人的善与共同的善的和谐	3. 公民：是个体性存在还是社会性存在？ 1）公民自由和权利的依据 2）共同体、共同善以及公民德性	
	近代的民主主义思想指向人类的尊严、自由、平等，在现代社会中延续了对公民参与和沟通的强化	4. 民主主义：民主主义的理想该如何实现？ 1）近代民主主义的目标和自由民主主义 2）道德自由性和责任感以及公民沟通和纽带	
	资本主义保障财产私有权和自由市场经济，为实现个人自由提供基础的同时，也造成了物质主义、社会两极化、人际关系疏离等问题	5. 资本主义：资本主义的原理和现实问题是什么？ 1）资本主义规则的特征和贡献 2）对资本主义的批判和对策	
	为实现世界和平，需要在全球性价值法规起草和公民伦理等领域做出努力	6. 和平：世界公民和世界和平可以实现吗？ 1）东西方多样的和平思想 2）世界公民主义和世界公民伦理构想	

资料来源：韩国教育部. 道德与教育课程，2015

3. "古典与伦理"科目的特点和教育目标

"古典与伦理"是以高中三年级的学生作为教育对象，其目的是让学生用现代人的视角去重新审视古人生活中实行的伦理生活，从而使学生坚定地建立作为韩国公民应该具备的正确的伦理认识和态度。具体内容见表7-16。

表7-16　韩国高中教育阶段学校德育内容"古典与伦理"

领域	一般性的知识	内容要素	技能
与个人的关系	道德生活的出发是从"志向的树立"中开始的，然后为了实现确立的志向而努力生活	1.《击蒙要诀》——树立志向与我的人生 1）"立志"是什么意思？为什么要立志？ 2）为了实现自己的志向应该做哪些努力？	● 道德自我认同性：培养自我认知和自我接受的能力/领

领域	一般性的知识	内容要素	技能
与个人的关系	修心是为了寻找"真正的自我",其过程是通过各种方式的渐修来实现顿悟	2.《修心诀》——寻找真我和修心 1)"真正的我"是什么? 2)如何通过实践实现顿悟?	悟伦理性反思能力和实践倾向/培养责任意识/培养尊重他人的态度
	按照康德的义务论,道德行动是对定言令式的遵从,无论何人何地都应该遵守	3.《道德形而上学基础》——道德法则和人的尊严性 1)我做道德性选择和行动的原理其本身是否是道德的?如果不是的话是为了什么? 2)人类尊严的依据是什么?应该如何对待他人?	
与他人的关系	幸福作为最终目的是将人本性中的理性充分地发挥;为了成为道德的人,就要养成道德的习惯和意志	1.《尼各马可伦理学》——作为最高目标的幸福和道德 1)亚里士多德所说的终极目标幸福是什么? 2)为了实现幸福生活我应该成为怎样的人?需要什么能力?	● 道德的他人关系能力:认识到人是处于关系之中的/培养道德习惯和实践智慧/培养道德敏感性
	孔子的核心思想是仁,要求在日常生活中做到"爱人"	2.《论语》——作为人性的仁心和实践 1)仁心是什么? 2)实践"仁"有哪些不同的方法?	
	人是生活在与世界结成的纷繁的关系之中,每个人的行动都会影响到所有人,因此在生活中要常怀慈悲之心	3.《金刚经》——存在关系中的我与施与 1)我与这世界结下怎样的关系? 2)如何在日常生活中实践施与与慈悲?	
与社会·共同体的关系	正确的共同体生活在成员关系和谐、正义得到确立的国家才能实现	1.《国家》——和谐的精神和正义的国家 1)和谐的精神和正义的国家是怎样的? 2)柏拉图为什么主张哲人政治?现在民主主义国家对哲人政治的意图和制度是如何理解的?	● 道德共同体意识:认识个人与共同体的关系/对共同体的道德规则持批判性的认识和实践/培养对经过社会讨论的法规的实践意志
	公职人员应该保持清廉、热爱人民的心态为共同体而奉献	2.《牧民心书》——公职人员应有的态度是清廉和爱民 1)公职人员为什么要清廉? 2)"公职人员要照顾好百姓"这句话的真正含义是什么?	
	在现代社会中,正确的共同体是根据全体成员都同意的正义观和自由平等原则而形成的	3.《正义论》——为了实现正义社会的正义原则 1)正义是过程正义还是结果正义? 2)罗尔斯为什么主张差别原则?对于差别原则我们可以达成哪些共识?	

续表

领域	一般性的知识	内容要素	技能
与自然和超然的关系	功利主义伦理认为道德的准则是最多数人的最大程度幸福，伦理的考虑不仅仅是人，而是能感受痛苦和快乐的所有	1.《功利主义》《动物解放》——最多数人最大程度幸福的道德关怀对象的扩大 1）"最多数人最大程度的幸福"是合理的道德基准吗？ 2）成为道德关怀对象的条件是什么？	● 道德性观点的拓展和对价值多样性的尊重：理解道德观点拓展的依据/对一般性角色交换树立正确认识/理解价值多样性和接受能力
	道家思想是追求人生"无为自然之道"，是超越偏见、固有观念，追求真正自然的哲学	2.《老子》《庄子》——从自然中领悟生的智慧，超越偏见和固有观念的真正的自由 1）"自然之道"是什么智慧？ 2）我们为什么要打破偏见和固有思想？我所拥有的偏见和固有思想会对我与他人的关系造成哪些影响？	
	真正的宗教包含伦理思想，通过宗教间的交流和包容的行动可以实现宗教间的共存	3.《新约》·《古兰经》——宗教对人生的意义和对待宗教的态度 1）宗教对我们的生活具有哪些意义？ 2）为了不同宗教的共存，我们应该具有怎样的态度？	

资料来源：韩国教育部. 道德与教育课程，2015

第三节　韩国青少年生命教育的实施路径

在韩国，有效开展公民道德教育，是实施生命教育的重要路径。在教育部门的引导和规范下，很多中小学校都非常注重公民道德教育中的方式方法，不仅坚守传统的有效教育方式，而且根据时代的需要和学生发展的特点，积极地借鉴各种有效的德育方法和手段，比如换位思考方法和遵循道德认知发展规律方法等。在教学手段上，教师也经常采用"讲一讲""议一议""辩一辩""唱一唱""演一演""学一学""做一做"等形式，注重课堂教学的趣味性、参与性和互动性。

在课程实施的形态上，韩国中小学普遍采用专设课程和渗透课程相结合的方式协同推进。专设课程是专门的德育课，系统、有序、全面地讲解道德教育的相关内容；渗透课程是把道德教育的目标融入到其他学科中，渗透到学校服务和管理中，同时也注重在社会教育中，构建起多渠道、立体化的课程形态。

一、中小学公民道德教育的方法

韩国中小学公民道德教育的主要方法有以下几种。

（一）价值澄清法

价值澄清理论由路易斯·拉斯等人提出。他们认为，经济迅速发展所带来的文化碰撞使得学生们面临着越来越多的价值选择和冲突，与其给青少年灌输某种价值观念，不如用价值澄清的方法帮助青少年"自由选择、珍惜选择、根据选择行动"，进而使自己获得价值观念并形成内在牢固的价值观。[1]价值澄清理论认为德育的任务不是向学生传授所谓的"正确的"价值观，而是需要帮助学生能够自由地寻找、理性地思考和审慎地抉择。价值澄清法可分为以下5个步骤：①认清问题，找出各种可能的选择；②衡量各种选择的利弊；③考虑各种选择的后果并做出选择；④珍惜并愿意公开所做的选择；⑤根据自己的选择采取行动。[2]

（二）设身处地考虑法

设身处地考虑法，简单来说就是把问题情境化，通过设置很多和学生生活相关的问题，引导和帮助同学积极参与和思考相关问题的解决之道，这也是我们今天经常提及的沉浸式学习的特征。设身处地考虑法不同于学科知识的学习路径，而是采用行动学习、生活学习的方式方法，让学生在问题情境中，结合自身的生活实践，站在别人的立场去感同身受，从而提出不同的看法。问题没有标准答案，因而课堂显得更加地自由开放，同学之间也能互相分享彼此的观点和想法，因此更能得到学生的喜欢。

（三）道德认知发展法

道德认知发展学说是从发生学的角度去理解学生的心理认知和道德发生发展的规律和理论。道德认知发展法是遵循学生道德认知发展特征，把学生的道德发展看作是一个具有阶段性、螺旋式上升发展的过程。道德认知发展法认为，学生的道德发展来源于学生自我道德的认知矛盾和冲突，通过创设有效情境，用适当的方法引导学生从低级认知向高级认知转变，从而

---

① 马千惠. 论价值澄清理论对我国学校德育的启示[J]. 科教导刊（上旬刊），2019，（31）.
② 王燕，马莉. 世界中小学校公民素质教育的现状与启示——普法教育的视角观察[R]. 北京教育科学研究院，2006.

使学生得以发展到更高的道德认知层次，促进道德行为的发生，提高学生的道德素养。

二、中小学公民道德教育的途径

（一）开设公民道德教育课程

通过专门开设课程来加强公民的道德教育，一直以来是韩国对公民进行道德教育的最主要的途径之一。专设课程有固定的师资、学时保障，能够系统地向学生传授道德的知、情、意、行。尽管在不同的时期的专设课程在名称、目标、内容、方法上各有所侧重，但却始终是韩国公民道德教育的主要抓手。

（二）将公民道德教育渗透在各科教学之中

除了德育的专设课程之外，韩国中小学还特别注重发挥其他学科在德育方面的促进作用，即把德育的重要内容、目标融入在各个学科的教学目标设计和内容体系中。例如，在韩国的语文学科教学中，就融入了韩国的历史文化、礼仪风俗、传统价值观念等教育元素，让学生在语文学习中能够潜移默化地了解和学习社区和睦、谦让礼让、助人为乐、孝顺父母等价值观。除了语文学科，其他学科如历史、宗教、地理等，也都渗透了上述德育元素，学科渗透课程和专设课程一起构成了公民道德教育的良好生态。

（三）丰富的实践活动

无论是专设课程还是学科渗透课程，都主要是以知识化、理论化学习为主要特点，为弥补这一不足，提升身体行为的学习参与，韩国教育部门特别重视通过丰富的社会生活实践活动，来激发学生的参与性、互动性，提升道德教育的效果。一些丰富多彩的实践活动既有课堂内的，也有课堂外的。在课堂内注重以活动体验为主来设计教学，让学生在角色扮演、互动讨论、体验分享中学习；在课堂外注重带学生进行实操训练、参观体验、研学拓展、专题教育等，通过这些活动课程提升学生的交往、管理、领导等技能。

（四）建立综合的公民道德教育体制

韩国教育部门还特别重视构建学校–家庭–社会三位一体的主体共育格局。政府部门充分发挥家庭在培养未来公民中的基础性作用，强调以家庭为根本，学校为纽带，社会为网络的道德教育共同体建设。家庭、学校和社会相互协作，优势互补，形成教育合力，为学生身心的健康发展，营造良好的教育生态，切实提升公民道德教育的整体实施效果。

三、中小学公民道德教育的评价

道德教育的目的，归根结底要落实在一个个合格的未来公民身上，也就是体现在学生的日常道德行为中。因此，道德教育的价值，不能停留在只是教给学生对于道德问题或现象的认知和思考，而是要体现在学生的品德与行为中。

韩国中小学的公民道德课在刚开始时，是以考查学生的道德知识水平作为主要衡量依据的。进入 20 世纪 80 年代后，韩国社会出现了诸多的社会危机和乱象，青少年犯罪率不断增长，这引发了人们对教育的质疑和不满，对学校的教育尤其是公民道德教育提出了很多意见和建议。有学者指出，道德课程的教学理念和原则要进一步明确，"道德课不应只对道德知识的掌握进行评估，而应该多方面地考察教育效果"①，应该对学生的道德品质进行客观、全面的评估。

针对于此，韩国教育部门开始对公民道德教育课程的评价方式进行改革。强调，"道德课程评估应坚持多样化原则。评估内容应包括道德知识、道德信念与态度、道德思考能力等方面"②。在教学方法上摒弃原来以笔试为主的考核方式，探索基于采用综合素质评价的过程性、实践性评价方式。根据上述要求，韩国中小学道德教育课程评估分为以下四部分：

第一，在以笔试为主的道德知识考核内容上，增加多选题，主观题等开放性、灵活性问题。

第二，注重在行为层面，如习惯养成、口头表达、学习态度等方面，考察对学生的道德认知。

第三，通过设置情境，让孩子参与道德价值的选择与判断，从而有效评估孩子的道德思辨能力。

第四，注重在丰富多样的生活实践课程和活动中，来观察和测试学生的道德实践和生活能力，这也是前三种评估的系统整合。

评估的改革与实施是课程教学的难点，它考察的是教师的综合能力和教

---

① 张文学，丁振国. 韩国中小学道德教育研究[J]. 比较教育研究，2010, 32（3）.
② 张文学，丁振国. 韩国中小学道德教育研究[J]. 比较教育研究，2010, 32（3）.

学素养，更是对教师公正公平、全面客观评价能力的考验。道德教育多元评估的实践也对教师专业发展提出了新的要求，在一定程度上推动着道德教育课程不断发展。

第四节　韩国青少年生命教育的启示

一、科学规划公民道德教育的目标体系

韩国的道德教育的目标，始终围绕着促进人和社会的交往，帮助个体在社会生活实践中养成良好的行为习惯展开，旨在培养认同韩国文化的合格公民。这也启示我国，在生命教育中要关注拓展人的社会生命，从社会关系的角度去丰富人的生命性，去关照人的社会生活，这对当下我国的道德教育和生命教育都是具有十分积极的借鉴意义。当前在我国"00后""10后"这些年轻一代的身上，彰显着个性和自由的特征，但也呈现出责任感不强、社会规范意识不足、自我管理不强等现象，这就需要我国的德育工作更注重在学生内心植入社会人格的因素，把我国优秀传统文化中的思想精华和核心理念运用到道德教育的教学实践中。

二、不断丰富公民道德教育的内容

在公民道德教育的内容选择上，韩国不仅重视本民族的优秀历史文化，而且还积极地借鉴我国的儒教文化资源，不断培育符合本国国情的优秀公民，这对于我国当前开展生命教育也有着积极的借鉴意义。一方面，我们要继承和发扬我国优秀的传统道德文化，具体在内容设计上可以从引导和培育学生的私德、公德、大德三个方面来考虑。私德，是要强调在个体和家庭里的道德品质，如孝顺、善良、自尊、自爱等；公德，是要站在学校和社会的角度，强调在社会关系领域中所需要的品格，如团队协作、友爱、守法、诚信等；大德，更多的是站在民族、国家，乃至全人类角度，如忠诚、博爱、为公、正义等。另一方面，我们也要积极地向世界学习先进的道德教育理念和方式，为我所用，培育更多地走向世界的现代中国人。

三、不断创新公民道德教育的方式

不断创新教育教学方式，始终是韩国公民道德教育改革历程的主旋律。实现人才培养和国家需要的动态平衡，是韩国公民道德教育成功的经验总结。同样，如何培养出符合我国经济社会发展需要的公民，是生命教育、道德教育的主要目标，需要我们不断地推陈出新，与时俱进。在实施路径上，首先，应实现国家德育课程的校本化、校本德育课程的特色化，以各个学校的实际情况为着手点，与国家的德育课程进行整合创新，引导学生爱国家，爱家乡，爱人民；其次，应注重活动课程的开展，如每月一事、仪式庆典、书香校园、研学旅行、志愿服务等活动，提高德育活动的参与性和有效性；最后，应构建道德教育的社会共育机制，实现德育协同育人，建立一种新型的合作关系，即家庭–学校–社会之间共同参与，实现公民道德教育的协同发展，营造良好的德育生态。

四、不断完善公民道德教育评估体系

韩国中小学公民道德教育有着多元化的评估方法和良好的教育实效。当前我国的道德教育存在着"人学空场""重智轻德""言行分离"等问题，究其原因在于道德教育评价始终是一个瓶颈和难题，迫切需要我们进一步完善和改革道德教育评估体系。在评价主体上，应让老师、家长、学生以及其他社会人士都参与到道德评价中，成为道德评价的主体。鼓励学生进行自我评价或组织学生进行匿名互评。这些都有利于个体对自身道德行为，道德情感进行反思和完善。在评价内容上，应全方位地看待学生，注重对学生进行整体而全面的评价，不仅对学生的理论知识进行考查，更要注重对学生实践行为的检测，将知识评价和实践评价相结合。在评价过程上，注重过程和结果的有机结合，采用静态和动态相结合的评价方式，帮助个体不断地自我完善与超越，做最好的自己，赋予德育评价的育人价值。

五、注重传统道德与国民精神教育的结合

在民族的身份认同上，韩国为我们树立了一个良好的典范，即让道德教育成为塑造公民文化身份、提升公民国家身份认同的主渠道。在我国，儒家文化作为中华优秀传统文化的重要组成部分，也是我国道德教育的重要教育

资源。儒家文化中关于"修身齐家治国平天下""天下为公"等的理念，可以和理想信念教育、社会主义核心价值观教育、生态文明教育、心理健康教育等相结合，把传统美德和现代国民精神相融合，培养扎根本土文化的，具有中国精神的现代公民。通过"修身"教育，我们可以引导学生实现个体价值的自我完善；通过"齐家"教育，我们可以帮助学生正确处理好家庭、邻里，乃至社会等方面的关系；通过"为公"教育，我们可以引导学生自觉遵守公共领域里的社会交往原则、礼仪，遵守社会公德；通过"治国"教育，可以引导学生关心国家大事，积极参与公共事务，增强对祖国文化的认同，培育理性的爱国意识；通过"平天下"教育，可以让每一个个体站在人类命运共同体的视角，加深国际理解，促进多元文化认同，追求人类的共同幸福。

第八章

中国青少年生命教育

　　中华优秀传统文化中蕴含着丰富的生命教育思想。我国生命教育起步虽晚，但发展迅猛。内地（大陆）生命教育构建具有中国特色的生命教育理论体系，加强生命教育师资培训，建设生命教育实践基地，丰富和完善了生命教育的理论体系与实践智慧。香港地区的青少年生命教育以全人教育为理念，以认识生命、建构生命、升华生命为主线，以积极的人生观、价值观教育为主导，以体验生命、感悟生命为主要教育形式，促进青少年树立正确的生命观、领悟生命的价值和意义。台湾地区的各级学校、学术界与非营利性组织都非常重视生命教育的推动和实施，生命教育已经成为学校、家庭、社会教育不可或缺的重要组成部分。

第一节　中国内地（大陆）的青少年生命教育

中华优秀传统文化中蕴含着丰富的生命教育思想。整体来说，我国①的生命教育起步较晚，但发展迅猛，特别是在 2020 年疫情暴发后，我国生命教育的发展达到了一个新的高度。本节内容旨在梳理我国的生命教育的发展脉络，希望为生命教育的发展有所裨益。

一、内地（大陆）青少年生命教育的背景

（一）中国传统文化中的生命教育思想

早在三皇五帝时期，神农氏尝百草，燧人氏钻木取火。炎帝教人学会了播种五谷、医药、健身、制琴、音乐、绘画等各种技艺，由此形成的炎帝文化与黄帝文化融合为炎黄文化，是中华文化的源头。到春秋战国时期，百家争鸣，是我国学术文化、思想道德发展的重要阶段，奠定了中华文化的基础，其中蕴含的生命教育色彩，为生命教育的萌芽提供了充足的养分。

儒家思想对中国教育的发展有着举足轻重的影响。"仁"是儒家的核心思想，"仁者爱人"，以人为贵，以孝为本的思想贯穿于儒家生命哲学思想，无不体现了对生命的敬畏和尊重。因此，儒学又称"人学"。儒家生命哲学包含着对生命的珍爱和对生命意义的追求。《孝经》中讲道："身体发肤，受之父母，不敢毁伤，孝之始也。"即珍爱自己的生命才是孝的开始。《孟子·尽心上》中指出："是故知命者，不立乎岩墙之下。"爱护自己的生命就不要把自己置于危险的境地。这些都揭示了儒家仁者爱人、珍爱生命的思想，从爱护自己的生命，再到爱护他人的生命。同时，儒家还提出"以仁安人，以义正我""大学之道，在明明德，在亲民，在止于至善"，重视生命的价值和意义，自然生命和精神生命并重。

老子曾在《道德经》中指出："道大，天大，地大，人亦大。域中有四

---

① 本节中的"我国"仅指代中国内地（大陆）。香港地区内容见本章第二节，台湾地区内容见本章第三节。

大，而人居其一焉。"道家自先秦时期就主张无为而治，重视个体的生命价值和意义，甚至将人与天、地、道并列为世间"四大"，可见道家思想十分重视人的生命。道家向来主张实现人的自我价值，进而达到"逍遥游"的精神状态，庄子继承并发展了老子的思想，世称"老庄"，对后世影响很大。道家思想也成为生命教育思想萌发的重要土壤。

佛教对生命的敬畏和尊重则更为直白，佛教主张普度众生、禁止杀生。佛教认为世间万物都是平等的，不仅要尊重人的生命，也应尊重世间一切生命体。

儒道佛思想对后世影响深远，有着丰富的理论体系，蕴含着深厚的生命教育思想，体现了对生命浓厚的敬畏之情。虽然当时并没有明确提出"生命教育"字眼，但无不彰显了生命教育的深刻意义，因此，笔者认为可将儒道佛思想作为我国生命教育的萌芽阶段。

（二）中国生命教育发展的时代背景

改革开放以来，中国的经济和科技等都得到了飞速的发展，经济的发展给我们的生活带来了翻天覆地的变化，人们的物质生活日渐丰富，但精神生活的匮乏成为不容忽视的问题。校园中自杀与暴力事件频发，所带来的伤痛是整个社会、学校、家庭所不能承受的。如何让青少年从小认识到生命的珍贵、珍惜生命，已成为很多专家学者和教师研究的重点，生命教育应运而生。但由于种种原因，生命教育一直处在"默默无闻"的状态，甚至于很多学生和家长都没有听过"生命教育"这个词汇。因此，我们更应该大力开展生命教育，使人们学会尊重生命、理解生命的意义，从而实现自我生命的最大价值，这就是生命教育的意义所在。

西方国家的生命教育发展在国际上享有盛誉。一些学者认为我国的生命教育的发展主要是借鉴西方，但纵观我国上下五千年辉煌历史，我们惊喜地发现，中国生命教育的发展历程同我们的历史一样，源远流长，它蕴藏在我们伟大的民族精神和民族文化中，等待我们去发掘，并将其发扬光大。

二、内地（大陆）青少年生命教育的目标与内容

（一）中国生命教育的正式提出

1996 年，香港一所中学率先推行生命教育课程。1997 年，台湾地区开始推动中等学校生命教育计划。关于我国生命教育的正式提出，现在主要有

两种观点，一种是由刘慧所提出的，"我国大陆生命教育'萌动'于 1996 年，在一个县级小学科研课题中首次出现'生命教育'一词。从研究成果问世的角度看，系统研究生命教育的论著诞生于 2002 年的博士论文；从政府文件的角度看，2004 年辽宁省教育厅颁布的《中小学生命教育专项方案》是我国大陆第一个生命教育政策文件"①。还有一种观点是由朱小蔓、王定功等学者所提出的，他们认为我国的生命教育思想可以追溯到陶行知先生的"life education"。朱小蔓等对陶行知先生的生命教育思想进行了概括总结，提出"陶行知的生命教育实践是建立在他对生命的珍视、热爱和对于生命发展和教育的基本特征、规律的认识之上的。他求教育改变落后的生活，也求生活改变陈旧的教育，都只为改善国人的生命质量和民族与共和国之命运。他将真实的生命、活的生命、平衡的生命、健全的生命和独立自主的生命看作是生命发展和教育的出发点与最终指向"②。笔者认为，从生命教育的萌芽来看，我国的生命教育起步并不比西方晚，而且陶行知先生对于生命教育的认识鞭辟入里，形成理论体系并进行了实践探究。从广义来说，中国生命教育的提出比西方更早一些。笔者赞同将陶行知先生提出的"life education"作为我国正式提出生命教育的标志。

（二）中国生命教育的目标

郑晓江认为，生命教育的根本目的是让人们处理来自生命和生活的紧张感，让人们认识到生命的珍贵，树立起生活的正确态度，去追寻生命的更大价值与意义，最终可以超越生命。③也有学者认为，生命教育亦是一种道德教育。在生命教育之目标层面，学者们在阐释生命教育之基本目的的基础上，以"层级目标论""全面目标论""具体目标论"为主体建构起了一个较为完善的生命教育之目标系统。④

1. 层级目标

层级性目标，是把生命教育的目标分为不同等级，由低到高或由浅入深，将生命教育的目标进行拆分，完成一个目标后继续朝着更高的目标迈进。关于生命教育层级目标，不同学者有不同的看法。冯建军认为生命教育的目标基础层面是教人珍爱生命，更高的层次则在于教人体悟人生的意义，

① 刘慧. 中国生命教育发展回顾与未来展望[J]. 中国教育科学（中英文），2018，（1）.
② 朱小蔓，王平. 陶行知的生命教育思想与实践[J]. 江海学刊，2019，（1）.
③ 郑晓江. 关于"生命教育"中几个问题的思考[J]. 福建论坛（社科教育版），2005，3（9）.
④ 汤丽芳. 近 20 年中国大陆生命教育研究述评[J]. 学校党建与思想教育，2013，（2）.

追求人生的理想。[1]张振成则认为,生命教育应该有三个层次——认知、实践、情意。其实施通过相应的"知、行、思"发展其效果。[2]许世平提出,生命教育包括生存意识教育、生存能力教育和生命价值升华教育三个层次。[3]笔者认为,生命教育的基本目标是获得生存的权利,获得生命。先确保个人的生命安全是最为基本的。在保证生命基本权利的基础上,去寻求生命的价值和意义,让生命有所得、有所悟,这是更高层级的目标。

2. 全面目标

生命教育的全面性目标,旨在通过生命教育促进青少年全面、健康、和谐发展。储昭奇认为,"生命教育研究通过改善师生关系,建构自我教育的德育模式,探索充满生命活力的课程改革,建设健康、快乐、蓬勃向上的校园文化等专题研究与实践,促进学生道德、精神、认知、生理、心理等协调发展。生命教育研究还将通过课题实施,促进教师树立'生命教育'思想,尊重学生生命,积极参与课程改革,挖掘生命潜能,在构建学生生命过程中实现自身生命的价值"[4]。

3. 具体目标

具体性目标则是将生命教育目标具体到某一个方面,而不是一个抽象的概念。张锐和高琪认为,生命教育的目标是关注人的生命,关注人的生命存在价值,还包括理解生命、保护生命、热爱生命、尊重生命以及敬畏生命,帮助学生认识自己的生命,并尊重他人的生命,进而珍惜人类所共同生存的环境。[5]王学风认为,学校可以通过生命教育让学生对自己有一定的认识,对他人生命抱珍惜和尊重的态度,并让学生在受教育的过程中培养对社会及他人,尤其是残疾人的爱心,培养健康人格,促进中小学生全面发展。[6]也有学者将生命教育的总体目标具体转化为"探索生命的本质""探讨生死的议题""探寻人生的价值""追寻生涯的发展""培养生活的智慧"五个步骤,以各个具体目标的实现,作为"培养尊重、爱惜及超越生命的情怀"和"活出舒坦、丰盈的人生"的基本前提。[7]总之,生命教育通过一个个具体目标,不断浸润生命教育的理念,实现生命教育的旨归。

① 冯建军. 生命教育:引导学生走好人生之路[J]. 思想·理论·教育,2003,(6):29-32.
② 张振成. 生命教育的本质与实施[J]. 上海教育科研,2002,(10).
③ 许世平. 生命教育及层次分析[J]. 中国教育学刊,2002,(4).
④ 储昭奇. 思想政治课教学中的生命教育初探[D]. 北京:首都师范大学,2007:13.
⑤ 张锐,高琪. 生命教育之我见[J]. 安徽教育,2003,(19).
⑥ 王学风. 台湾中小学的生命教育[J]. 现代中小学教育,2002,18(7).
⑦ 汤丽芳. 近20年中国大陆生命教育研究述评[J]. 学校党建与思想教育,2013,(2).

（三）中国生命教育的内容

1. 国外关于生命教育的内涵界定

美国"生命伦理学"倡导者波特（V.R.Potter）提出尊重生命的双重意蕴。第一，敬畏生命，尊重生命。既要珍视自己的生命，也要善待他人的生命，这是一切社会价值得以保证的必要条件。第二，讲究生命的质量，既要保持较好的生理功能的形态，又追求健康愉快、有意义的生活。[1]德国中小学教育中并没有明确"生命教育"的概念，但其将生命教育融入公民及道德教育，尤其是"善良教育"中，内容主要包括反对暴力、同情弱者、宽容待人、爱护动物、保护环境等。[2]法国没有十分明确地提出生命教育，其生命教育主要融入并体现在公民教育之中，贯穿于基础教育各个学段、学科以及各个环节。法国生命教育的主要目标是让学生逐渐学会如何立足于社会，了解一个公民应尽的义务和享有的权利，为今后过一种更高质量的社会生活作准备。[3]

2. 国内关于生命教育的内涵界定

我国的生命教育思想可以追溯到陶行知先生的"life education"。朱小蔓先生对陶行知先生的生命教育思想进行了详细阐释，她指出，"教育是直面人的生命、通过人的生命和为了人的生命的实践活动，是最体现人文关怀的事业"[4]。冯建军认为，生命教育的内涵主要是教人认识生命、保护生命、珍爱生命、欣赏生命，探索生命的意义，实现生命价值的活动，或者说在个体从出生到死亡的整个过程中，通过有目的、有计划、有组织地进行生命意识熏陶、生存能力培养和生命价值升华，最终使其生命价值充分展现的活动过程，其核心是珍惜生命、注重生命质量、凸显生命价值。[5]刘慧认为，生命教育是以生命为基点，遵循生命之道，借助生命资源，唤醒、培养人们的生命意识、生命道德与生命智慧，引导人们追求生命价值，活出生命意义的活动。[6]2012 年 5 月，中国就业培训技术指导中心推出的职业培训课程"生命教育导师"指出，生命教育即是直面生命和人的生死问题的教育，其目标在于使人们学会尊重生命、理解生命的意义以及生命与天人物我之间的关

① 转引自王定功，路日亮. 美国中小学生命教育探析及其启示[J]. 中国教育学刊，2011，（1）.
② 司淳莹. 新课标下高中生物学教学中的生命教育研究[D]. 新乡：河南师范大学，2020：5.
③ 王慧琳. 法国中小学生命教育探析[J]. 中国教育学刊，2016，（1）.
④ 转引自叶澜. 教育理论与学校实践[M]. 北京：高等教育出版社，2000：136.
⑤ 冯建军. 生命教育的内涵与实施[J]. 思想·理论·教育，2006，（21）：25-29.
⑥ 刘慧. 让生命教育渗透于学校教育全过程[N]. 人民政协报，2017-04-05（11）.

系，学会积极的生存、健康的生活与独立的发展，并通过彼此间对生命的呵护、记录、感恩和分享，由此获得身心灵的和谐，事业成功，生活幸福，从而实现自我生命的最大价值。①

综上可知，关于生命教育各家有各家的观点，但最终都落脚到生理层面对生命的重视，精神层面对生命价值的升华，实际层面对生活和生命质量的提升等。对于国内外对生命教育内涵界定的差异，国外关于生命教育的界定更为实际，把生命教育内涵具体化为某一种教育，缺少概括性；而国内的生命教育内涵的界定则更偏理论层面，缺乏实操性。只有将两者结合起来，才能真正促进生命教育的发展。

（四）中国生命教育发展现状

笔者认为，从1917年至今都可以称作我国生命教育发展阶段，具体分为以下几个阶段。

1. 生命教育的理论发展

理论是实践的领航者，生命教育理论的发展为实践指明了方向。从陶行知先生的"life education"理论到如今独具中国特色的生命教育理论，都是一代代人集体智慧的结晶，具体有以下几个方面的表现。

（1）论文和著作成果增多

在1917年陶行知先生提出"life education"之前，我国的生命教育理论仅仅作为诸子百家或传统伦理道德中的一部分而存在，并没有形成独立的研究领域，也没有具体的研究成果。自1917年开始正式进入发展期，但由于时代动荡，我国教育的发展十分缓慢，生命教育的发展几近停滞，理论研究也没有形成太多成果。

1996年起，生命教育的发展重新启程，许多专家学者针对生命教育发表了各自的成果。具有代表性的成果有：叶澜的《让课堂焕发生命的活力》，刘慧和朱小蔓的《多元社会中学校道德教育——关注学生的个体生命世界》，郑新蓉的《尊重生命应是道德教育的基本内容和原则之一》。上述论文主要是从具体课堂教学入手来进行生命教育实践，生命教育并不是空口白牙，它有所依、有所用。刘济良和岳龙的《关注生命：教育的本真》，刘铁芳的《生命情感与教育关怀》，这两篇则是从哲学角度对生命教育进行阐

---

① 师曾志. 生命教育的意义在于培养独立的人格[DB/OL]. http://news.china.com.cn/txt/2017-09/08/content_41556653.htm，[2017-09-08].

释，点出教育的本真即是生命教育，教育要充满生命的情感与关怀，论述了生命教育的重要性。刘济良和李晗的《论香港的生命教育》，王学风的《台湾中小学生命教育的内容及实施路径》，这两篇则是对我国港台地区的生命教育的研究，进而总结其中经验教训，使我们能够有所借鉴。

2003—2019 年，生命教育进入了快速发展期。这一阶段论文和著作层出不穷，越来越多的学者将研究目光投向生命教育研究领域，生命教育的研究从"个人战"扩大到了"群体战"，而且获得了国家政府部门的认可和支持。这一时期涌现出了很多的优秀成果，例如，冯建军的《生命教育：引导学生走好人生之路》，顾明远先生的《教育的本质是生命教育》，刘慧的《生命教育的含义、性质和主题——基于生命特性的分析》，刘济良的《教育与人的生命》，张美云的《如何在课堂教学中实现生命教育》，王定功的《生命课堂的基本特征和建构路径》等优秀论文。同时，这一时期还涌现许多关于生命教育的优秀著作，例如，冯建军的《生命与教育》，王定功的《生命价值论》等。这些论文和著作从课堂实践到价值意义，对生命教育进行了全面的探索和研究。

2020 年疫情暴发以来，关于生命教育的论文和著作数量达到近几年的巅峰，进入了黄金发展期。这一时期主要代表性成果有：陆云峰的《面对疫情，请上好生命教育课》，周桂的《生命教育的实践困境与破解路径》，顾小英的《上好疫情下的生命教育课》，刘济良和乔运超的《走向生命化的课堂教学》等。

（2）生命教育进入高校

在这一发展时期，生命教育开始逐步走进高校课堂，最开始是以选修课的形式进入高校课堂，如 2006 年 9 月起，江西师范大学开设了"生命教育与生死哲学"本科生选修课，首都师范大学也从 2006 年起将生命教育纳入本科生培养规划。生命教育成为高校教师的研究热点，各高校也纷纷成立专门的研究机构进行生命教育的研究。2008 年吉林省教育科学研究所成立生命与安全教育研究中心，在承担科研任务的同时，也承担起教师培训的任务，为生命教育的发展培育了大批优良教师。2010 年北京师范大学成立生命教育研究中心，2013 年韩山师范学院设立生命教育研究所，2014 年河南大学生命教育研究中心正式成立，2015 年北京社会管理职业学院成立生命文化学院，2016 年四川大学体育学院成立生命教育与健康促进中心。这些研究机构的建立为生命教育发展提供了有力支持。

（3）学术交流活动进一步增多

2013 年 12 月，中国陶行知研究会生命教育专业委员会在北京成立。这是国内关于生命教育最为权威的学术团体，不仅促进了国内关于生命教育的沟通协调共进，也促进了生命教育发展的百家争鸣，百花齐放。该专委会已举办多场生命教育论坛及教育培训，为全国培养了众多生命教育专业人才，也为全国各地共同促进生命教育的发展提供了交流平台。

2. 生命教育的实践发展

实践是认识的来源，生命教育理论的发展离不开实践的推动和检验。这一时期生命教育的发展主要有以下几个方面的表现。

（1）编著生命教育有关教材，制定相关教学大纲，开展教学实验

2005 年 11 月，我国第一部"生命教育"专业教材——《生命教育》系列教材由中国青年出版社出版。作为一门新兴学科，在此之前，我国中小学"生命教育"课程开课后尚无专门教材可用。中国青年出版社编写的《生命教育》系列教材共分 9 册，授课对象为小学一年级至初中三年级学生，以"人与自己""人与他人""人与环境""人与宇宙"四大模块体现了生命教育的核心内容。当时这一教材由上海、黑龙江、辽宁、北京等地的中小学进行了试用。自此，生命教育教材开始如雨后春笋般涌出，各省各地开始因地制宜，开发自己的生命教育课程，编写生命教育教材。上海、辽宁、江苏、四川、山东、黑龙江、吉林等省市率先对生命教育的理论和实践进行了创造性探索。例如，上海市制定并出台了《上海市中小学生生命教育指导纲要》，对青少年进行生命起源、性别教育、青春期教育、心理健康教育和生存训练等方面的指导。辽宁省启动了中小学生命教育工程，制定《中小学生命教育专项工作方案》。湖南省于 2005 年颁布了《湖南省中小学生命与健康教育指导纲要（试行）》。河南省于 2020 由洛阳师范学院与河南大学、中国新教育研究院新生命教育研究所联合编写《共克时艰 健康成长——新冠病毒防控背景下的生命教育》，该书共 5 册，分幼儿版、小学低段版、小学高段版、中学版和教师版。这一系列措施让生命教育的落地成为可能，教学内容更加规范，教学评价更加标准。

（2）生命教育进入中小学课堂

青少年是祖国的希望和未来。同时，青少年因其心智和情感发育不成熟，需要加强他们对生命的理解，强化生命教育课程。我国在开设"生命教育"课程初期，一度面临无可用教材的局面，直到 2005 年国内第一套生命教育专业教材"问世"，尤其是该教材是针对中小学生所编制的，体现了国

家和社会对青少年的高度重视。2017 年，语文特级教师袁卫星和朱永新教授及冯建军教授等一起完成编写的《新生命教育》教材正式出版，这是国内首套贯穿小学一年级至高中三年级的实验用书（24 册、共计 144 课时），受到全国多所学校师生的好评。同时，袁卫星出版了《生命教育》《美丽的过程》《班会 18 课》等多部专著。他将中小学生命教育从"学科渗透、主题活动、综合实践"带向"以专设课程为主导，其他教育教学相融合"的生命教育新高地。在他的推动下，苏州市成立了中小学生命教育研究与指导中心和中小学生命教育课程基地。

（3）颁布生命教育政策，推动生命教育"合法化"

2004 年 11 月，辽宁省教育厅颁发《中小学生命教育专项工作方案》，这是我国出台的首个生命教育相关政策。2010 年，《国家中长期教育改革和发展规划纲要（2010—2020 年）》明确提出了要"学会生存生活……重视安全教育、生命教育、国防教育、可持续发展教育。促进德育、智育、体育、美育有机融合，提高学生综合素质，使学生成为德智体美全面发展的社会主义建设者和接班人"①。可见，生命教育已成为国家教育发展的战略决策，这也是首次在国家教育改革文件中写入生命教育相关内容，具有重要历史意义。

2012 年 5 月，中国就业培训技术指导中心推出"生命教育导师"岗位职业培训。这标志着"生命教育导师"这一职业的诞生。同时，也代表着我国的生命教育从学校教育开始走向家庭、学校、社区和企业，促进了生命教育的蓬勃发展。

（五）生命教育发展的原因

1. 国家社会方面

第一，党和国家政策推动。党和国家倡导以人为本的素质教育，生命教育的内涵和意义与之深刻呼应。从 2004 年首个关于生命教育的地方性政策的颁布到 2010 年国家将生命教育首次纳入国家层面，从鲜为人知到全国各省市、各学校的推行，都离不开政策的保驾护航。第二，以人为本的提出和发展。生命教育倡导理解生命，珍惜生命，热爱生命，实现生命价值，这与以人为本的素质教育殊途同归，可以说生命教育是以人为本的重要体现。第三，从校园暴力和自杀等现象反思生命教育。近年来校园中自杀与暴力事件频发，迫切需要培养青少年树立正确的世界观、人生观和价值观。

---

① 国家中长期教育改革和发展规划纲要（2010—2020 年）[DB/OL]. https://www.gov.cn/jrzg/2010-07/29/content_1667143.htm，[2010-07-29].

2. 学校方面

学校是青少年生活和学习的主要场所。《2022 年国民抑郁症蓝皮书》指出，18 岁以下的抑郁症患者占总人数的 30%，50%的抑郁症患者为在校学生。①《中国国民心理健康发展报告（2019—2020）》显示，青少年抑郁检出率为 24.6%。②由此可见，学校应加强对学生心理健康的关注和引导。

随着科技的发展，科学技术在学校教育中逐渐占有举足轻重的地位。尤其是疫情期间，线上教学为学校师生提供教学便利的同时，也存在着不容忽视的负面影响。学生除了在网上学习之外，还会接触到很多良莠不齐的信息，加上青少年自身辨别是非的能力还较薄弱，很容易受到一些负面内容影响，形成错误的价值观。因此我们全社会都必须行动起来，加强生命教育，还青少年一个健康成长的环境。

三、内地（大陆）青少年生命教育的实施路径

生命教育是近些年来我国教育界的研究热点之一，特别是在疫情后达到了一个小高峰，但是，生命教育同时也面临着一个迫切需要解决的问题，即生命教育的"着陆"问题。生命教育的研究理论十分丰富，但是实践层面发展相对缓慢，实施起来是个难题。针对此项问题，很多学者都进行了研究，主要有以下几个方面。

（一）国家与社会层面

1. 政策方面

目前，我国缺乏国家层面的生命教育专门的法规文件，为了进一步推动生命教育的发展，急需加强国家层面的政策指引。同时，完善生命教育相关的管理、督导、评价等相关政策，形成完善的政策链条，并督促各地方政府依据地域特色、文化传承等出台具有地方特色的生命教育政策方案，以期进一步推动生命教育的发展。

2. 社会互动方面

有研究者认为，生命教育的实施应该坚持以"全社会齐心协力，全方位

---

① 让青少年远离抑郁症的困扰和伤害[DB/OL]. http://opinion.people.com.cn/n1/2023/0223/c1003-32629888.html，[2023-02-23].

② 傅小兰，张侃. 中国国民心理健康发展报告（2019—2020）[M]. 北京：社会科学文献出版社，2021.

推进"为基本原则，以"当局高度重视，社会主动投入"为主要抓手，"加强学校与家长、学校与社区相互间的联系，以及加强与世界各国的联系和合作，动员非政府组织、基金会和其他社会力量的广泛参与，共同关心和促进青少年的健康和发展"①。因此，应构建家校社协同共育机制，动员一切可动员的力量，构建生命教育共同体，协同实现生命教育的共同愿景。

（二）学校层面

冯建军认为，学校生命教育要从课程、教学方式、教师素养、学生文化等方面着手。第一，以思想教育课为主体，在学科中渗透生命教育；第二，实施分享与体验的教学，使生命教育触及灵魂；第三，启发教师的生命关怀和生命智慧，实施生命化的教育。②关于学校中生命教育的实施，具体可以从以下几个方面入手。

1. 以学科交流渗透生命教育

学校应以生命教育为主线，加强学科间的交流渗透。刘慧认为，生命是生命教育理论研究的逻辑起点，任何生命教育理论系统的构建都离不开对生命的认识与理解，而生命是诸多学科的研究对象，对生命的研究并不独属于某一学科。这就从根本上"限定"了生命教育理论的构建是多学科的。③冯建军认为，考虑到我国中小学生的课业负担以及生命教育的内容，可以倡导以思想教育课为主体的全方位课程的渗透。④不论在任何一个学科中，都应将生命教育的理念浸润其中，回归生命、尊重生命、理解生命、关怀生命。

2. 以多元课外活动促进生命教育

冯建军认为，"可以结合校园安全、学生自我保护进行生命教育；结合爱心、友善、关爱进行生命教育；结合生理、心理、青春期进行生命教育；可以结合健康养生、远离毒品进行生命教育；可以结合环保、生态进行生命教育"⑤。学校应多开展环保活动、关爱动物活动、慈善活动、健康养生活动、心理健康活动等多元课外活动，在活动中促进生命教育的落地实施。

3. 以校园文化润泽生命教育

首先，建设生命化的特色校园。通过转变学校观念，构建体现生命关怀

---

①　汤丽芳. 近20年中国大陆生命教育研究述评[J]. 学校党建与思想教育，2013，（2）.

②　冯建军. 生命教育：引导学生走好人生之路[J]. 思想·理论·教育，2003，（6）.

③　刘慧. 中国生命教育发展回顾与未来展望[J]. 中国教育科学（中英文），2018，（1）.

④　冯建军. 生命教育在于唤醒人的生命意识[J]. 河南教育. 2006，（12）.

⑤　冯建军. 生命教育在于唤醒人的生命意识[J]. 河南教育. 2006，（12）.

的制度文化，制定生命化校园的标准及评估办法，丰富校园活动，增进师生凝聚力与归属感，建设美丽、和谐、温暖的生命化校园，创造一个开放多元、生命舒展的教育生态环境。其次，构建生命生态课堂。组建生命教育资源库，开展生命教育、生命课堂专题讲座，制定生命课堂评价标准并对其进行解读，组织教师开展生命课堂等线上线下的活动，实现"学生在中央、教师导在旁"，有欢声有活力的生态课堂。最后，推进生命化的教师队伍成长。以教师生命成长为导向，专业发展为保障，激励机制为动力，在培训、教研、讲课、评课、申报课题的过程中增进教师职业幸福感，在校园文化中不断润泽生命教育。

（三）家庭层面

生命教育是贯穿人一生的全人生教育，因此父母和家庭在其中扮演着十分重要的角色。从某种意义上来说，家庭是与学生生命链接最为紧密的地方。有学者甚至提出生命教育的主体应该是家庭，而不是学校。所以，父母对生命教育的积极参与至关重要。生命教育首先要从家长开始，向家长宣传生命教育的理念、提供适宜的指导，营造积极向上的家庭氛围。

四、内地（大陆）青少年生命教育的启示

（一）构建具有中国特色的生命教育理论体系

我国生命教育的发展在很长一段时间内都处于停滞状态，理论基础不够扎实，需要我们借鉴古今中外关于生命教育的优秀理论成果，取其精华、去其糟粕，形成具有中国特色的生命教育理论体系。首先，中华优秀传统文化中蕴含着丰富的生命教育思想，我们应从中汲取力量，让生命教育历久弥新，生生不息。其次，发展教育不能固守己见，要敞开胸怀去吸纳各国的成功经验，依据本国国情，内化为自身的经验成果。

（二）加强生命教育师资培训

生命教育在中小学难以落地的一个重要原因是缺少专业的师资团队。在大多数中小学校，生命教育被笼统归入心理健康教育，教学任务也由心理健康教师承担；还有一些学校将生命教育简单归入身体及生理健康方面，由体育老师承担相应的教学任务。这二者均不是专业的生命教育老师，不具备生命教育的专业知识，所以没有能力也没有相关的资质去进行生命教育。

所以，我们急需多举措并行，加强生命教育师资力量配备，加大生命教育师资培训力度。

（三）建设生命教育实践基地

目前，我国的生命教育存在理论与实践脱节的问题日益突出，因此生命教育被一些专家和学者痛批为"假大空"，究其根本是生命教育的实施路径与方法还有待继续探索。"生命教育"在 2010 年首次被纳入国家教育改革文件，这是一个重要信号。生命教育理论与实践的不断发展，推动了我国教育内容与教育方法的变革。从朱永新、冯建军与袁卫星等人以"新生命教育基地学校"的形式开展生命教育的实践研究到上海市开展新生命教育实验，再到由北京师范大学生命教育研究中心肖川教授主持的生命教育实验的教育部科研项目。从全国以及各省市生命教育政策的逐渐落地到生命教育教材的编写，再到生命教育课程的开发，生命教育实践走向多样化。因此，我们应加快建设生命教育实践基地，助力生命教育真正落地。

第二节　中国香港地区的青少年生命教育

香港地区的生命教育主要由民间教育团体与社会福利组织发起并推动，同时也得到了香港特区政府和各种社区机构的大力支持。香港地区青少年的生命教育以全人教育为理念，以认识生命、建构生命、升华生命为主线，以积极的人生观、正确价值观教育为主导，以体验生命、感悟生命为主要教育形式，有明确的目标与内容、实施路径，促进青少年树立正确的生命观、领悟生命的价值和意义。

一、香港地区青少年生命教育的产生背景与发展沿革

（一）香港地区生命教育的产生背景

我国香港地区于 20 世纪 90 年代引入生命教育，主要源于社会经济结构转型期间出现的负面精神面貌和频繁发生的自杀事件。

1. 社会经济结构转型，人们出现负面精神面貌

20 世纪 80 年代以后，香港经济形态从单一、局部的发展转向零售、金融和房地产业的急速发展，也带动了生活、物价指数的急升，急功近利的处事态度渗入社会各阶层。[①]香港高速发展的资本主义经济体系导致了工具理性取代价值理性，经济效益成为衡量个人价值的唯一标准。人们注重物质生活，忽视多元价值和心灵与精神的培育，而且高度的社会分工，使得人与人之间的关系较为脆弱或不稳定。所以，香港的生命教育必须在根本上回应社会文化的深层问题，治理民众精神发育不良问题。[②]因此，人们高度的精神危机是香港倡导生命教育的深层次原因。

2. 频现自杀事件

香港地区生命教育缘起的直接原因是自杀个案的频繁发生。亚洲金融危机造成的经济骤然下滑和转型，社会失业率高，个人信心下降，暴露了民众面对困难时，沟通渠道的缺乏、抗逆能力的不足、多元技能和竞争的匮乏。[③]根据香港大学防止自杀研究中心 2010 年的统计资料显示，虽然香港 2009 年整体的自杀率有些微下降，但是 15—24 岁男性的自杀率却向上攀升，且自杀原因多是家庭及就业因素。因此，面对这些负面影响，香港特区政府与民间团体希望以某种形式的教育来培养民众的自信、抗逆力和竞争力，从而解决香港人（特别是青少年）所面对的社会的问题。因此，正是对精神危机、失业、自杀事件等社会乱象的反思，才使生命教育逐渐走入人们的视野。

（二）香港地区生命教育的发展沿革

香港地区生命教育主要是由民间教育团体与社会福利组织发起并推动的，同时也得到了香港特区政府和各种社区机构的大力支持和赞助。

1994 年，由民间慈善团体发起的"生活教育活动计划"（The Life Education Activity Programme，LEAP）在香港得到推广，该计划不仅注重生活技能的提高，而且也强调相关知识的掌握。其目的是为学生提供正面的、

---

① 盛天和. 港台地区中小学生命教育及其启示[J]. 思想理论教育（综合版），2005，（9）.

② 周惠贤，杨国强. 香港的生命教育：文化背景、教育改革与实践方向[M]. 香港：香港宗教教育中心，2002：1-40.

③ 郑洪冰. 生命教育的意义与内涵——两岸三地生命教育初探[J]. 现代中小学教育，2007，23（2）.

有系统的药物教育课程，协助预防药物滥用。①这在一定程度上被视为香港地区生命教育的萌芽。该计划具体目标包括四个方面：获取关于毒品的正确信息；学会拒绝的技巧；消除青少年对毒品的神秘感；互动的教学技巧，重在强调学生的参与、团体合作以及角色扮演。②例如，在国际学校推出预防药物滥用课程，其目标是协助青少年建立健康、安全和积极的生活模式，并成为具备自信且能贡献社会的成年人；为学生提供一套正面而有系统的健康及药物教育课程，让他们明白烟草、酒精以及毒品对身体的影响，从而协助预防药物滥用。LEAP 的内容延续了生命教育中心（Life Education Centre，LEC）的宗旨，但是，香港的生命教育也并非仅仅侧重于自杀、吸毒、暴力、艾滋病等防治问题，而是覆盖人的情绪、情感和身心灵的发展，拓展生命的深度和广度，培养学生成为有智慧、会感动并追求卓越的全人。③

标志着香港地区生命教育内涵逐渐丰富的事件是生命教育课程的正式开设。1996 年，香港天水围十八乡乡事委员会公益社中学首先在校内开设"生命教育"课程，从课程层面对生命教育展开探索与实践。④自此，生命教育逐步走向匡正社会风气、提升全民生活品质与社会价值的积极探索，已远超出美国、澳大利亚最初的体制化的生命教育范畴。同时，更多的社会机构和宗教团体也开始对生命教育进行全面探索。

1999 年，香港天主教教育委员会在优质教育基金赞助下推出"爱与生命"教育系列，对婚姻的意义、家庭生活的真谛、贞洁的德行、性教育、人际关系和生命的意义等提供了家庭生活教育素材和教学方法，并建议学校把这些教材的内容融入有关科目范畴。同年，香港中文大学宗教系获优质教育基金资助，推行为期两年的"优质生命教育的追寻"计划，内容包括宗教教育、伦理教育和公民教育，共有 21 所中小学参与，并成为合作学校。

2000 年，"生命教育"的名称开始广泛地在香港媒体出现，自此，生命教育逐渐走进大众视野。

2001 年，香港设立生命教育委员会，与训辅委员会、联课活动委员会、家校合作委员会以及校外团体共同协作，推动生命教育的发展。⑤同

① 黄渊基. 生命教育的缘起和演进[J]. 求索，2014，（8）.
② 李高峰. 生命与死亡的双重变奏：国际视野下的生命教育[D]. 上海：华东师范大学，2010：114.
③ 冯建军. 生命教育实践的困境与选择[J]. 中国教育学刊，2010，（1）.
④ 苏海针. 生命教育内涵之综述[J]. 继续教育研究，2008，（3）.
⑤ 李高峰. 生命与死亡的双重变奏：国际视野下的生命教育[D]. 上海：华东师范大学，2010：114.

时，香港宗教教育中心有感于校园暴力问题，开始推行"生命教育计划——亲亲孩子亲亲书"，并于同年10月举办了"走出生命迷惑——谈生命教育的意义与实施成效座谈会"，引起社会很大的反响。

2002年1月，香港教育署课程发展处提出"生命教育教师培训"，标志着生命教育正式受到教育行政单位的重视。在该培训活动中，专家学者、中小学教师、校长、教育署工作人员等共同参与设计生命教育的课程及体验活动，肯定了生命教育的重要性，并积极推行实践。

除了香港特区政府、社会机构及宗教团体推展生命教育之外，香港高等教育机构也陆续开展生命教育研究。例如，2002年，香港课程发展议会在《学会学习——终身学习、全人发展》的教育改革蓝本中将"德育及公民教育"设定为四个关键项目之一，提倡课程以外生命素养的发展。同年，香港教育学院公民教育中心开设生命教育课程，旨在以生命教育整合公民教育及其价值教育，引导学生领悟生命的意义，以增强他们抵抗挫折的能力。①

香港地区生命教育的迅速发展始终与民间教育、社会福利团体有密切关系。香港神托会②于2002年在其学校及社会服务单位推行生命教育，并在其辖下的培敦中学开始推行五年一贯制全方位的生命教育。基督教香港信义会于2002年成立生命天使教育中心，致力于推广生命教育，鼓励青少年尊重生命、珍惜生命。

2003年，香港特区政府制定了"活在彩虹上——幼儿生命教育计划"，并逐步推进在大中小学校的各阶段普遍实施生命教育。③

2005年，香港基督教循道卫理联合教会推出"优质生命教育发展计划"，推动学校生命教育的正规课程、非正规课程和隐性课程的发展。

2007年，"香港生命教育基金会"成立，其工作任务主要包括：通过安排讲座和协助教师在教学过程中重视青少年的智育发展，并注重他们身心各方面的需求，令青少年在成长过程中不至于对自我价值的认识失去平衡，而导致学生否定自我或否定他人生命的价值。以推广及促进公众，特别是青少年珍惜自己、尊重他人和周遭万物的生命。④

2009年，香港中文大学崇基学院神学院成立"优质生命教育中心"。随

---

① 李高峰. 生命与死亡的双重变奏：国际视野下的生命教育[D]. 上海：华东师范大学，2010：114.

② 香港神托会是一所基督教非牟利机构。

③ 康玲玲. 大学生生命教育的生态转向研究[D]. 南京：南京理工大学，2020：17.

④ 李高峰. 生命与死亡的双重变奏：国际视野下的生命教育[D]. 上海：华东师范大学，2010：114.

着学界对生命教育逐渐重视，香港特区政府教育局于 2010 年拨款推行"协助中小学规划生命教育计划"，受惠中小学校约有 20 所。至此，香港地区的生命教育越来越受到人们的重视，并取得阶段性进展。2011 年，由来自不同宗教背景及不同界别的前线生命教育工作者组成的"全人生命教育学会"正式成立，学校、传媒和非政府机构成为生命教育的主要力量，推动了香港全人生命教育的发展。①

2016 年 3 月，香港特区政府成立"防止学生自杀委员会"。该委员会主要分析近年发生的个案，了解成因，提出预防自杀的建议措施，包括识别高危个案的机制和流程、跨部门沟通和协作、精神健康支援机制、生命教育和辅导计划、家长教育和媒体报道等。②同年，香港社会福利署推出名为"办法总比困难多——爱惜自己，爱惜家人"的宣传片，鼓励人们面对困难时保持正向的思维和积极的心态。③

香港除了在大中小学校推广生命教育，也关注不同年龄层的生命教育。例如，香港特区政府于 2003 年针对 4—6 岁儿童开展的"活在彩虹上：幼儿生命教育计划"，旨在进行人与自己、人与他人、人与环境、人与世界四方面的幼儿生命教育，促进幼儿的身心和谐发展。④此外，香港圣公会福利协会更针对长者、家长与学生分别推出适合不同群体的生命教育教材。由此可见，香港地区生命教育已经不仅是大中小学校里的一门学科，其所关注的对象更是遍及各个年龄阶层。

二、香港地区青少年生命教育的目标与内容

（一）香港地区青少年生命教育的目标

1. 以"全人教育"思想为导向

纵观香港地区生命教育的发展沿革，从对人们自杀事件、精神危机的关注，到协助青少年建立健康、安全和积极的生活模式，以及从宗教角度开展的，涉及宗教教育、德育、伦理、公民教育等二十几个科目来推行生

---

① 刘德. 生命安全教育课程体系的理论建构[D]. 北京：北京体育大学，2016：27.
② 央广网. 香港成立防止学生自杀委员会[EB/OL]. https://edu.cnr.cn/list/20160331/t20160331_521752178.shtml，[2022-09-30].
③ 陈风华. 生命教育视觉意义认知建构：以香港正向思维宣传片为中心[J]. 当代青年研究，2016，（5）.
④ 李欣. 香港生命教育及其对内地的启示[J]. 现代教育论丛，2009，（12）.

命教育①，再到跨宗教、跨界别的前线生命教育工作者成立"全人生命教育学会"以及"协助中小学规划生命教育计划"的推行。我们看到，香港地区生命教育正在践行全人教育的思想、追求卓越的全人终极目标。

香港地区青少年生命教育旨在培养学生成为卓越的"全人"，是以"全人教育"理念为导向不断挖掘生命的深度与广度。其目的在于促进个体生理、心理、社会、灵性之均衡发展，并以人的身心灵发展贯穿整个教育内容②。就个体与外界的关系而言，是关乎与他人、与自然万物、与天（宇宙）之间如何相处之教育。其目标在于使人认识生命（包括自己和他人），进而肯定、爱惜并尊重生命；以虔敬、自护之心与自然共处共荣，并寻得与天（宇宙）的脉络关系，增进生活的智慧，自我超越，展现生命意义与永恒的价值。③尤其是全人生命教育学会的正式成立，更加促进了香港全人生命教育的发展。例如，香港圣公会福利协会分别推出长者、家长与学生版本的《窗外有晴天》生命教育教材。该套教材的设计采纳了全人教育的理念，重视个体与自己、与他人、与环境和与宇宙的四个关系层次，提出了六大教育重点，包括生死教育、生态环保、人际关系、逆境处理、情绪管理和品德教育。

2. 以综合取向为特征

生命教育是伴随着人类文明发展及现代化的推进而兴起的一种新的教育思潮，它是关注人的生命的教育。生命教育在发展的过程中，逐渐形成了许多不同的取向，不同的取向之间所讨论的核心问题的差异，也导致生命教育的内涵、目标、内容及课程实施的不同规定。例如，西方国家的生命教育大多是在为解决吸毒、自杀、他杀、艾滋病、贫穷等危害生命的社会问题背景下提出的，并且，西方国家普遍有较深远的天主教或基督教传统，比较能够正视与接纳死亡的事实，并将死亡纳入国民教育之中。因此，以美国为代表的欧美国家的一些学者把死亡教育作为生命教育的核心，希望通过对死亡主题的探讨，认识生命的意义和本质，学习临终关怀与咨商、哀伤辅导、如何充实的生活及有尊严的死亡，帮助青少年体会生命存在的意义与价值，从而珍惜生命。在美国和英国，死亡教育和"临终关怀与咨商"（dying care and

① 苏海针. 生命教育内涵之综述[J]. 继续教育研究，2008，（3）.
② 晋银峰，胡海霞，陈亚茹. 我国大学生生命教育研究十六年[J]. 黑龙江高教研究，2018，36（11）.
③ 吴庶深，黄丽花. 生命教育概论：实用的教学方案[M]. 台北：学富文化事业有限公司，2001：19.

counseling）、"哀伤咨商"（grief counseling）已愈见繁荣。

香港地区生命教育的起源同西方国家一样，也是有"自杀防治"的背景，但是并没有将二者画等号。针对青少年群体，香港地区生命教育不仅仅是"生死教育"，还是人生价值观的建立。所以，香港地区的青少年生命教育与德育教育、公民教育融合在一起，以生命为主线，以爱为核心，让学生认识自我，肯定自我，实现自我。例如，香港中学公民课教材《爱与生命》，从青春期的烦恼切入，以一些微小常见的事例作引，为学生讲解必要的生理知识；并客观地介绍一些敏感的生理话题，使学生认识自身，赞美身体的神奇和生命的伟大，正视青少年的敏感心理，引导他们认识生命的价值。

香港特区政府教育局课程发展处德育及公民教育组提出，以认识生命、爱惜生命、尊重生命和探索生命四个学习层次去培养学生的德育和公民教育。如香港教育学院网站下专门设置了以"生命教育"为主题的资源分享，包括正确认识生命、探寻生命意义、学会保护生命、尊重生命以及积极面对人生的态度。有香港学者以说故事形式去分享香港小学推行生命教育的实践经验，发现"香港教会小学在校本课程内强调生命教育的宗教元素，大埔小学则以全方位学习去让学生的生命活得出色"①。香港学者周惠贤和杨国强认为，"生命教育是培养学生在个人理智、情感、意志与身体各方面的平衡发展及与自己、他人和环境建立互相尊重、能沟通和负责任的关系，最终达致成熟和快乐的人生为目标的训练"②。青少年需要正确认识生命的价值、人生的意义、人我关系、人与大自然的关系等。

可见，香港地区的青少年生命教育的取向是一种综合体，它囊括了伦理取向、宗教取向、生活教育取向、生涯教育取向、生理健康取向，使青少年爱惜生命、丰富人生、珍惜自己、尊重别人、爱护环境、崇尚自然，在生理、心理、社会、精神等方面有健全而完整的发展，过上幸福美满的人生。

3. 核心目标

香港地区青少年生命教育是全人生命教育理念下的综合取向，在实践推行中，不同的学校、社会福利团体等的实践目标各有不同。例如，香港红十字会在2007—2010年向30所学校开展"人道教室、生命学堂"计划，它主

---

① 杜家庆. 香港生命教育的分享：人道教室的实践经验[J]. 香港教师中心学报，2011，（10）.

② 周惠贤，杨国强. 香港的生命教育：文化背景、教育改革与实践方向[M]. 香港：香港宗教教育中心，2002：33.

要以不同的活动模式，为其青少年会员、公众人士及中小学生提供体验式探索活动，使参与者理解"保护生命、关怀伤困、维护尊严"和"战争也有规限"的核心价值。[1]香港的培敦中学，在知、情、行三维向度下，让学生学会尊重自己及他人的生命，热爱生命，主动学习，成为有内涵、有韧力、能服务奉献的新生代。

总体来说，香港地区青少年生命教育有以下三个核心目标，即认识生命——建立青少年积极的人生观，建构生命——建立真善美的价值观，升华生命——调和个体的知情意行。

（1）认识生命——建立青少年积极的人生观

生命教育，顾名思义，即是关于生命的教育，个体的生命是教育的起点，也是教育的最终目的。认清自己、尊重别人、建立积极的人生观是香港地区青少年生命教育的基本目标。

首先，应从人的自然生命入手，认识个体的独特性，如样貌、身材、情绪、优缺点，从而真正认识自我。青少年通过认识自我的自然生命，进而去体会自我的社会生命，发展自我的知识水平，提升自我的文化素养、道德品质等，即是丰富自我的精神生命，为实现自我、提升自我进行奠基。例如，香港复和综合服务中心是一家慈善机构，"生命教育计划"是其服务内容之一，向各中小学宣传及推行生命教育，通过"生命挑战教育课程"，让同学了解自己和他人的特质，培养同学间彼此尊重，互相关爱。[2]基督教香港信义会生命天使教育中心一直以"学校为本"的精神为全港中学提供生命教育训练，其宗旨是致力于宣扬"关心别人、珍惜生命"，通过预防性的生命教育活动使每个人都能学会欣赏生命、尊重生命，继而懂得珍惜生命。[3]

（2）建构生命——建立真善美的价值观

青少年生命教育的推行，旨在使他们认识生命、尊重生命、爱惜生命，更要使青少年在真善美的价值观下建立其人生目标。香港地区生命教育内容涉及宗教教育、德育、伦理、公民教育等二十几个科目，真善美、道德价值、崇高信仰等都是生命教育的价值追求。

生命意义的生成是一个认识、实践和体验的过程，人的生命是意义的生命、价值的生命，生命的价值不只在于寿命的延长和外表的美丽，更重要的

---

[1] 杜家庆. 香港生命教育的分享：人道教室的实践经验[J]. 香港教师中心学报，2011，（10）.
[2] 复和综合服务中心[EB/OL]. http://restoration.com.hk/，[2014-01-15].
[3] 基督教香港信义会生命天使教育中心[EB/OL]. http://www.lifeangel.org.hk/wordpress/?page_id=39，[2014-01-15].

在于心灵的善良、人格的健全、灵魂的美丽。法国著名思想家托克维尔（Tocqueville）指出，人类社会如果不追寻存在的意义与目标就不会欣欣向荣，甚至可以说就根本无法存在①。李忠红认为，"人之为人，人之高于动物的地方就在于人不仅追求活着，而且还追求有意义的活着，正是意义决定了人的存在、生活、发展的方向，体现了生命的价值和人的尊严。人类对意义的追问和探讨不是为了眼前的利益，而是在终极意义上对眼前和个体利益有限性的扬弃与超越，是对无限与永恒的追求"②。生命教育的价值在于教育青少年追求人生价值、建构道德信仰，将个体生命与他人、社会、人类的命运联系起来。尤其是在信息时代，纷繁杂乱的信息、浮躁的心灵、物欲的诱惑，迫切需要通过生命教育来引导青少年具备完整的生命、有意义的生命、积极的生命，当面对选择时、面临困境时，能够用正面的价值观及积极的人生态度走出逆境，并引导青少年探索和思考生命的意义，热爱并发展每个人独特的生命，从而拥有一个快乐、充实和有意义的人生。

（3）升华生命——调和个体的知情意行

在生活中升华生命，是香港地区青少年生命教育的又一核心目标，即在生活中统一生命认知、生命情感、生命意志和生命行为，构成一种旨在改善青少年生命质量的综合性视角，从而使青少年认知、情感、意志、人格以及人生观、价值观、生命观等方面共同发展，让青少年在真实的生活中体验成功、体验苦难、体验生命本身，寻求生活目标、追求丰盛人生，在亦苦亦乐的生活中探索生命的价值和意义，建立珍惜自己、关爱他人和环境的信念和行为，活用生命价值观和积极的人生态度，激发生命潜能，在生命教育的实践中建构生命意义，提升生命品质，实现生命价值，升华生命，促进青少年的全面发展。

在香港的课程改革中，学生的生活经历分为六个生活主题，即"个人成长及健康生活""家庭生活""学校生活""社交生活""工作生活""社会生活"，并鼓励学校设计生活化的学习情境，逐步开阔学生的视野，加强他们与周遭环境的接触；再接着讨论、交流和反思，让学生建构新的知识和体会，启发他们对生命意义的追寻。③

---

① 托克维尔. 论美国的民主[M]. 董果良，译. 北京：商务印书馆，1988：524.

② 李忠红. 关注生命教育的超越路向与超越意识[J]. 求索，2008，（3）.

③ 张永雄. 强化抗挫能力，培养积极人生——简述生命教育在香港的开展情况[J]. 中国德育，2007，2（7）.

（二）香港地区青少年生命教育的内容

香港地区青少年生命教育极其重视与社会文化背景相关的内容，围绕生命价值多角度、多层次展开探讨，尊重他人生命的同时体会生命的意义和价值。香港特区政府主要是生命教育的倡导者、监察者；社会福利组织、宗教团体、学校等机构作为生命教育的主要推动者，在生命教育实施的过程中更多地注重教育实际需要，自行选择方式进行，形成了百花齐放的模式，由此也带来了生命教育内容的丰富多样。例如，基督教香港信义会生命天使教育中心于 2006 年 7 月出版了一套《生命之旅》生命教育教材（分为小学和中学篇），鼓励青少年尊重生命和欣赏自己，主题包括对生命意义的寻觅，培养学生有积极的生活态度，确立他们正面的价值观及对死亡的概念有正面的认知。

学术界也有不同的实践观点。如香港中文大学宗教系与十八乡乡事委员会公益社中学共同开创生命教育科，内容有品德教育、群体教育、感情教育、性教育、传媒教育、家庭教育、环境教育、健康教育、升学及就业教育。香港浸会大学也提出"中小学生活及伦理教育研究计划"，内容除了包含德育、智育、体育、群育、美育之五育，更包括性教育、情绪教育与自然环境教育，共八个教育范畴。①

社会福利组织也提出了自己的观点。如香港圣公会福利协会推出生命教育教材，将生死教育、生态环保、人际关系、逆境处理、情绪管理和品德教育作为重点。

由此可见，香港地区青少年生命教育内容涉及了宗教教育、道德教育、伦理教育、公民教育等多个领域。具体来说，其核心内容有生命价值教育，从自我生命认知、他人生命到自然生命的教育以及逆境与挫折教育。

1. 生命价值教育

生命价值教育引导青少年从对生命的感性认识提升到对生命的理性思考，使他们知道"为什么活着"和"应该怎样活着"，培养积极、健康、乐观的生命观，开创生命的独特创造力，体验生命的喜怒哀乐与艰难困苦，认识和发现生命对于社会所具有的重要意义，并在创造自我价值和社会价值的过程中完善自我、实现人生价值。同时，引导青少年把握生活的内涵，乐观地面对有限的人生，在不断追求的过程中体味生命的可贵，从而超越自然生命，能够积极、自觉地探索生命意义，最终提升生命质量，度过丰盛的人

---

① 杨月. 我国生命教育面面观[J]. 中国教师，2005，（2）.

生。例如，香港圣公会福利协会编写的生命教育教材《窗外有晴天》(学生和家长篇)，正是在探索生命意义的目标指引下，鼓励青少年珍爱生命，能与自己、他人和环境建立一个互相尊重，能沟通和负责任的关系，提出了六个教育重点——生死教育、生态环保、人际关系、逆境处理、情绪管理和品德教育。①

香港地区青少年生命教育的开展以"人"和"人的生命"为根本，以生命价值为基础，认识生命、珍爱生命、欣赏生命，探索生命的意义，注重生命质量，凸显生命价值。

2. 从自我生命认知、他人生命到自然生命的教育

生命是人的存在的根本，生命对每个人来说都是可贵的、有限的。因此，了解生命的本质与发展规律，掌握珍惜自己和他人生命安全的方法，是香港地区青少年生命教育的核心内容之一。例如，在针对小学五、六年级的教材《生命面包》中的"生命意义"主题，教师在教学中运用"保护生鸡蛋"的类比方法，让学生知道生命是脆弱的，让他们自行探索保护生命的方法，并进而探索生命的意义。

生命教育不仅仅是主体生命教育，也是"主体间"的生命教育。人与人之间的交往、对话也是生命教育的一部分。所以，人与人之间应是以相互尊重为前提的交往，使以自我中心的生活世界和与其生命息息相关的他者，通过"视界"融合，发展出爱与被爱、自我尊重与被尊重的能力，使每个个体生命达到一种内在动态的平衡与圆熟，实现在生命教育过程中完整生命与生命意识的认识。例如，香港中学生命教育课程《生命是一棵杂果树》和《成长列车》，均将人与自己、人与他人列为重要内容，主要包括认识自己、自我管理、尊重及接纳他人、沟通及人际关系、应变及处理冲突等，包含了人与人之间的亲情、友情、爱情。

另外，香港也是宗教团体荟萃的地方，有60%的学校是由宗教团体所创办的学校，逐渐形成了以宗教思想为特色的生命教育体系。关于博爱、自爱等爱的教育也是其主要内容之一。如天主教圣保禄中学、慈幼英文学校与香港培正中学等。这一类型的学校通常会开设宗教伦理课程，其所重视的宗教博爱、自爱的观念与生命教育的内涵较为吻合。②

生命关系不仅存在于人类之间，还存在于自然和宇宙中的其他生命之

---

① 盛天和. 港台地区中小学生命教育及其启示[J]. 思想理论教育（综合版），2005，(9).
② 李欣. 香港生命教育及其对内地的启示[J]. 现代教育论丛，2009，(12).

间。只有人与自然中的生命万物相互依存、相互关照、和谐共存，才能形成生命之"缘"。青少年通过欣赏自然之美，来珍惜一切生命。例如，拥抱自然生命教育中心是服务于大专学院、中小学及社会的福利机构，推崇"学会欣赏，才懂珍惜"的信念，从认识自然环境开始，再通过亲身体验建立"自己与自然"的情感关系，从而学习欣赏身边的一草一木，鼓励用心与大自然沟通，了解自然、欣赏自然、并将珍惜及保护大自然的认识付诸行动，最终希望每个人都能爱上自然，保育自然，崇尚自然的生活态度。尊重生命的多样性及大自然的节奏与规律性，使人类有机会去亲近生命、关怀生命，以维持一个永续、平衡的自然生态。

3. 逆境与挫折教育

香港特区政府教育局对生命教育有这样的理解：首先要帮助学生建立正面的价值观及积极的人生态度，当面对不同的处境，懂得如何处理相关的情绪，亦要提高学生解决问题的能力，帮助他们学习如何走出逆境，并引导学生探索和思考生命的意义，从而拥有一个快乐、充实和有意义的人生。[1]青少年在成长过程中会遇到方方面面的挑战，如青春期生理变化的适应，与同学、家人的相处和沟通，家庭中的重大变故、学业压力、失恋、经济困境、疾病煎熬等。如何应对并处理好面临的困惑，与青少年的心理承受能力有直接关系。据香港星岛日报报道，香港全人生命教育学会于 2013 年初访问了香港 12 所中小学约 500 位学生，结果显示，36%学生在考试或测验中遇到过挫折，另有约 15%学生会因比赛备受压力。若细分男女，分别有 6%的女生在小学阶段因亲情和友情而困扰，升中学后则升至 8.8%。至于男生，压力来源多数是比赛和兴趣学习。[2]

香港地区青少年生命教育的主要内容之一即是挫折教育，培养青少年对待挫折的忍受能力和解决挫折的能力，以及积极进取、战胜挫折、获得成功的能力。例如，香港教育学院网站下专门设置了以"生命教育"为主题的资源分享，其中针对小学四至六年级的教材《生命中的酸甜苦辣》，教材开发的背景即是针对青少年在成长过程中需要面对诸如人际问题、考试压力、家庭问题和情绪困扰等，该教材教导青少年如何正视生命、如何面对困难和逆境。

---

① 龚立人. 有身体的生命教育[EB/OL]. http://www.cuhk.edu.hk/theology/cqle/files/Newsletter_Issue%2032p1-3.pdf，[2014-01-15].

② 中国新闻网. 调查称香港近四成中学生因考试或测验受挫折[EB/OL]. http://www.chinanews.com/ga/2013/06-30/4984754.shtml，[2013-08-27].

香港特区政府、社会福利机构也积极倡导增强青少年的心理承受力。2004 年，香港特区政府教育局正式向全港小学和中学推出了"了解青少年计划"（Understanding Adolescent Program，UAP），以增强学生抗逆力。小学UAP 包括识别机制和综合课程两大部分。识别机制包括一套在小学适用的"香港学生数据表格"，以便识别出有较大成长需要的学生，从而提供合适的辅导。综合课程，包括了发展性及预防性的课题及活动，共分为两个范畴：一个是以辅导课形式推行的"发展课程"，另一个是以小组形式推行的"辅助课程"。通过"抗逆力辅导"帮助青少年培养应对逆境和挫折的能力。①

三、香港地区青少年生命教育的实施路径与保障

香港青少年生命教育从主体性角度把握实施，既注重学科教学的渗透，又注重社会实践活动中潜移默化的影响，将显性课程与隐性课程相结合、知识增长与生命成长相结合、专题讲座与生活实践相结合，培养学生成为拥有爱心与智慧，建构生命意识，敬畏生命、把握生命本质，不断自我完善的社会人。

（一）青少年生命教育的实施路径

生命教育的实施是一个系统工程，香港地区青少年生命教育注重学校、家庭、社会多种教育力量的共同参与。一般而言，香港学校在制定生命教育计划时遵循四个层次，可以统称为"知、情、意、行"。②据此，学校的生命教育可划分为认识生命、爱惜生命、尊重生命、探索生命四个阶段。"知"是指认识生命的价值，通过系统的课程加以学习；"情"是指通过活动培养尊重自己和他人生命的感情；"意"和"行"是指通过个人的体验与实践把内在的心理认知和情感表现为外显的行动，并在实践中深化"知"和"情"。"知""情""意""行"是学生实践生命教育的基础。因此，香港学校生命教育注重以学生为主体，在课程设置、教育方法上帮助学生认识生命、理解生命、把握生活。一方面，生命教育在学科中进行渗透，在不同年级、不同学科和不同课程中体现；另一方面，在教育方法上，采取了符合青少年身心特点的多样化教学法，并辅之以社会实践活动，做到显性课程与隐性课

---

① 钟宇慧. 香港抗逆力辅导工作及其启示——以"成长的天空"计划为例[J]. 广东青年干部学院学报，2009，23（3）.

② 李欣. 香港生命教育及其对内地的启示[J]. 现代教育论丛，2009，（12）.

程相结合、知识增长与生命成长相结合，专题讲座与生活实践相结合，以知识、技能作为基础，帮助学生建立个人的价值观、人生观和世界观。

1. 课程渗透上，注重显性课程与隐性课程的有机结合

在香港地区生命教育中，专门开设有独立的生命教育课程，这也是学校实施生命教育的最基本的途径。若将课程区分为显性课程与隐性课程，这类明确指向生命教育目的的课程均属于"显性课程"。显性课程一般包括生命教育课、公民教育课、宗教伦理课等。学校一般会自行组织编写生命教育的教案或校本教材，学校也会与社会团体合作，引进部分教材。[①]例如，香港神托会培敦中学自 2002 年开始，从知、情、意、行四个方面推行生命教育，通过系统的生命教育课程建构学生的知识能力，情意行由全校或分级活动来达成，以五年为一个循环，以珍爱生命作为总纲，每年一个主题，分别是分享生命、欣赏生命、发展生命、秉持生命和反思生命，图 8-1 是培敦中学生命教育课程蓝图。

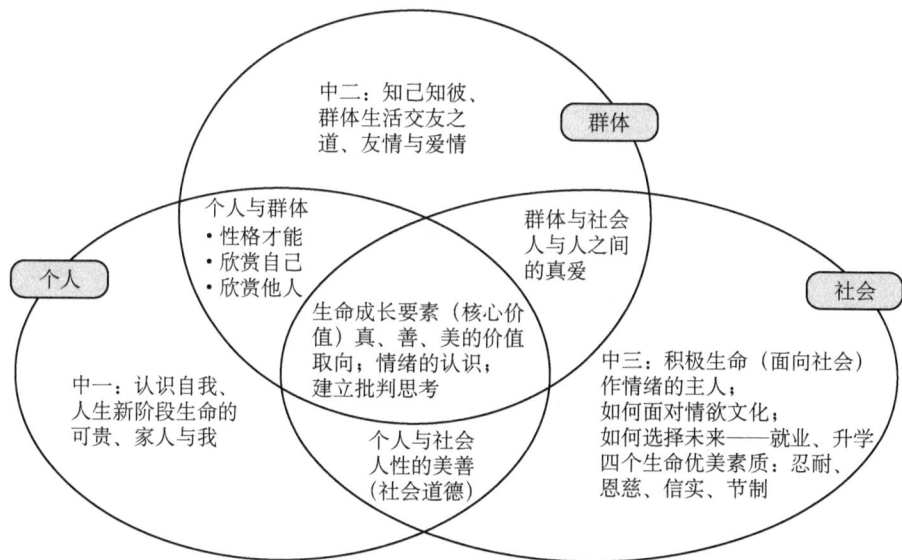

图 8-1 培敦中学生命教育课程蓝图

资料来源：梁锦波. 配合教改的全人教育：生命教育[J]. 网络科技时代，2007，（19）

公民教育课在香港的发展较为成熟，香港特区政府十分重视对民众进行德育和公民教育。为此，教育署课程发展处专门设立了德育及公民教育组，负责对全港教育系统的学生进行公民教育。教会学校通常会开设宗教伦理

---

① 李欣. 香港生命教育及其对内地的启示[J]. 现代教育论丛，2009，（12）.

课，生命教育与宗教的博爱、自爱等观点非常契合，从一开始就发挥了极大的规导力量。

隐性课程则注重对生命教育无意识习得的渗透。其包括中文及英文课、中国历史课、综合科学课、设计与科技课、家政课等，以暗含、间接、内隐的方式呈现生命教育内容。例如，历史课上引发学生认识和欣赏中国历史文化，培养爱国之情；综合科学课上，老师播放有关大自然及生命短片，让学生感受及欣赏生命的奇妙伟大等。

2. 在课程实施方法上，将知识增长与生命成长相结合

香港教师十分注重授课方法。艺术性、创造性、体验性、感悟性是其课程的最大特色。尤其是香港地区青少年生命教育的课堂，更是将生命教育中的尊重、爱、理解与接纳等核心元素融入生命教育的体验中。[①]例如，圣公会基福小学从低年级到高年级的"生命教育"课程以不同的形式展开，以"观看电影、小组游戏、讨论交流、反思日志"的活动课来完成每年七期不同主题的成长教育课。在生命教育的课堂上，没有绝对正确的、唯一的答案，答案可以有很多种。这就要求教师们以最开放的心态，跳出知识性课程的对错两极的思维模式，成为学生分享的忠实倾听者以及学生行为的引导者。

3. 专题教育凝练生命感悟

香港中小学经常有针对性地开展生命教育的专题活动，如价值教育、心灵教育、环境保护、青春期教育、健康教育、安全教育、法制教育、禁毒和预防艾滋病教育等。专题教育能相对集中、灵活地实施生命教育的内容，将专题活动内容与生命教育内容有机地结合，让青少年在专题活动中体会"人与自己""人与他人""人与环境""人与宇宙"的关系，传播正确的生命观，彰显生命意义。

4. 课外综合实践活动体验生命价值

香港地区生命教育通过让学生了解人、社会、自然（宇宙）的关系，帮助学生思考"如何生活"以及"为何而活"的问题。因此，生命教育更重要的是要"学以生活"，通过课外综合实践活动使学生走出象牙塔，将在学校所学的知识、技能、思考问题的方式用于社会活动中，加强学生理论联系实际能力，学习如何处理复杂的人际关系、发展兴趣等"人生课题"，增强学

---

① 郑晓江，郑舒文. 体验、互动与感悟：在香港的小学观摩生命教育课[J]. 中小学心理健康教育，2012，（13）.

生的心理承受能力以及对社会、人生的理性认识，帮助学生建立个人的价值观、人生观及世界观。例如，由香港教育学院主办的个人及社会教育网，其中，生命教育是其重要组成部分。在综合实践活动中，专门为小学一至六年级的学生设计了生命体验计划——探访盲人中心。①旨在使学生感受到关怀别人的需要。通过为失明人士设计心意卡，并写上慰问、鼓励以及祝福语，再组织学生将心意卡送给辅导中心的失明人士，与失明人士倾谈，并与他们一起读书打字，让学生了解失明人士，亲身体验他们是如何积极生活的。在此次活动结束之后，让学生相互交流意见，并为其他年级的学生分享感受，以培养学生积极面对人生、勇敢面对不幸、珍惜和尊重生命的态度。

综上，香港地区青少年生命教育侧重从主体性角度把握生命教育，将生命教育内涵融入课程学习以及课外活动等形式之中，在教育过程中教师与学生平等交流，体现了对学生生命、价值与尊严的尊重，涵括了情绪、情感和身心的全面协调发展，以期拓展青少年对生命认知的深度与广度，培养学生成为拥有爱心与智慧，敬畏生命，不断自我完善的社会人。

（二）香港地区青少年生命教育实施的保障

香港地区青少年生命教育实施保障中，主要得益于政府层面的行政推动，宗教团体的积极参与以及众多社会福利团体和民间组织的支持，高等院校、学术机构等研究力量的积极参与。

1. 政府层面的行政推动

推行生命教育、帮助青少年认识生命之道、规划人生、成就有意义的生命，是香港特区政府教育局的重要教育目标之一。香港特区政府教育局作为全港课程规划的主导者，对于生命教育课程的推进，从理念架构、内容制定及推行策略等层面，担当着十分重要的角色。

2. 宗教团体的积极参与

香港的宗教团体众多，如佛教、道教、孔教、基督教、天主教、伊斯兰教、印度教和犹太教等。这些宗教团体除了弘扬教义之外还兴办学校，其中办学最多的是基督教和天主教。各类宗教学校是香港地区生命教育的先导者，自办学之初就一直关注儿童生命和心灵的共同成长。

香港地区宗教团体十分关注青少年工作，除了直接办学，在学校推行生命教育外，还建立教育中心，设置适合不同人群的生命教育课程。如基督教

---

① 个人及社会教育网. 生命教育[EB/OL]. http://www.ied.edu.hk/pse/life_teach.html，[2014-01-11].

香港信义会于 2002 年成立了生命天使教育中心,以"关心别人,珍惜生命"为口号,向社会各界宣扬关爱生命、热爱生活。

此外,这些宗教团体还以学校为介入点,针对青少年自杀的问题主动到学校提供"珍惜生命""预防自杀"讲座及同辈辅导训练。

3. 众多社会福利团体和民间组织的支持

香港赛马会赞助成立了全港首个"生命教育中心"。香港亚洲电视国际台和无线电视明珠台等大众媒体也发挥其传媒效应,特别制作了系列节目推广生命教育理念。此外,香港的突破机构[①]也参与了针对青少年的生命教育活动。明天更好基金和优质教育基金为某些学校的生命教育计划或项目提供资助。例如,从 2002 年开始,香港神托会培敦中学实施的"五年一贯生命教育"与教育局德育及公民教育组、突破机构、明天更好基金等校外团体进行合作,并获得优质教育基金资助 22 万元。[②]

4. 高等教育机构的积极参与

香港地区青少年生命教育的开展与高等教育机构的理论研究和实践指导是分不开的。例如,香港中文大学教育学院及香港教育研究所受香港特区政府教育局委托,曾两次举办"协助中学规划生命教育计划"[③]。该计划通过理论探讨、考察交流及校本支援等方式,协助 20 所中学共 70 位校长及教师规划生命教育课程和活动,以培育学生正向的价值观,以及积极、负责任的人生态度和良好品格,并组织专题讲座——价值教育、文化教育、心灵教育、生命导向、家长教育和全人教育等,探讨"重整天人物我,活出亮丽生命"的课题。

四、香港地区青少年生命教育的启示

(一)以提升青少年生命教育的目标树立生命教育观

香港青少年生命教育的目标是以全人教育为导向,以综合取向为特征,覆盖人的情绪、情感和身心灵的发展,拓展生命的深度和广度,培养学生成

---

① 突破机构是一家非营利青少年文化、教育及服务机构。其使命是:借媒体及人际接触,启发香港青年探索生命,关心社会,活出积极人生。详见 https://www.breakthrough.org.hk/about-breakthrough#about_our_mission[EB/OL]. [2023-03-03].

② 王定功. 青少年生命教育国际观察[M]. 上海:上海交通大学出版社,2011:219.

③ 传讯及公共关系处. 新闻稿[EB/OL]. http://www.cpr.cuhk.edu.hk/sc/press_detail.php?id=1571&s=,[2015-09-10].

为有智慧、会感动并追求卓越的全人。旨在服务于生命个体的成长，引导学生以"尊重"和"爱"的信念来面对生命，帮助他们认识生命、珍惜生命、尊重生命、欣赏自我、关怀他人、拓展正向的人际关系，同时还能与自然和谐共存，能正确认识自己与世界的关系，展现生命的意义与永恒的价值，增长生活的智慧，实现富有活力、积极丰盛的人生。

除此之外，香港地区青少年生命教育更重要的使命是让青少年体会生命的关联，包括自我，人与群体，人与大地，人和宇宙奇妙相连的重要关系，并在其中找到自己安身立命之处，明白生命的价值和意义。

（二）以政府和社会各界的共同关注促进生命教育

青少年生命教育的开展不仅仅是学校或者教育主管部门的责任，而是全社会每个公民的责任。香港地区青少年生命教育得以积极推行与拓展，与政府、宗教团体、社会福利团体、民间组织以及高等院校、学术研究机构等研究力量的积极参与是密不可分的。香港地区青少年生命教育是全社会参与的行动实践，并为学校开展的生命教育进行必要的补充。我们在生命教育的实践中，应加强学校、家长、社区相互间的联系与合作，积极动员非政府组织、基金会等社会力量的广泛参与，大力宣传生命教育的目的与意义；在生命教育的目标、内容、途径等方面进行多维度、多层次的探讨与交流。总之，生命教育需要全社会广泛参与，整合社会各界力量形成"互动"模式，共同促进青少年健康成长。

（三）以灵活多样的实施方式实践生命教育

青少年生命教育的实施应适切学生身心的发展特点与规律，以学生发展、成长需要、个体需要为核心，尊重学生意愿。基于此，香港地区青少年生命教育注重"知、情、意、行"四个层次的推行，将认知、情感、行为相结合。具体落实到实践上，采取了将显性课程与隐性课程相结合、知识增长与生命成长相结合，专题讲座与生活实践相结合的策略。首先，应发挥生命教育显性课程的作用。如体育类、生命科学类、社会类、德育等课程，让学生学会如何强身健体，了解生命科学内容，增进学生的心理品质，感悟生命、尊重生命，在课程开展中从不同角度渗透生命教育。其次，开展生命教育主题的活动，也属于显性课程方式。如生活故事、讲座、讨论、工作坊等，使个体"生命"在活动中体验"生命"意义，以激励青少年快乐成长，积极规划人生，激发奋斗潜能，学会保护、尊重自己和他人的生命，促进生命教育的有效推行。最后，开发生命教育教材及设置相关课程，以教材实施、课程实施激发学生主体参与，提升生命教育效果。

此外，在学校的语文、英语、音乐、美术等课程中渗透生命教育，属于生命教育的隐性课程。在隐性课程中，挖掘与生命教育相关的思想、主题、素材，让学生在读书、事件、故事中体味生命教育，音乐、美术课程重在培养学生的审美能力及人文素养，让学生在艺术熏陶中感受美、欣赏美，陶冶情操，体验生命之美。①

第三节　中国台湾地区的青少年生命教育

一、台湾地区青少年生命教育的背景

（一）台湾地区青少年生命教育的文化背景

20 世纪 80 年代末以来，随着台湾经济的繁荣，社会结构的改变，加上西方个人主义、拜金主义的影响，台湾的社会价值观出现了诸多问题，并且出现人际关系表面化、精神生活世俗化、社会秩序混乱化等现象。物质条件的丰裕和精神生活的贫乏两者间的落差，带来层出不穷的社会文化问题。从大的社会文化环境（社会）到小的社会文化环境（学校），存在生命价值淡化，个体生命意义缺失等问题。所以有必要从学校教育及社会教育出发，强调积极、向上的生命意涵，强化与推行生命教育工作。

（二）台湾地区青少年生命教育的社会背景

生命教育在台湾地区的开始与推动，绝非偶然，既有社会现实境遇的困扰，也有民间团体的关注和推动。

首先，社会现实困境。台湾地区生命教育的开始与推动，一方面是囿于现实困境的逼迫。台湾地区在遇到九二一地震和"桃芝"台风等灾害后，"在灾后重建中，心理问题的出现一方面促使生命问题走入大众视野，另一方面也让人们重新审视生命，其中包含生命由何而来，又到哪里去，生命的价值和意义去哪里追寻。在灾后重建中，最重要的就是对生命教育探索和讲

---

① 庄可. 生命教育在学校教育中的缺失与落实思考[J]. 教学与管理，2015，（3）.

授，帮助人们尽快从灾难中重新站立，思考生命意义和价值，藉由生命教育，找寻生命真谛，让生命更加丰满充实"①。"另外，社会失业率、自杀率与犯罪人口的攀升、家庭功能式微；再加上校园自我伤害、暴力事件频传；多元文化冲击，以及长期以来学校教育'过分重视智育，轻视人文'、'重实用知识，轻价值理念'，以及对于情意教育的不落实。"②这些问题严重影响了台湾地区青少年的生活及生命状况。根据台湾地区教育主管部门在《台湾中学推展生命教育实施计划》中的阐述，生命教育开办的主要背景是：鉴于当时物质生活的追求欲望凌驾了心灵方面的充实，加上社会快速朝向多元化发展，导致人们缺乏一套能够肯定自己、稳固人际关系、增进遵纪守法精神的伦理观③。

其次，民间团体的关注和推动。民间大众的关注和推动是生命教育在台湾得以开展的另一背景。在1997年台湾地区教育主管部门正式提出"生命教育"的口号之前，台湾地区的民间团体已经开展了一些与生命教育相关活动。例如，开设生命教育和伦理课程的晓明女中，台湾福智基金会推动的"大专教师佛学成长营"。这些民间团体对生命教育的关注为生命教育的顺利推行起到了积极的作用。

二、台湾地区青少年生命教育的目标与内容

（一）台湾地区青少年生命教育的目标

关于台湾地区生命教育的目标的探讨，可归纳为：探索生命的意义，提升对生命的尊重与关怀，领悟人生难得，重视生死大事，培养正面的死亡态度，并能关爱自我、他人及万物的生命，进而建构生命体系，以积极正向的行动，促进自我实现，活出生命的意义与价值。

第一，台湾地区高中阶段生命教育课程教育目标。台湾地区的生命教育从1996年开始推行，均采用融入式教学，即将生命教育的理念融入语文、英文、数学、体育、音乐等各学科教学中。从2003年起，教育主管部门聘请学者专家进行课程设计，在高中生命教育类课程中共推出八门选修课程，

---

① 鞠法胜，石耀月. 台湾地区生命教育探析对大陆生命教育启示[J]. 湖北函授大学学报，2018，31（4）.
② 曾志朗. 生命教育：教改不能遗漏的一环[N]. 台湾联合报，1999-01-03（6）.
③ 张淑美. 生命教育与生死教育实施概况与省思——以台湾省与高雄市中等学校教师对生命教育或生死教育实施现况之调查研究为例[J]. 教育研究咨询，2000，（5）.

包括：生命教育概论、哲学与人生、宗教与人生、生死关怀、道德思考与抉择、性爱与婚姻伦理、生命与科技伦理、人格统整与灵性发展等。各高中学校可在上列课中选开一至二门课程，以建立学生对生命之正确认知与理念。以下是高中阶段有关生命教育类之总教育目标及八学科之教学目标。

1. 生命教育类之总教育目标

生命教育即探究生命中最核心议题并引领学生迈向知行合一的教育，包含以下三项目标。

1）引领学生进行终极课程与终极实践的省思，以建构深刻的人生观、宗教观与生死观。

2）培养学生道德思考能力，并学习"态度必须公正，立场不必中立"的精神，来反省生命中的重大伦理议题。

3）内化学生的人生观与伦理价值观，以统整其知情意行，提升其生命境界。

2. 生命教育类——"生命教育概论"教学目标

1）了解生命教育的意义、目的与内涵。

2）认识哲学与人生的根本议题。

3）探究宗教的本质并反省宗教与个人生命的议题。

4）思考生死课题，并学习临终关怀与悲伤辅导的基本理念。

5）掌握道德的本质，并初步发展道德判断的能力。

6）了解与反省有关性与婚姻的基本伦理议题。

7）学习与探讨生命伦理与科技伦理的基本议题。

8）体认知行合一的重要与困难，进而摸索人格统整与灵性发展的途径。

3. 生命教育类——"哲学与人生"教学目标

1）引导学生对哲学范畴的认知与觉察。

2）引导学生理解宇宙的宏观与个体生命的微观。

3）引导学生体会价值观与人生的关系。

4）引导学生实践道德观与人生的关系。

5）引导学生赏析艺术与人生的关系。

6）引导学生省思宗教与人生的关系。

7）引导学生体悟社会与人生的关系。

8）引导学生建立自我追寻与人生意义的探索。

4. 生命教育类——"宗教与人生"教学目标

1）认识与理解宗教的意义、内质与内涵。

2）认识与理解世界各大宗教文化及其特质。

3）观察与理解台湾地区社会与民间的宗教传统发展现况。

4）认识与理解宗教在人类历史、文化及社会中所蕴含的深度与广度。

5）认识到宗教信仰与个人生命的内在关联性。

6）深刻地思考并体会出人的"宗教向度"。

5. 生命教育类——"生死关怀"教学目标

1）思考死亡和生命的关系与含义。

2）认识死亡概念的内涵与发展。

3）健康看待死亡。

4）省思宗教文化的生死观。

5）了解失落与悲伤的本质与因应。

6）了解自杀与学习防治自杀。

7）探讨丧葬文化之意涵。

8）认识临终关怀的理念与实施。

9）厘清死亡相关议题。

10）从死亡的必然性省思生的意义与价值。

6. 生命教育类——"道德思考与抉择"教学目标

1）了解道德思考的重要性。

2）探索道德的本质。

3）掌握善恶是非等道德的特性。

4）认识主要的道德理论。

5）发展道德判断的能力与方法。

6）体认道德实践与人生观世界观的关系。

7. 生命教育类——"性爱与婚姻伦理"教学目标

1）能探索与了解性的人学与基本的性伦理观。

2）能探索两性关系、友谊与恋爱的伦理议题。

3）能探索与了解合乎伦理的性行为与性关系。

4）能探讨与婚姻有关的伦理议题。

8. 生命教育类——"生命与科技伦理"教学目标

1）了解生命伦理与科技伦理的意涵及其重要性。

2）掌握生命与科技伦理领域进行伦理判断的基本原则与方法。

3）认识生命与科技伦理领域之主要伦理议题、正反主张，并能进行初步伦理反省。

9. 生命教育类——"人格统整与灵性发展"教学目标

1）探讨不同的人性观点与假说，并进行批判与统合。

2）了解自我与社会的关系，规划人生未来的目标。

3）了解人格的特质及其知行合一的重要性。

4）增进健康情绪的知识、态度与能力。

5）了解品格的内涵，并养成良好的品格。

6）了解灵性发展的内涵及途径，促进心灵的成长。

第二，台湾地区初中小阶段生命教育课程教育目标。生命教育在初中小九年一贯制课程中分别融入语文、数学、自然与生活科技、社会、健康与体育、艺术与人文及综合活动等七大领域，并分别从环境、两性、人权、信息、家政与生涯发展等六大议题教学。其教育目标为使每位学生：

1）有一颗柔软的心，不做伤害生命的事。

2）有积极的人生观，终身学习，让自己活得更有价值。

3）有一颗爱人的心，珍惜自己、尊重别人并关怀弱势团体。

4）珍惜家人、重视友谊并热爱所属的团体。

5）尊重大自然并养成惜福简朴的生活态度。

6）会思考生死问题，并探讨人生终极关怀的课题。

7）能立志做个文化人、道德人，择善固执，追求生命的理想。

8）具备成为世界公民的修养。①

综上，在学生学习过程中，生命教育不仅会使学生掌握知识技能，更重要的是让学生获得丰富的生命涵养，从而认识生命、欣赏生命、尊重生命、珍惜生命，进而深化为内在的情操、涵养，再落实到实践和外在行为的表现和操作。如此三个层面相辅相成，生命教育必能得到有效推行，生命教育目标才能称得上是有效达成。而教育内容是教育目标的科学体现，教育内容的选择、确定、编排、传授等科学与否，则反过来影响着教育目标的实现。

（二）台湾地区青少年生命教育的内容

生命教育是以生命的学问为内涵，再探究其根本的生命课题。2006 年

---

① 彰化师范大学教育学系. 台湾地区中小学生命教育教学资源手册（内部资料）.

《普通高级中学生命教育暂行课程纲要》中，生命教育共研订八个科目，分别是生命教育概论、哲学与人生、宗教与人生、生死关怀、伦理思考与抉择、性爱婚姻与伦理、生命与科技伦理、人格统整与灵性发展。此后，台湾地区推动生命教育的学者专家，便逐渐形成伦理教育、生死教育、宗教教育三种取向。

初中阶段生命教育内容的主轴为生理健康取向和生活教育取向，辅轴是生涯取向，参酌为宗教取向，以丰富生命教育之内涵，螺旋式阶梯上升。生命教育课程的主要内容包括道德教育、伦理教育、公民教育、生活教育、情意教育、环境教育、两性教育、生死教育、艺术教育、宗教教育。表 8-1 是台湾晓明女中的生命教育课程内容设置。

表 8-1　台湾晓明女中的生命教育课程内容

单元名称	单元重点
一、欣赏生命	● 帮助学生认识生命，进而欣赏生命的丰富与可贵 ● 协助学生明白如何珍惜生命与尊重生命 ● 引导学生用爱心经营生命及思考生命方向
二、做我真好	● 帮助学生明白自己的独特性，努力去做自己 ● 引导学生努力从各方面找出自己的真实自我 ● 鼓励学生开发潜能，从而建立自尊与自信
三、生于忧患 （面对无常）	● 引导学生接受痛苦与困难是生命的一部分，且了解对人是有意义的 ● 帮助学生明白天灾、人祸是可以避免及预防的 ● 协助学生运用积极的方法去面对痛苦与失落
四、应变与生存 （从处常到处变）	● 帮助学生分辨变与不变的道理，也能借此变迁而成长 ● 帮助学生明白天灾、人祸是可以避免及预防的 ● 协助学生运用积极的方法去面对痛苦与失落
五、敬业乐业 （在工作中完成生命）	● 帮助学生在工作生活中获得意义，使生命得到成长和圆满的发展 ● 协助学生明白敬业、乐业的重要，并能谨慎择业 ● 引导学生建立工作神圣的观念，并简介专业伦理的概念
六、信仰与人生 （无限向上的生命）	● 引导学生思考信仰与人生的问题，促进德行的成长 ● 协助学生辨别信仰与迷信，及认识各大宗教信仰 ● 帮助学生从信仰角度认识死亡，进而厘清自己的人生方向，制定自己的终极关怀
七、良心的培养	● 协助学生明白良心是人的特质之一，并清楚良心的来源 ● 帮助学生认识良心的独立性与良心的功用 ● 教导学生树立正确的"良心观"，培养学生的自省能力
八、人活在关系中 （活出全方位的生命）	● 教育学生认识人类存在的几种基本关系 ● 帮助学生明白人我关系的重要，并重视人与自然界的关系 ● 让学生知道要活得好，活得有意义，必须与人群和环境维持良好的关系

续表

单元名称	单元重点
九、思考是智慧的开端（意识生命的盲点）	● 教导学生躲避思考谬误的陷阱，学习正确思考 ● 帮助学生懂得运用伦理中的推理与求证，避免常犯的错误 ● 明白知识技巧与伦理的关系，并对伦理要素与伦理行为指南有所认识
十、生死尊严（活的充实、死的尊严）	● 教育学生知道死亡的定义，明白器官移植手术与安乐死的争议 ● 引导学生探讨自杀、堕胎与死刑的议题，进而澄清自己的生命观 ● 决定自己的人生价值观，并学习充实生命内涵的方法
十一、社会关怀与社会正义（调和小生命与大生命）	● 引导学生思考小我与大我的关系，并能以"彼此获益"的原则来面对两者的冲突 ● 协助学生找出社会关怀途径，并能具体拟定行动计划 ● 帮助学生厘清社会正义的内涵，进而发挥人道精神、关心弱势族群
十二、全球伦理与宗教（存异求同、建构立体的生命）	● 引导学生从宗教现象中了解人心的需求困顿，进而建立正确的信仰态度 ● 协助学生认识全球伦理，并清楚全球伦理宣言的内容 ● 帮助学生建立四海一家的观念，能关心每一个地球人

资料来源：晓明女子高级中学. 生命教育——教孩子走人生的路[M]. 台中：晓明之星出版社，2000：50

为响应生命教育的落实，台湾地区民间团体及各大基金会也积极开展生命教育相关教学活动。如得荣社会福利基金会、生命的彩虹、人间文教基金会、福智文教基金会、基督教长老基金会、耕莘文教基金会等，也都各自研发了生命教育教材，供所有关心生命教育的人士参考。表 8-2 介绍了一些民间团体的生命教育课程内容。

表 8-2　民间团体的生命教育课程内容

民间团体	年级	课程内容
得荣社会福利基金会	初一	欣赏生命
	初二	生于忧患
	初三	敬业乐群
	高一	良心的培养
	高二	能思会辨
	高三	社会关怀与社会正义
生命的彩虹	高中	单元一：生命的展现
		单元二：生命的轨迹
		单元三：生命的火花
		单元四：生命的河流
基督教长老基金会	小一	次序之美：好棒的生命
	小二	界限之美：自我保护

民间团体	年级	课程内容
基督教长老基金会	小三	特别之美：特别的生命
	小四	习惯之美：生命的养分
	小五	逆境之美：逆境中的价值
	小六	理想之美：生涯发展

资料来源：王淑慧. 中学综合活动学习领域教科书生命教育教材内容分析研究. 高雄：高雄师范大学，2006：56

综上可以得知，台湾地区生命教育的内容可细分为知、情、意、行四个阶段。由上而下，从"知"的层面落实到"行"；由下往上，通过"行"的方式肯定"知"的价值。在内容的安排方面，依照知、情、意、行顺序并配合各阶段的身心发展。如小学阶段宜注重生活经验的培养，中学部分则要注重多元价值的思辨与判断，大学则应强调发于内、行于外的知行合一。

三、台湾地区青少年生命教育的实施路径

（一）台湾地区青少年生命教育的推动概况

生命教育在台湾地区已推广多年，无论是各级学校、学术界、民间团体与非营利性组织都非常重视生命教育，生命教育已经成为学校、家庭、社会不可或缺的重要内容。生命教育的实施和推动是一个系统工程，包括生命教育目标的确定与细化、生命教育课程的开设与教材的编制、生命教育师资的培育等。

1. 教育主管部门推动

从 1997 年正式提出生命教育的口号到现在，教育主管部门对生命教育的鼎力支持，是台湾地区生命教育得以逐步发展的重要支撑。一是教育主管部门倡导。例如，台湾地区教育主管部门成立了"推动生命教育委员会"，负责研究如何推动生命教育在各级各类学校的实施。二是资源整合。组织专家学者开发生命教育课程、编写教材以及师资培训。[1]

2. 学校配合

台湾地区各级学校对生命教育的大力支持和全力配合是其成功的另一重

---

[1] 陈清溪，萧鸿文等. 国民小学推动生命教育现状之探讨[C]. 第 105 期小学主任储训班专题研究集，2006：260.

要因素。台湾地区各级学校在生命教育的推动过程中，承担着两个角色。一方面，台湾地区各级学校承担着生命教育一线推动的任务。例如，从中小学到大学阶段，学校都开设有专门的生命教育课程，并且还会邀请专家学者去学校做报告，不同的学校之间进行定期的教育教学经验分享与交流。另一方面，台湾地区各级学校承担着生命教育理论研究的功能。如部分中小学设立有专门的生命教育研究委员会，在部分大学设有专门的生死教育研究所。总而言之，台湾地区各级学校既是生命教育的推动者，又是生命教育的研究者。

3. 学者投入

台湾地区有一批非常关注生命教育的学者，他们对生命教育的推动主要体现在两个方面。一是对生命教育教材的开发；二是在生命教育的过程中不断丰富、完善生命教育理论。例如，1997年，南华大学成立了以生死学为研究重点的生死学研究所。2002年台北护理学院成立生死教育与辅导研究所。在生命教育实施过程中，有学者致力于生命教育实施现状的调查研究。例如，张淑美的"高雄中等学校教师对生命教育实施状况的调查研究"，晓明女中钱永镇的"生命教育的实践与评估调查报告"。

（二）台湾地区生命教育的实施与困境

1. 台湾地区生命教育的实施方式

教育政策的推行实施需要涵盖行政机构、教师参与、课程设计、教学实施、环境塑造与家长参与等层面才能具体落实，以下就此五个层面分别探讨。

第一，行政机构的层面。应建立生命教育负责机构或研究单位，定期地邀集专家学者进行学术研讨，发行生命教育专刊及培训师资等，使生命教育的推展成为教育发展的长久目标。

第二，教师参与的层面。不论进行任何有关生命教育的教学与活动，应首先激发教师的认同与配合意愿，并考虑学生的发展特性与需求，才能使教学更有效率，也更能促进学生的发展。

第三，课程设计的层面。在设计生命教育的教学目的、内容、活动时，应同时考虑深层社会文化价值，以免生命教育流于表面，如加入各种传统文化背景。生命教育并非局限于某一科目的教学，而应采取整合的方式，应融合九年一贯制课程规划发展生命教育课程纲要，这才是生命教育课程实施的有效方式。

第四，教学实施的层面。在教学方式上，生命教育教学宜生动、活泼和有趣，不宜让学生觉得沉重、乏味。可采用随机教学法、亲身体验法、欣赏与讨论法、模拟想象法以及阅读指导法等教学方法。在活动实施上，与九年一贯制课程以及学校的各项教育活动整合，不论是生活教育、环保教育、交通安全教育或是校内各项比赛或竞赛活动、校外教学活动，都应以生命教育为主轴，在生命教育的精神与理念下进行与实施。

第五，在环境塑造与家长参与层面。唯有建立良好的师生关系，营造温馨和谐的教育环境，才能促进学生的健康成长。因为生命是整体的、完整的，生命教育的实施并非只局限于学校内，整个社会环境才是学生学习的大环境，也是最好的生命教材。因此，除了教师之外，家长及校外人士也应有正确的生命教育观念。生命教育绝非可以独立存在或可以单独实施一项活动即能奏效的，必须从学生本位出发，与生活经验相结合，在教师与家长的鼓励与支持下，最终回归于日常生活的实践。

2. 实施生命教育的困境

台湾地区在生命教育过程中已经积累了相当丰富的实践经验，但还面临着一些现实困境，具体表现在以下几方面。

第一，对生命价值是否可教的质疑，对生命教育是否单列学科的探讨[①]。如很多研究者质疑道德是否可教一样，也有一些研究者提出生命的价值是否可通过教育的方式获得。

第二，对生命教育的内涵缺乏共识。台湾地区的生命教育推动得轰轰烈烈，积累了相当丰富的实践经验，但从学理的层面而言，针对生命教育的内涵是什么，研究者各抒己见，至今为止依然没有对生命教育是什么达成共识，当前生命教育在内涵上仍有分歧。

第三，生命教育与道德教育界限模糊。从字面意思而言，"生命"与"道德"属于两个不同的范畴。在中国传统思想文化中，二者亦是不同的指向，"生命"多指人的人生历程，"道德"多与人的品德与品性相关，在现实教育中，有诸多学者把生命教育与道德教育融合为一体。如研究者洪兰等提出，"生命教育其实是品德教育，当一个人自重、自爱、自信时，他自然不会去自杀。如果不从品德教育做起，只谈生命教育，那是缘木求鱼"[②]。

第四，生命教育实施过程中的阻力。外加的生命教育占用了常规授课时

---

① 陈燕红，汪求俊. 台湾地区生命教育的内涵与挑战[J]. 中国德育. 2020，15（9）.
② 洪兰，曾志朗，吴娴. 脑与生命教育//黄政杰. 生命教育是什么[G]. 高雄：复文图书出版社，2007：263.

间致使教师与学生的负担加重。同时，在应试教育的影响下，教师在生命教育的授课过程中可能会流于形式而达不到生命教育的目的。

综上，台湾地区生命教育的发展状况正如研究者陈燕红和汪求俊所言："在台湾地区生命教育的发展过程中，教育理论学界与学校、家长、民间教育团体和教育行政部门充分互动，尽力找到各方皆满意的'最大公约数'。台湾的生命教育理念和政策在推进历程中充满坎坷，各方教育改革相关团体因教育理念的差异和教育利益的分配问题分歧甚多，但各方并未利用自身在理论、权力方面的优势地位迫使他方接受己方观念，而是本着民主、尊重和包容的价值理念，公平参与、开放论述，并给予各方较为充裕的改革时间和空间，最终达成某种共识，以确保生命教育理念和政策在具体施行过程中不'变形'。"①

四、台湾地区青少年生命教育的启示

（一）生命教育发展的方向

1. 增强各界对生命教育的关注

台湾地区生命教育的成功推进，是和社会各界对生命教育的关注分不开的。台湾地区生命教育的推行除了有教育主管部门的宣传、推动之外，还有社会非营利组织、学校、家庭以及民间团体的大力支持。一个教育政策的推动与落实，关键在于全体关系人的态度以及他们对该政策的理解与支持。首先，教育主管部门可建立所有关系人的共识，促使所有关系人在政策推动的理论与实践上均能获得共识。其次，生命教育是一种开放式教育，应该将社会、学校与家庭的生命教育资源加以开发和整合，以提高生命教育的实效性。建立起以学校为中心，以教育主管部门为统整，以家庭、社会为外延的完备的生命教育体系。

2. 完善生命教育的发展研究机构

对生命教育本身的不断研究，是推动生命教育顺利进行的关键因素。在生命教育的发展研究方面，2010 年，肖川教授倡导成立了北京师范大学生命教育研究中心——全国首家以生命教育为主题的生命教育研究中心，深入推动了全国范围内生命教育的系统研究与实践探索。河南大学的刘济良、刘志军、王北生、汪基德、王定功等学者也开展了对生命教育的系统研究，并

---

① 陈燕红，汪求俊. 台湾地区生命教育的内涵与挑战[J]. 中国德育. 2020，15（9）.

于 2014 年 7 月 3 日成立了河南大学生命教育研究中心。在倡导生命教育的同时，我们应经常组织专家、学者、教师等就有关生命教育的内容、途径、方法、教材、实施状况等方面开展研究和探讨。与之相关的政策、措施、辅助设施设备也要尽快出台和引进，这些研究必将有力地促进生命教育的发展。

3. 培养生命教育的专职教师

生命教育是一项用生命关爱生命、以生命影响生命的教育活动。师资培训是在推动生命教育过程中必不可少的关键环节，是落实生命教育政策质量的重要措施。台湾地区在开展生命教育的初期就充分认识到了这一点，因此高度重视师资培训。其具体做法是：采取指派教师和自愿报名相结合的办法，通过集中教育培训、加强生命教育观念的宣导、举办读书会、现场观摩教学、观看视听教学资料、制定教师手册等方式组织教师进行培训。[①]在我国内地（大陆），专职的生命教育教师还相当紧缺。所以，进行系统的生命教育师资培训是十分有必要的，并应尽快建立全国统一的生命教育专职教师的职业认证体系。

4. 设计本土化的生命教育内容

不同的生命群体会因为不同的社会环境和文化氛围形成不一样的生命观念。生命教育因生命的复杂多变而难以界定，因此，生命教育的内容也应因时因地而制定。在生命教育的推行过程中，应设计适应本地群体的特色教材。如在台湾地区的不同区域，会设计不同的生命教育教材。晓明女中自1998 年起，将原来的"伦理教育课"改为"生命教育课"，每周两节，并有专门的生命教育教材及生命教育教师手册，通过学校的教育活动实施生命教育[②]。台湾地区的成功经验与教学模式很值得我们借鉴，通过整合现有学科内容，针对不同年龄阶段的学生心理特点，着力开发具有中国本土文化特色的生命教育资源体系，为生命教育的系统实施提供资源。

5. 在生命教育中融入死亡议题

生命教育应该涵盖"生"的教育与"死"的教育。由于传统思想的影响，中国人视"死亡"为一种禁忌，谈"死"色变，现有的教育中由于缺少关于死亡的教育导致了大多数青少年不能正确面对亲朋好友的离世。随着我

---

① 陈清溪，萧鸿文等. 国民小学推动生命教育现状之探讨[C]. 第 105 期小学主任储训班专题研究集，2006：260.

② 晓明女子高级中学. 生命教育——教孩子走人生的路[M]. 台中：晓明之星出版社，2000：72.

国老龄化时代的到来，老年人口在不断增加，在我国生命教育内容中添设死亡议题则显得尤为重要，让学生了解死亡，学会面对死亡。具体而言，一方面学校在生命教育过程中应该关注死亡议题，从与死亡相关的议题中讨论"以死论生，反思生命"，指导学生"识死而后知不轻生"。如台湾地区的高中生命教育课程中设有死亡教育、殡葬礼仪、终极关怀等内容。另一方面，台湾地区重视临终关怀，开展面向公众的生死教育，学习"准备死亡，面对死亡，接受死亡"。使学生在日常生活中学会正确面对死亡，有效地解决因死亡带来的种种问题，以临终关怀为出发点探索生命教育的意义，以临终关怀的精神给予人深切体察死亡来临前生命的重要性。

（二）实施生命教育的途径

1. 以思想教育课为主体，在学科中渗透生命教育

在台湾地区，小学生命教育的实施主要以渗透的方式展开，中学则是单独开设生命教育课程。在小学，"品德与社会"是实施生命教育的主体，可以设置"我和我同学""我安全回家""我的成长与家庭"等主体单元，教会学生正确地认识自我，学会保护自我，正确地与老师、同学、家人进行交流，学会生活；中学则以体悟生命的意义，确立正确的人生观，陶冶健全的人格为主。理想和未来是中学生最关切的事情，生命教育应围绕理想的选择，帮助学生构建生命的远景，引导学生树立远大志向，成就精彩人生。

2. 实施分享与体验的教学，使生命教育触及灵魂

真正的生命教育是触及心灵的教育，是感染灵魂的教育。所以，生命教育应通过体验教学来实施。所谓体验教学是通过戏剧、角色扮演、模拟情景等各种方式的体验活动，让学生直接参与表演，分别感受"真实情景"中人物的各种情绪，体会其中的喜、怒、哀、乐，然后经过彼此分享，在有实际体验的情景下，更能理解别人的需求和处境，进而学会体谅别人，学会与人共处。

3. 启发教师的生命关怀和生命智慧，实施生命化的教育

教师是学生成长过程中的领路人，对于学生的身心发展会产生重大的影响。实施生命教育，必须培养教师的生命情怀，让其在教学实践中实施生命化的教育方法。这就要求教师不断提升自身素养，热爱学生，尊重学生，欣赏学生，创造民主平等的师生关系，构建温馨和谐、充满生命活力的教学环境。

　　综上所述，生命教育的实施，可以帮助青少年从小开始探索与认识生命的意义；可以美化生命，表达青少年对生命状态的关怀，对生命情调的追求，使青少年更好地体验和感悟生命的意义。珍惜生命的可贵，实现每个人独特的生命价值，从而使自己的生命与自然、社会建立美好、和谐的关系。